Endlich Weihnachten!

Geschichten über die schrecklich-schönste Zeit des Jahres

Ausgewählt von
Daniel Kampa

Diogenes

Nachweis am Schluss des Bandes
Umschlagillustration von Tomi Ungerer

Originalausgabe

Alle Rechte vorbehalten
Copyright © 2014
Diogenes Verlag AG Zürich
www.diogenes.ch
200/14/8/1
ISBN 978 3 257 24310 9

Diogenes Taschenbuch 24310

Inhalt

Erich Kästner

Die regelrechte Weihnachtsgeschichte

Diesmal wird es eine regelrechte Weihnachtsgeschichte. Eigentlich wollte ich sie schon vor zwei Jahren schreiben: und dann, ganz bestimmt, im vorigen Jahr. Aber wie das so ist, es kam immer etwas dazwischen. Bis meine Mutter neulich sagte: »Wenn du sie heuer nicht schreibst, kriegst du nichts zu Weihnachten!«

Damit war alles entschieden. Ich packte schleunigst meinen Koffer, legte den Tennisschläger, den Badeanzug, den grünen Bleistift und furchtbar viel Schreibpapier hinein und fragte, als wir schwitzend und abgehetzt in der Bahnhofshalle standen: »Und wohin nun?« Denn es ist begreiflicherweise sehr schwierig, mitten im heißesten Hochsommer eine Weihnachtsgeschichte zu verfassen. Man kann sich doch nicht gut auf den Hosenboden setzen und schreiben: »Es war schneidend kalt, der Schnee fiel in Strömen, und Herrn Doktor Eisenmayer erfroren, als er aus dem Fenster sah, beide Ohrläppchen« – ich meine, dergleichen kann man doch beim besten Willen nicht im August hinschreiben, während man wie ein Schmorbraten im Familienbad liegt und auf den Hitzschlag wartet! Oder?

Frauen sind praktisch. Meine Mutter wusste Rat. Sie trat an den Fahrkartenschalter, nickte dem Beamten freundlich zu und fragte: »Entschuldigen Sie, wo liegt im August Schnee?«

»Am Nordpol«, wollte der Mann erst sagen, dann aber erkannte er meine Mutter, unterdrückte seine vorlaute Bemerkung und meinte höflich: »Auf der Zugspitze, Frau Kästner.«

Und so musste ich mir auf der Stelle ein Billett nach Oberbayern lösen. Meine Mutter sagte noch: »Komme mir ja nicht ohne die Weihnachtsgeschichte nach Hause! Wenn's zu heiß wird, guckst du dir den Schnee auf der Zugspitze an! Verstanden?« Da fuhr der Zug los.

»Vergiss nicht, die Wäsche heimzuschicken«, rief meine Mutter hinterher.

Ich brüllte, um sie ein bisschen zu ärgern: »Und gieß die Blumen!« Dann winkten wir mit den Taschentüchern, bis wir einander entschwanden.

Und nun wohne ich seit vierzehn Tagen am Fuße der Zugspitze, an einem großen dunkelgrünen See, und wenn ich nicht gerade schwimme oder turne oder Tennis spiele oder mich von Karlinchen rudern lasse, sitz ich mitten in einer umfangreichen Wiese auf einer kleinen Holzbank, und vor mir steht ein Tisch, der in einem fort wackelt, und auf dem schreib ich nun also meine Weihnachtsgeschichte.

Rings um mich blühen die Blumen in allen Farben. Die Zittergräser verneigen sich respektvoll vor dem Winde. Die Schmetterlinge fliegen spazieren. Und einer von ihnen, ein großes Pfauenauge, besucht mich sogar manchmal. Ich hab ihn Gottfried getauft, und wir können uns gut leiden. Es vergeht kaum ein Tag, an dem er nicht angeflattert kommt und sich zutraulich auf mein Schreibpapier setzt. »Wie geht's, Gottfried«, frage ich ihn dann, »ist das Leben noch frisch?« Er hebt und senkt, zur Antwort, leise seine Flügel und fliegt befriedigt seiner Wege.

Drüben am Rande des dunklen Tannenwaldes hat man einen großen Holzstoß gestapelt. Obendrauf kauert eine schwarz und weiß gefleckte Katze und starrt zu mir herüber. Ich habe sie stark im Verdacht, dass sie verhext ist, und wenn sie wollte, reden könnte. Sie will nur nicht. Jedes Mal, wenn ich mir eine Zigarette anzünde, macht sie einen Buckel.

Nachmittags reißt sie aus, denn dann wird es ihr zu heiß. Mir auch: Ich bleib aber da. Trotzdem: So herumzuhocken, vor Hitze zu kochen und dabei zum Beispiel eine Schneeballschlacht zu beschreiben, das ist keine Kleinigkeit.

Da lehne ich mich dann weit auf meiner Holzbank zurück, schaue zur Zugspitze hinauf, in deren gewaltigen Felsklüften der kühle ewige Schnee schimmert – und schon kann ich weiterschreiben! An manchen Tagen freilich ziehen aus der Wetterecke des Sees Wolken herauf, schwimmen quer durch den Himmel auf die Zugspitze zu und türmen sich vor ihr auf, bis man nichts mehr von ihr sieht.

Da ist es natürlich mit dem Schildern von Schneeballschlachten und anderen ausgesprochen winterlichen Ereignissen vorbei. Aber das macht nichts. An solchen Tagen beschreib ich einfach Szenen, die im Zimmer spielen. Man muss sich zu helfen wissen!

Abends holt mich regelmäßig Eduard ab. Eduard ist ein bildhübsches braunes Kalb mit winzigen Hörnern. Man hört ihn schon von weitem, weil er eine Glocke umhängen hat. Erst läutet es ganz von ferne; denn das Kalb weidet oben auf einer Bergwiese. Dann dringt das Läuten immer näher und näher. Und schließlich ist Eduard zu sehen. Er tritt zwischen den hohen dunkelgrünen Tannen hervor, hat ein paar

gelbe Margeriten im Maul, als hätte er sie extra für mich ge-
pflückt, und trottet über die Wiese, bis zu meiner Bank.

»Nanu, Eduard, schon Feierabend?«, frag ich ihn. Er sieht
mich groß an und nickt, und seine Kuhglocke läutet. Aber
er frisst noch ein Weilchen, weil es hier herrliche Butterblu-
men und Anemonen gibt.

Und ich schreibe noch ein paar Zeilen. Und hoch oben
in der Luft kreist ein Adler und schraubt sich in den Himmel hinauf.

Schließlich steck ich meinen grünen Bleistift weg und
klopfe Eduard das warme glatte Kalbsfell. Und er stupst
mich mit den kleinen Hörnern, damit ich endlich aufstehe.
Und dann bummeln wir gemeinsam über die schöne bunte
Wiese nach Hause.

Vor dem Hotel verabschieden wir uns. Denn Eduard wohnt
nicht im Hotel, sondern um die Ecke bei einem Bauern.

Neulich hab ich den Bauer gefragt. Und er hat gesagt,
Eduard würde später sicher einmal ein großer Ochse werden.

Axel Hacke

Wenn es weihnachtet

Jedes deiner Jahre beginnt mit umfassender Entspannung. Alles ist geschenkt. Niemand hat mehr was zu bekommen. Bis Weihnachten: ein Jahr! Und in diesem Jahr wirst du Weihnachtsgeschenke nicht kurz vorm Fest kaufen wie bisher, sondern übers Jahr verteilt erwerben. Hier was mitnehmen, da was auswählen, dort was bestellen. Sehr locker sein.

Dann vergehen Wochen, Monate.

Weihnachten hast du im Griff, denkst du. Weihnachten ist weit. Nach den Sommerferien ruft Mutter an: Was du dir zu Weihnachten wünschst. Sie wolle allmählich … Plane gern … Fahre zur Kur vorher …

Da steigt ein Gefühl in dir hoch. Weihnachten! Schon will man wissen, was du dir wünschst. Dass Weihnachten nicht komme, wünschst du dir. Oder nicht so bald. Noch drei Monate!

Anfang Oktober: die Kataloge. Philip Morris Design Shop. Manufactum. Heine. Formschöne Saftpressen, unbesiegbare Radiowecker, Füllfederhalter, dick wie Maiskolben. Da wird man in der Not was kriegen. Das ist dein Netz. Das entspannt dich wieder.

Dann aber der Dezember. Komischerweise hast du da immer besonders viel Arbeit. Eines Abends fragst du deine

Frau, was sie sich wünsche. (Vielleicht sagt sie ja was.) Im September hat sie mal gesagt, was sie sich wünsche, so en passant. Das hast du vergessen. Sie, jetzt, schnippisch, ob dir nichts einfalle? Natüüüüürlich, sagst du, wolltest nur wissen, ob zusätzlich zu dem, was du bereits habest, noch ein klitzekleiner Wunsch da sei ... Nein, nichts. Sie freue sich auf die Überraschung. Ächz. Ein Fehler! Der Druck wird groß! Du spürst ihn, oh, wie du ihn spürst.

Du kaufst jetzt kleinere Dinge. Onkels, Tanten. Dann die schwierigeren, Schwiegereltern. Den Sohn, dafür sorgt deine Frau. Und deine Frau selbst?

Noch drei Tage.

Du hast nichts. Du musst den Christbaum ... Und den Wein ...

Noch zwei Tage.

Mal in die Schmuckgeschäfte! Letztes Jahr hast du ihr einen Ring geschenkt, vorletztes eine Kette. Diesmal: Armreif? Armreife sind schwierig. Die Schmuckidioten machen alles Mögliche, nur keine guten Armreife. Alles mächtig, fett, protzig. Nichts Feines, Zartes, das ihre Persönlichkeit, ihr Fühlen träfe.

Noch einen Tag.

Vor sechs Monaten hast du einen tollen Reif gesehen. Hast aber nicht an Weihnachten gedacht. Idiotttt! Jetzt gibt es nichts. Warum musstest du dich auf Armreife festlegen? Zu eng gedacht. Bist nicht flexibel genug. Steckst nun in der Sackgasse.

In der Maximilianstraße hast du mal was Schönes für sie gekauft. Arschteuer. Schweißausbruchteuer. Egal jetzt.

Noch zwei Stunden!

Du kannst nicht ohne was kommen. Kannst ihr keinen Gutschein geben. Kannst nicht sagen, das Geschenk sei gestohlen worden. Kannst nicht sagen, auf der ganzen Welt gebe es keinen Gegenstand, schön genug für sie. Ob der Laden noch offen hat? Du schwitzt. Kann sein, dass heute Abend alles zu Ende ist. Dass deine Hände leer sein werden. Dass es dein letztes Weihnachten ist. Dass sie weint. Dass dein Sohn sie trösten muss.

Du stürzt ins Geschäft. Der Laden zur letzten Hoffnung. Geben Sie mir einen Armreif, Mann! Sie haben nur noch diesen einen? HER! Hier geht's um die Existenz. Du wirst sagen, dass er zu ihr passt. Du weißt genau, dass er nicht zu ihr passt. Du weißt, dass sie das auch sagen wird. Du wirst sagen, dass du es anders siehst. Wirst quatschen. Dass der klobige Reif ihre Zartheit betont. Die Eleganz ihres Handgelenks hervorhebt. Dass aus diesem Widerspruch Spannung erwächst. Dass du das schön findest.

Kann man umtauschen? Kann man. Wird man. Ich komme wieder. Erst mal schenken. Das ist jetzt das Wichtigste. Nächstes Jahr wirst du die Geschenke übers Jahr verteilt kaufen. Hier was mitnehmen, da was auswählen, dort was bestellen. Sehr locker sein.

Sibylle Berg

Schatz, wir machen Ernst

Das Kaufhaus liegt im Nebel der gerechten Erschöpfung. Es schläft noch. Ein blauer Kasten an einer Autobahn. In unmittelbarer Nähe: die ersten Auffahrunfälle, der erste Stau des Tages. Es ist Samstag, 8 Uhr. Es ist bald Weihnachten.

Im Inneren des Kaufhauses werden Sofas gewuchtet, Stühlchen drapiert, fröhliche Grünpflanzen gewässert, bis es aussieht wie in einer Wohnung. Einer großen, kuscheligen Verliebtenwohnung. Die Angestellten sind bereit. Es ist Samstag, 9 Uhr. Es ist Weihnachten. Der Kampf kann beginnen.

Sein Wecker klingelt. Es ist 9 Uhr am Samstag. Er will die Augen nicht öffnen, sich nicht bewegen, sondern weiterschlafen, am besten für immer. Die Augen doch auf, und dann schaut er sich um. Er sieht seine Stereoanlage, seine Socken auf dem Boden, seine Glühbirne, die fast sexy nackt von der Decke hängt. Doch er möchte sterben. Warum? Nur langsam verständigen sich seine Synapsen. Das Mädchen, die Wohnung, nie mehr andere Frauen, umziehen, IKEA. Er formt die Fetzen zu einem Satz: Es ist Samstag, und er muss mit seiner Freundin zu IKEA, um Möbel für die neue Wohnung zu kaufen. Gemeinsame Wohnung. Er erhebt sich unwillig.

Sie ist schon seit Stunden wach. Sie hat sich schöngemacht. Hat Kaffee getrunken und ist durch ihre Wohnung gegangen, ihr Leben und hat Abschied genommen. Heute würden sie Möbel kaufen, nächste Woche einziehen, in die neue Wohnung. Das war sein Weihnachtsgeschenk. Das würde ihr neues Leben werden, im neuen Jahr, das goldglitzernd in ihrer Phantasie liegt. Aufgeregt ist sie, glücklich ist sie, und da ist ihr goldener Traum: die große Liebe in eine Wohnung sperren.

10 Uhr, und das Kaufhaus gleicht einem Ameisenhaufen, in den man ein Stöckchen geschoben hat. Menschen irren hinter großen Einkaufswagen durch die Gänge. Im Restaurant sitzen die, die immer da sitzen. Der IKEA-Frühstücksclub für Menschen, denen es zu Hause nicht gefällt. Lachs, so viel reingeht. Geht viel rein, in so einen unbefriedigten Bauch. Kinder werfen sich schreiend in Kugeln. Sollen schon welche verschwunden sein darin, heißt es. Seitdem bringen immer mehr Eltern ihre Kinder hierher. Die Kunst ist, die Menschen zum Kauf von Dingen zu verführen, die sie nicht brauchen. Ein Regal braucht man vielleicht, aber wozu zum Teufel einen zwei Meter großen Elch? Oder 100 Rechaudkerzen. Richtig: Duftlämpchen zum Glühen bringen. Frauen mögen solche Dinge. Kleine Sachen, die duften und funkeln, und hopps, noch ein Elch ins Körbchen.

Die beiden sitzen im Auto. Feiner Schnee fällt. Die Straßen funkeln im Jahresenddelirium, doch irgendwas ist schiefgelaufen, aber gewaltig. Ein Auto ist ein faradayscher Käfig, die schlechten Schwingungen knallen an die Decke, an die Windschutzscheibe und in die Hirne der beiden. Schweigen. Frost. Polarkreis. Ihr war klar, dass es ein mieser Tag würde, als sie ihn sah, als sie ihn hörte: Wollen wir nicht lieber in die Berge fahren?, hatte er gesagt, und ihr klang es wie: Lass uns doch die Hochzeit absagen. Sie ging natürlich nicht auf ihn ein, dachte sich, er wird schon noch Spaß bekommen, muss Spaß haben, denn ich will es so, und er ist doch wie ich. Ach – er ist genau wie ich. Und nun sitzen sie in der Karre, parken ein und gehen durch das Portal, das lustig blaue, zum Schafott.

Das Kaufhaus lächelt.

Oh, sieh nur, wie süß, sagt sie und zeigt auf den Kugelhaufen, in dem gerade wieder einige Kinder verschwinden. Sie will ein Kind, denkt er, seine Nackenhaare stellen sich auf, Schweißperlen auf seiner Stirn. Nimmt sie die Pille eigentlich noch regelmäßig? Er schaut widerwillig die Kinder an. Männer wollen keine Kinder. Sie gewöhnen sich höchstens an sie, wenn sie aus Versehen da sind.

Sie zieht ihn weiter, drückt ihm so einen albernen Riesenwagen in die Hände und trägt selbst den Katalog, einen Bleistift und ein Metermaß. Scheiße, denkt er, wie komme ich hier wieder raus? Er überlegt sich, einfach in Ohnmacht zu fallen oder ihr zu gestehen, dass er … Aber es fällt ihm nicht mehr ein, was. Also trottet er los. Hinter ihr her, hinter dem Wagen her, auf dem wird das Ende seines Lebens liegen, noch ehe der letzte Elch gerodet ist.

Es ist 11 Uhr. Im Kaufhaus laufen mehr als 1000 Menschen herum. Getrieben von der Jagd nach Beute. Sie schleppen große Kisten und Pappkartons zu ihren Autos. Die Kisten gehen nicht rein. Die Autos wollen nicht, doch die Beute muss in die Höhle. Die Pakete werden auf die Dächer gebunden, werden unter dicken Hunden verstaut, winken aus offenen Heckklappen, die Fahrzeuge wollen sich übergeben, denn sie wissen, was kommt. Schleudern, Heckklappe nach oben – Auffahrunfall – tot.

Sie schauen mit vor Wut verhangenem Blick auf die Auszeichnung der Waren. Wie von Gott gemalt, ändern sich die Namen der Produkte, um sich ihrer Stimmung anzupassen. Das Nudelholz *Affekta*, das Messer *Garaussa*, das Zweiradsofa *Singla*, und über allem steht fett: Irrtümma. Es ist ein Fehler. Alles. Das Zusammenziehen, die Einschränkung, die Unsicherheit. Der Zweifel. Er sieht sie an und weiß glasklar, dass er nicht mit einem Mädchen leben möchte, das einen Bettüberwurf mit Kühen über das Liebeslager breitet, nachdem der Akt verklungen ist. Er sieht sie an und sieht sie und sich in der kleinen Zweizimmerwohnung. Vollgestopft mit IKEA-Möbeln und Deckchen und Duftkerzen. Er sitzt mit ihr auf einem Sofa, das Sofa hat die gleiche Funktion wie die Kugeln im Kinderraum, es lässt Menschen verschwinden. In dem Fall bitte nur sie, denkt er, dann würde er ins Auto hüpfen, heute Abend mit seinen Freunden gepflegt einen heben, und vergessen wär die Angst.

Das Sofa schluckt nicht, sie ist noch da, was hat er nur an ihr gefunden? Sie wird fett werden, wird das Zweiersofa alleine ausfüllen, mit Lachs im Bauch und einem Kind. Seinem Kind. Er ist doch noch so jung. Er könnte alle haben, denkt er und schaut ihr zu, wie sie wieder mit einem Teilchen ankommt. Einem Platzset. Sieht scheiße aus, sagt er, und ihr kommen die Tränen. Denkt: dass sie verlieren wird. Nichts begeistert ihn. Nicht die Vorstellung, mit ihr zu erwachen, unter einem Bettüberwurf mit Kühen drauf, nicht mit ihr am Küchentisch Harmonia zu sitzen und aus den Bechern *Orgasmü*-Kaffee zu trinken bis zum Ende ihrer Tage.

Mit Eisblöcken wie ein Hallenstadion zwischen ihnen schieben sie die leere Karre, eine kleine Topfpflanze darauf, als wollte der Karren sie verhöhnen. Die Pflanze wippt lustig und hätte auf dem Fensterbrett stehen sollen. Was für ein Fenster, was für ein Brett? Beide sind in Schluchten gefallen, und da sitzen sie jetzt drin und rechts und links Gletscherwände. Es ist vorbei, es ist gelaufen, die Kehle zugeschnürt, Angstschweiß unterm Arm. Das Ende.

Sie verlassen schweigend das Kaufhaus. Sitzen noch kurz vor ihrer Wohnung im Auto und können es nicht fassen. Das Ende der Liebe, der Zukunft, das Ende von allem, was sie sich ein halbes Jahr lang eingeredet haben. Gestorben, gefallen in einem Grabenkampf an einem Samstag am Ende des Jahres. Draußen schneit es, kleine Familien sitzen in kleinen, mit IKEA-Möbeln vollgestellten Buden und haben sich lieb. Sie geht in ihre Wohnung, stellt die kleine Topfpflanze aufs Fensterbrett und weiß: Von nun an wird sie lange einsam bleiben.

Er geht in seine Wohnung, wirft der nackten Glühbirne eine Kusshand zu, doch die Birne küsst nicht zurück. Und er legt sich auf sein altes Sofa und weint. Sieht ja keiner, kann man weinen. Weint um das, was gestorben ist, weint, weil er nicht weiß, wie er alleine sein soll; und zu zweit sein, wie das geht, weiß er auch nicht.

Das Kaufhaus freut sich. So viele Paare hat es heute getrennt. Viele Neukunden für das schwedische NeuProjekt zum neuen Jahr: Das komplette IKEA-Haus *BO-Klok*, das für Singles konzipiert wurde. Ein erfolgreiches Jahresende. Das Kaufhaus lächelt und schläft ein.

Daniel Glattauer

Typologie der Vanillekipferl-Esser

Über Vanillekipferl kann man sagen, was man will. Zum Beispiel ist es egal, ob man »Vanillekipferl« oder »Vanillekipferln« sagt. Man sollte dabei nur den Mund nicht zu voll (mit Vanillekipferl/n) nehmen, sonst staubt und bröselt es mindestens zweimal heftig; bei »ki« aus der Gaumengegend, bei »pf« in Form eines durch die Lippen gepfiffenen trockenen Sandregens.

Sollten die deutschen Leser noch ein bisschen ratlos sein: Kipferl sind kleine Kipfen. Kipfen sind Hörner. Kipferln sind kleine Hörner. Kleine Hörner sind Hörnchen. Kipferl sind also Hörnchen. »Vanille« darf als bekannt vorausgesetzt werden. Ihr da oben sagt vielleicht Waniiiehlie, bei uns in Wien heißt es »Fannillle«. Und wir sind stolz darauf. Wir sind immer stolz, wenn wir etwas so sagen, wie wir es sagen. Wir sind überhaupt immer stolz.

Der Sinn von Vanillekipferln ist es, gebacken zu werden, damit die Adventszeit vergeht. Wie Vanillekipferl entstehen und woraus sie bestehen, weiß jeder: aus Butter. Damit es nicht sofort auffällt, mischt man noch Pulver, Zucker, Nüsse und solche Sachen dazu. 127 000 Österreicher und Österreicherinnen verfügen, den eigenen Angaben zufolge, über das beste Vanillekipferlbackrezept der Welt. Aber schauen Sie sich nachher die Kipferln an. Dann wissen Sie, was Rezepte wert sind, wenn die Leute kein Gefühl in den Händen haben.

Was aber geschieht nun mit den Abertausenden Vanillekipferln, die jährlich zur Weihnachtszeit in die Welt gekrümmt werden? Die werden doch wohl nicht alle gegessen, oder? Und wer sind die Leute, die so was tun? Sind es Menschen wie du und ich? Vor der Beantwortung dieser Frage gestatten Sie noch einen Blick auf die Kehrseite der Butterseite. Dort sitzen die Verweigerer. Sie haben in den Weihnachtstagen nichts zu lachen. Sie hassen Vanillekipferln. Manche militant: Wo sie eines sehen, zertreten sie es. Manche ignorant: Sie schauen weg und versuchen zu vergessen. Manche flüchten in die Filetierung eines Speisekarpfens. Manche setzen sich ins Ausland ab und essen Tiramisu. Die einen lehnen die Form von Vanillekipferln ab. Die anderen stoßen sich am Inhalt. Wieder andere ertragen den Geruch nicht. Wieder andere verachten den Geschmack. Und Vertreter einer fünften Untergruppierung frönen der Totalverweigerung aus Gewichtsgründen. Sie fürchten, bereits beim Beobachten eines Vanillekipferls ein halbes Kilo zuzulegen.

Kalorienmäßig genießt das Kipferl einen katastrophal schlechten Ruf. Völlig zu Unrecht, wie mit Poldi Hauser belegt werden kann (Poldi Hauser, Mann von Hermi Hauser – rote Wangen, rosa Pudel, weinroter Bauchschutz). Unglaublich, aber wahr: Poldi nimmt beim Vanillekipferlverspeisen ab. Hier die genauen Maße: Ein Vanillekipferl kommt auf 50 Kalorien. Um fünf Stück abzubauen, müsste Poldi 20 Minuten joggen, aber er hat nur eine einzige Jogginghose, und die braucht er fürs Fernsehen. Oder er müsste eine halbe Stunde skilanglaufen, aber leider schläft er bereits beim Zuschauen ein. Oder er müsste 40 Minuten den Fußboden auf-reiben, doch das würde Hermi niemals zulassen. Poldis Rechnung geht anders auf. Er verbraucht: 20 Kalorien bei der Suche nach Hermis je aktuellem Vanillekipferlversteck; 10 Kalorien aus Angst, erwischt zu werden; 20 Kalorien, weil er tatsächlich erwischt wird; 10 Kalorien, um sich Hermis scharfem Befehl, die Kipferln sofort wieder zurückzulegen, zu widersetzen; 20 Kalorien, um sie panikartig in den Mund zu stopfen und hinunterzuwürgen; 120 Kalorien, um diese Tat im anschließenden Streitgespräch über den Sinn des Weihnachtsfests zu verteidigen. Ergibt: 200 Kalorien. Das sind vier Vanillekipferln. Wiederholt er den Vorgang alle zehn Minuten, heißt das: Poldi kann täglich 144 Vanillekipferln essen, um sein Gewicht zu halten. Da er in der Nacht pausiert, nimmt er sukzessive ab. Hermi macht sich bereits Sorgen.

Nun die erfreuliche Nachricht: 84,7 Prozent aller Österreicher essen Vanillekipferln (nageln Sie mich bitte mit dieser Zahl nicht fest, die Schätzung war schwierig genug). Ich habe die vergangenen 30 Weihnachtsfeste dazu genutzt, die Konsumenten beim Zugriff zu beobachten. Heute kann ich Ihnen sieben klassische Typen von Vanillekipferlessern anbieten.

Der Aufgreifer

Er übersteht die Festtage in professioneller Apathie. Zumeist findet man ihn tief versunken in Sitzgarnituren vor. Dort wartet er, bis der erste Werktag näher rückt. Er würde nie einen Aufwand betreiben, um zu Vanillekipferln zu gelangen.

Selbst ein Aufrichten des Oberkörpers wäre ihm zu mühsam. Kommt allerdings eine Keksschüssel direkt unter seinen Fingern zu liegen, beginnt er notorisch hineinzugreifen und das Ergriffene motorisch zum Mund zu führen. Hat er den Rhythmus der Armbeuge gefunden, erreicht er einen Schnitt von bis zu 50 Vanillekipferln pro Stunde. Fragt man ihn, ob sie ihm schmecken, weiß er nicht, wovon man spricht.

Der Aufspürer

Er lässt keine noch so entfernt-familiäre Weihnachtsjause aus. Er selbst bringt gerne üppige Torten mit, um die Konkurrenz auszuschalten. Die Frage, ob es hauseigene Vanillekipferl gibt, erübrigt sich. Gäbe es keine, wäre er nicht anwesend. Wenn man sie ihm nicht auf den Tisch stellt, holt er sie sich, egal, wo sie sich verbergen. Er würde sie selbst in der Werkzeugkiste finden.

Der Aufesser

Die Qualität ist ihm egal. Hauptsache, die Menge reicht aus, um ohne Pausen durchzukommen. Nachdem der Heißhunger gestillt ist, hat er sich erst so richtig warmgegessen. Auf einer Welle satter Zufriedenheit reitet er bis zum letzten Kipferl.

Der Abstauber

Volle Keksschüsseln oder -dosen interessieren ihn nicht. Er mag Vanillekipferln erst im letzten Stadium vor der Auflösung, wenn nur noch Vanillepulver, Zucker und ein paar Brösel vorhanden sind. Schaut niemand hin, führt er die Schüssel zum Mund und lässt die Überreste hineinrieseln. Schaut jemand hin, tut er so, als würde er in der Schüssel nach etwas suchen.

Der Ausputzer

Grenzfall aus der Familie der Abstauber. Er tut wie dieser. Danach reinigt er die Dose mit der Zunge. Verpatzte Weihnachten beginnen für ihn damit, dass man ihm Vanillekipferln auf der Serviette anbietet.

Der Ästhet

Die hässlichen Vanillekipferln isst er, damit sie wegkommen. Die schönen streichelt er, bis sie brechen. (Über die Schönheit von Vanillekipferln gibt es verschiedene Lehrmeinungen. Allgemein gilt: Ein Vanillekipferl muss die Form eines Halbmondes mit stumpf gewordenen Sichel-Enden haben. Es sollen aber auch schon breitgewalzte Teigpatzen, poröse und zerfurchte Riesenhörner und eingeschrumpfte Shrimps-Plagiate als Idealform angepriesen worden sein.)

Er begehrt Vanillekipferl wahrscheinlich am meisten. Immerhin gönnt er sich zwei bis drei Stück pro Weihnachtssaison. Wenn es so weit ist, formt sich sein Mund zu einem sündigen Lächeln. Daumen und Mittelfinger stechen habichtartig in die Schüssel, greifen sich ein Exemplar und legen es zart auf die Zunge. Wie viele Wochen es dort verweilt, bleibt eines der vielen Geheimnisse von Asketen und Vanillekipferln.

Gerhard Henschel

Alle Jahre wieder

1967: Fünf

Mama brachte Adventskalender von A & O mit. Meiner wurde so hoch aufgehängt, dass ich nicht drankam. »Sonst frisst du alles gleich leer«, sagte Mama. Ich musste sie jeden Tag bitten, das neue Türchen aufzumachen und mir Schokolade zu geben.

In der Augsburger Puppenkiste rollten die Soldaten der Blechbüchsenarmee vom Berg runter, um die Feinde platt zu walzen wie Pfannekuchen, und der Sultan von Sultanien hatte einen fliegenden Teppich, der auch aufgeribbelt fliegen konnte. Man musste sich nur auf den Teppich stellen, dreimal die Arme heben und dann rufen: »Teppich, erhebe dich!« Ich versuchte das auf dem Kloteppich, aber der flog nicht.

Am zweiten Adventssonntag gab es Spritzgebäck zum Tee und Spekulatiuskekse mit Windmühlenmuster. Volker durfte die zweite Kerze am Adventskranz anzünden.

Am Vogelhäuschen auf der Terrasse hatte Papa einen Meisenring aufgehängt. Die Meisen setzten sich kopfüber dran, pickten sich die Körner raus und flogen weg, wenn man an die Wohnzimmerscheibe klopfte.

Im Garten bauten wir einen Schneemann. Die Kopfkugel musste Papa draufsetzen. Als Hut kriegte der Schneemann einen Persilkarton auf.

»Wir warten aufs Christkind« konnten wir nicht bis zum Ende kucken, weil Mama im Wohnzimmer den Weihnachtsbaum schmücken wollte.

Alle paar Minuten riefen wir von oben runter: »Dürfen wir jetzt kommen?« Aber wir durften noch nicht. »Ihr macht einen ja ganz hibbelig!«

Dann sagte Mama, dass der Weihnachtsmann gleich kommen werde, und wir sollten in Renates Zimmer gehen. Da war die Jalousie runtergelassen. Wenn wir auch nur einen Mucks machten, würde der Weihnachtsmann wieder weggehen, ohne Geschenke dazulassen.

Wiebke nuckelte am Daumen. Volker linste durchs Schlüsselloch auf den Flur.

Dann kam jemand an die Haustür gestapft und klingelte. Wir hörten, wie Mama aufmachte und sagte: »Guten Abend, lieber Weihnachtsmann! Hast du uns auch was mitgebracht?«

»Ja, viele Geschenke«, sagte der Weihnachtsmann. »Aber sind die Kinder denn auch brav und artig gewesen?«

»Meistens schon, lieber Weihnachtsmann«, sagte Mama.

»Na gut«, sagte der Weihnachtsmann. »Dann sollen sie auch ein paar Geschenke bekommen.«

Der Weihnachtsmann kam rein, und ich wollte auch mal durchs Schlüsselloch kucken, aber Volker ließ mich nicht. Wir hörten, wie der Weihnachtsmann über die Flurtreppe nach unten ins Wohnzimmer ging, und als er wieder raufkam, sagte Mama: »Vielen Dank, lieber Weihnachtsmann! Auf Wiedersehen!«

Volker und ich trommelten an die Tür und wollten raus, aber Mama sagte, wir sollten uns noch einen Moment gedulden.

Als wir rausdurften, musste ich erst noch aufs Klo. Im Treppenhaus war das Licht aus, und im Wohnzimmertürspalt war helles Kerzenlicht zu sehen.

1968: Sechs

Als Geschenk für Oma Jever hatte Renate schon das ganze Jahr lang Kreuzworträtsel aus dem *Stern* ausgeschnitten. Die klammerte sie jetzt zusammen.

Ich malte den Weihnachtsmann, mit Hirschen im Schneesturm, und oben drüber den Mond mit Zipfelmütze.

Als Hausaufgabe hatten wir aufgekriegt: Am Christbaum sind Kerzen, am Christbaum sind Herzen, am Christbaum sind Sterne, am Christbaum sind Kugeln. Mama lobte mich dafür, dass ich die Hausaufgaben immer sofort nach der Schule machte. Volker hatte sich das schon lange abgewöhnt.

Wenn ich einen Handschuh verloren hatte, wollte Mama, dass ich noch mal losgehe und den Hausmeister frage. Bei dem würden alle Fundsachen abgegeben.

Ich trödelte, und es fing schon an, dunkel zu werden, als ich bei der Schule ankam.

Drinnen waren Kerzen an, und auf der großen Treppe stand der Schulchor und sang ein Weihnachtslied, das ich noch nie gehört hatte. *Es schlafen Bächlein und Seen unterm Eise, es träumt der Wald einen tiefen Traum!*

Der Hausmeister hatte einen Karton, der bis obenhin voll war mit einzelnen Handschuhen, und einer davon war meiner.

Durch die weite, weiße Welt.

Mama und Renate kannten das Lied. *Es ist für uns eine Zeit angekommen, sie bringt uns eine große Freud!* Mama sang mit zweiter Stimme, anders und tiefer als Renate, aber so, dass es gut dazu passte. *Vom hohen Himmel ein leuchtendes Schweigen erfüllt die Herzen mit Seligkeit!*

Davon kriegte ich 'ne Gänsehaut.

Mama nähte meine Handtasche mit einer langen Schnur zusammen, die durch die Ärmel vom Anorak gesteckt wurde. So konnten die Handschuhe nicht mehr verlorengehen, aber ich musste aufpassen, dass keiner was von der Schnur merkte. Der Einzige, der sonst noch Handschuhe mit Schnur hatte, war Dieter Aulich, und mit dem wollte keiner spielen.

Auf dem grünen Kalender an der Esszimmerwand konnte man sehen, wie viele Tage es noch bis Weihnachten waren. Das Stövchen war innen mit was Rotem beklebt, das leuchtete, wenn das Teelicht brannte. Wenn man das Deckenlicht ausmachte, leuchtete das Rote im Stövchen noch heller.

Im Kinderzimmer übten wir für Mama und Papa ein Krippenspiel ein. Renate war Maria und Volker Josef. Wiebke und ich sollten Hirten sein. Als Christkind lag die Puppe

Annemarie auf Kissen in der Krippe, die Renate aus zwei Kinderstühlchen gebaut hatte. Ochs und Esel hatte sie auf Papier gemalt und mit Stecknadeln an der Gardine festgemacht.

Wir sollten vor der Krippe knien und beten. Ich hatte als Hirte einen Cowboyhut auf. Wiebke trug auch einen, der aber umgekrempelt war. Für sich selbst hatte Renate einen Umhang ausgesucht. Volker kriegte eine Sofadecke als Mantel und eine von Renate gebastelte Perücke aus weißer Watte. Wiebke wollte, dass neben Annemarie ein Mainzelmännchen in der Krippe liegt, obwohl im Stall in Bethlehem bestimmt keins dringelegen hatte.

Als wir zum letzten Mal übten, hatte Renate auf dem Schrank auch Kerzen aufgestellt und angezündet. Wir sollten erst das Jesuskind begrüßen, dann Ochs und Esel an der Gardine füttern und dann zusammen beten. Als wir uns zur Gardine umdrehten, kam Volker mit der Perücke ans Kerzenfeuer, und die Perücke fing an zu brennen.

Das Feuer kriegten wir nicht aus. Renate lief aus dem Zimmer und schrie: »Das ganze Haus brennt ab!«

»Ach du Scheiße«, rief Papa, der in der Badewanne lag, und man hörte das Wasser klatschen und schwappen. Von unten kam Mama die Treppe raufgelaufen.

Mama und Papa machten das Feuer mit Tüchern und Wasser aus. Unter der Perücke waren Volkers Haare angesengt und stanken. Renate ärgerte sich, weil die Perücke kaputt war, aber Mama sagte, das sei doch wurscht. Sie holte neue Watte aus dem Elternschlafzimmer und packte Volker was davon auf den Kopf, und Renate heulte, weil die neue Perücke viel schlechter war als die alte.

Ich wollte nur wissen, ob Mama und Papa was gesehen hätten von der Krippe und von Ochs und Esel. Dann wäre das Krippenspiel ja keine Überraschung mehr gewesen. Mama sagte, nein, sie hätten nichts gesehen.

Renate wollte nicht mehr, weil sie Volkers neue Perücke so blöd fand, und da wurde Mama böse. »Los jetzt!«, rief sie, und dann führten wir das Krippenspiel eben auf.

1969: Sieben

Renate malte ein Bild vom Weihnachtsmann, wie er durch den verschneiten Tannenwald stiefelt, und Volker malte mit Wachsmalkreide einen Weihnachtsmann, der im Hubschrauber einschwebt.

»Nun singt doch mal!«, rief Papa, weil wir vor der Bescherung nicht laut genug mitsangen, als die Weihnachtsplatte lief. *O du fröhliche, o du selige.*

Ich kriegte ein Mondfahrzeug, ein Wildwestspiel, ein Daktari-Malbuch, einen neuen Schlafanzug von Tante Dagmar, von Renate ein Heft, in das sie alle Geschichten von Reinhold dem Nashorn eingeklebt hatte, und drei neue Bücher: Neues vom Räuber Hotzenplotz, Märchen aus Tausendundeiner Nacht und Tschitti Tschitti Bäng Bäng.

Volker hatte ein Gewehr, ein Försterbuch und von Onkel Walter noch ein Buch mit Tiergeschichten gekriegt und Wiebke eine Puppe, eine Puppenküche, neue Turnschuhe und einen Hahn aus Holz mit Buntstiften im Rücken. Die Puppe wurde von Wiebke auf den Namen Dagmar getauft.

Am wenigsten neidisch war ich auf Renates Geschenke, eine weiße Fellmütze mit langen Enden und ein Ringbuch und Wäsche. »Guckt mal, was für ein tolles Kleid!«, rief Renate. »So ein schönes! Neueste Mode!« Tante Therese hatte Renate ein Bastköfferchen geschickt, das knirschte, wenn man es hochhob.

Renates neues Ringbuch hatte einen Schlüssel zum Abschließen. »Dokumentenmappe nennt man das«, sagte Mama.

Dann sollten wieder Fotos gemacht werden. »Na los!«, brüllte Papa. »Ihr sollt euch neben den Tannenbaum stellen!« Für Mama und Papa hatte Renate einen Kochlöffel lackiert und Haken für Topflappen und Gummibänder reingedreht.

Wiebke sollte Oma Jever am Telefon *Von drauß', vom Walde* aufsagen, musste aber husten und blieb stecken.

Im Fernsehen kam *Lederstrumpf*. Als danach noch *Big Valley* kam, sagte Mama, dass wir schon viereckige Augen hätten.

1970: Acht

Der Peugeot sprang nicht an, der Käfer auch nicht, und wir gingen zu Fuß nach Vallendar runter zum Weihnachtsgottesdienst. In der evangelischen Kirche war kaum noch Platz für uns. Wir mussten stehen, und ich sah nur die Pöter von fremden Leuten vor mir.

Hinter uns ging andauernd die Tür auf, weil immer noch

neue Leute reinwollten, und dann kam jedes Mal ein eisiger Luftzug rein.

Ich fragte Mama, was *Kyrie eleison* bedeute, und sie sagte, ich soll den Schnabel halten.

»Alles Geschaffene redet den Frieden Gottes in Christo Jesu«, sagte Pfarrer Liebisch.

Dann gingen wir die Sprungschanze hoch, wo ich ausglitschte und mir das rechte Handgelenk aufschlug.

Für das Bescherungsfoto zog Mama sich ihre schwarze, von Renate gehäkelte Stola mit Muschelmuster an.

Das größte Geschenk war vorne an den Kurbeltisch gelehnt, eine Carrerabahn für Volker und mich, mit Autos und Kurven und allem Pipapo.

Wie ein rohes Ei sollten wir die Carrerabahn behandeln, sagte Mama, als wir uns daraufstürzten.

Für Mama und Papa hatte ich mit Füller ein Weihnachtslied abgeschrieben. *Es ist ein Ros' entsprungen, aus einer Wurzel hart!*

Zart müsse das heißen, nicht hart, sagte Mama, und als Papa einen neuen Knirps auspackte und aufspannte, sagte Mama: »Ach du lieber Gott von Bentheim!«

Auf den bunten Tellern lagen dieses Jahr auch Pfeffernüsse und Blutorangen.

Weil Papa Volker und mir dabei half, die Carrerabahn aufzubauen, fing Mama an zu weinen. »Ich hab geglaubt, wenigstens an Heiligabend wär mal Sense mit der verdammten Scheißbastelei!«, rief sie und lief raus und schloss sich im Elternschlafzimmer ein.

Da ging auch Papa raus und verschwand im Keller. Wiebke heulte, und Renate nahm sie auf den Schoß.

Am ersten Weihnachtsfeiertag schlich ich mich frühmorgens ins Wohnzimmer, knackte Haselnüsse, klaute Schokoladenkugeln von den bunten Tellern meiner Geschwister und zog Wiebkes funkelnde Rollschuhe an, die mir aber ein paar Nummern zu klein waren.

Mit dem Zauberlehrlingskasten verzog ich mich in den Hobbyraum. Zahlenstreifen, Würfel, Papphülsen, ein schwarzer Zauberstab und ein Heft mit Rechenkunststücken. Angenommenes Alter 22 Jahre, Geburtsmonat April: $4 \times 2 = 8 + 5 = 13 \times 50 = 650 + 22$ (Alter) $= 672 - 365 = 307 + 115 = 422$. Das interessierte mich nicht die Bohne.

Die Würfel sollte man anlecken, dann würden sie zur allgemeinen Verblüffung aneinander kleben bleiben.

Lästig an Weihnachten war, dass wir Bedankemichs schreiben mussten. »Geschenke kassieren und nicht mal danke sagen, das könnte euch so passen!«

Die Briefe durften nicht auf die lange Bank geschoben werden, und man musste auch einen Dreh finden, damit sie nicht zu kurz ausfielen.

Liebe Oma! Auch ich möchte mich herzlich für alles bedanken. Den Tuschkasten kann ich gut brauchen. Die Farben heißen: Gelb, Orange, Zinnoberrot, Karminrot, Indischrot, Indischgelb, Ockergelb, Gebr. Sina, Gelbgrün, Blaugrün, Preußischblau, Ultramarinblau, Umbra, Schwarz.

Viele Grüße von Deinem Martin!

Das sei man ziemlich Nullachtfuffzehn, sagte Mama.

Als es Fischstäbchen mit Pellkartoffeln gab, löcherte ich Mama, bis sie mir erlaubte, eine von den Kartoffeln vor dem Pellen zu zerquetschen, über meinem Teller, mit bloßer Hand, wie der Seewolf, aber innen war die Kartoffel noch kochend heiß, und ich ließ sie fallen.

In der Küche hielt ich die Hand unter fließend kaltes Wasser und kriegte trotzdem eine Brandblase.

Am vierten Advent wurde dem schmierigen Schiffskoch im Seewolf von einem Hai der Fuß abgebissen. Köchlein robbte übers Deck, und man sah den blutigen Stumpf zucken.

Papa las uns die Weihnachtsgeschichte vor. *Es begab sich aber zu der Zeit, dass ein Gebot von dem Kaiser Augustus ausging, dass alle Welt geschätzet würde…* und so weiter, das zog sich ziemlich hin.

Bei der Bescherung stellte Papa den Kassettenrekorder auf Aufnahme.

»Passt mal auf«, sagte Mama. »Ihr habt alle neue Teller in euern Farben!«

Volker und ich hatten Melodicas gekriegt und spielten drauflos. *Süßer die Glocken nie klingen. Wir lagen vor Madagaskar* und *Zeig mir den Platz an der Sonne, wo alle Menschen sich verstehn.* Wiebke, die eine rote Kindermelodica bekommen hatte, quäkte dazwischen und wurde von Mama gebeten, die Tröte nicht so weit in den Mund zu stecken.

»Das kann ja kein Schwein aushalten«, sagte Papa und ging aufs Klo.

Unten an der Melodica war eine Lasche. Wenn man die öffnete und oben reinblies, lief da die angesammelte Spucke raus.

Am ersten Feiertag hörten wir uns die Kassette von der Bescherung an.

»Wiebke, hör mal hier den Brief von Oma Schlosser. *Liebe Wiebke! Diesen Pullover hat deine Oma aus Hilden für dich gefertigt! Ich habe viele liebe Gedanken mit hineingestrickt.*« Mama.

»Ich bin mit Lesestoff für die nächsten zwanzig Jahre versorgt!« Volker.

»Martin, lass mal bei deiner Melodica gleich das schwarze Mundstück drauf, damit ihr die nicht verwechselt.« Papa.

Auf der Kassette klang meine Stimme anders als sonst.

1972: Zehn

Mama gab mir für den Basar eine Packung Lebkuchenherzen mit. Mir kam das recht dürftig vor, aber Mama sagte, sie sei nicht Graf Koks. »Wenn deine Lehrerin darüber quakt, kannst du der von mir bestellen, dass Vater Staat das Kindergeld erhöhen soll, bevor ich mich für deine lieben Mitschüler in Unkosten stürze.«

Kindergeld, das hörte sich so an, als ob das eigentlich meins gewesen wäre.

Renate reiste über Weihnachten nach England zu Tante Therese. Erst mit dem Zug, dann mit der Fähre, dann wieder mit dem Zug. Mir war Weihnachten in Deutschland lieber. In England gab es Weihnachten bloß Grußkarten, die auf den Kaminsims gestellt wurden. Schluss, fertig, aus. Das hatte Tante Therese erzählt. Tolles Weihnachtsfest: Grußkarten aufreihen. Ich freute mich das ganze Jahr über auf Weihnachten und die letzten Tage davor so doll, dass ich's fast nicht mehr aushielt. Die Engländer wussten gar nicht, was ihnen da entging.

Beim Winken wehte Renates langer weißer Schal im Fahrtwind.

Es war erst der 22. Dezember, aber vor ihrer Abreise hatte Renate auch die letzten beiden Adventskalendertürchen schon aufgemacht und die Schokolade verspachtelt.

Manche von den Bildern in Renates Kalender kamen mir bekannt vor, und ich hielt meinen eigenen daneben, zum Vergleich. Die Türchen waren verschieden nummeriert, aber innen waren an der gleichen Stelle genau die gleichen Bilder. Den Ball, der bei mir am Vierten war, hatte Renate am Zwölften, am Dritten hatte sie das Reh, das bei mir erst am Zwanzigsten kam, und so weiter. Bei den Adventskalendern von Wiebke und Volker war das auch nicht anders. Überall die gleichen Bilder, obwohl vorne auf den Kalendern, bei geschlossenen Türchen, vier unterschiedliche Weihnachtsmänner zu sehen waren.

Mama saß am Esstisch, knotete die Enden von zerrissenen Gummibändern zusammen und sagte, ich sei ein Einfaltspinsel. »Was soll ich denn jetzt bitte schön tun? Den Herstellern einen Brief schreiben? Sehr geehrte Herren, nach Rücksprache mit meinem Sohn Martin möchte ich Sie fragen, ob

Sie die Güte hätten, nächstes Jahr eine Million Adventskalender zu produzieren, bei denen kein Bild wie das andere
ist?«

An Heiligabend fuhren wir mit dem Peugeot nach Vallendar
zum Gottesdienst. Weil Renate nicht da war, konnte ich am
Fenster sitzen, aber ich musste versprechen, auf der Nach-
hausefahrt mit Wiebke zu tauschen.

Bei der Bescherung konnte man wieder mal sehen, dass
Mädchen schlechter dran waren als Jungs. Ich kriegte zwei
Detektivbücher, ein Märchenbuch, eine Olympiamünze im
Wert von zehn Mark und ein neues Brettspiel: Schmuggler-
jagd. Volker kriegte einen Elektronikbaukasten mit Bau-
sätzen für Morsegeräte und Alarmanlagen, und zusammen
kriegten wir einen Tischkicker.

Und Wiebke? Söckchen, karierte Pantoffeln und aus Jever eine Strumpfhose, drei Nummern zu klein.

Für Mama hatte Papa einen Leifheit-Staubsauger besorgt,
der ohne Strom funktionierte. Beim Schieben drehten sich
die Bürsten von alleine. Wir probierten das mit Tannennadeln, Asche und Locherkonfetti aus. Die Hälfte blieb
jedes Mal liegen, und Papa ging mit dem Staubsauger in die
Garage runter.

Vom Tannenbaum waren mehrere Süßigkeiten verschwunden, und Mama machte Terror, aber ich war mir meiner
Unschuld bewusst.

Jetzt konnte ich mich ja doch mal als Detektiv betätigen,
auf eigene Faust und in eigener Sache. Dem Täter auf der Spur.

Renate und Wiebke schieden als Verdächtige aus. Renate war in England und hatte ein wasserdichtes Alibi, und Wiebke hätte viel zu viel Schiss gehabt. Meine Ermittlungen konzentrierten sich auf Volker, der für mich der Hauptverdächtige war.

Als Volker sich verdünnisiert hatte, ging ich in sein Zimmer. Im Papierkorb lagen Silberfolienschnipsel. Die steckte ich, um keine Fingerabdrücke zu verwischen, mit einer Pinzette aus Mamas Kosmetikschrank in eine Brötchentüte, malte eine Eins auf Papier, schnitt sie aus und klebte sie mit Uhu auf die Tüte, der ich einen Ehrenplatz im Schiebeschrank gab. Mein erster Fall und meine erste Indizientüte. Viele, viele würden noch dazukommen, aber am öftesten würden mich die Reporter nach der allerersten Tüte fragen. »Wie sind Sie denn Ihrem Bruder damals auf die Schliche gekommen, Herr Schlosser?«

Abends ging ich zu Volker hoch, ließ die Schnipsel aus der Tüte auf die Teppichfliesen rieseln und sagte: »Kannst du mir mal sagen, was das hier ist?«

Statt aus allen Wolken zu fallen, verpasste Volker mir einen Arschtritt: »Schieb ab!«

Ich hatte nicht gewusst, dass Volker in der Zwischenzeit von Mama überführt worden war und eine Abreibung bezogen hatte.

Den Detektivberuf hängte ich an den Nagel.

Maria durch ein Dornwald ging. Das übte Renate auf dem Klavier. Durch ein Dornwald, das musste doch weh tun. An Marias Stelle wär ich außen rumgegangen um den Dornwald.

Dann kam Oma Schlosser zu Besuch. Schlohweißes Haar mit Dutt und immer in schwarzen Strumpfhosen.

Oma Schlosser sagte Plumeau statt Bettdecke, nahm Assugrin statt Zucker und ging schon um acht Uhr abends schlafen. Dann mussten wir still sein. Morgens geisterte sie in aller Herrgottsfrühe durchs Haus und mühte sich mit dem Hochziehen der schweren Rollläden ab.

Oft wollte sie beim Nähen und Stopfen und Flicken helfen, und Mama musste ihr die entsprechenden Gerätschaften reichen, passendes Garn suchen und einen Stuhl ans Fenster stellen oder die Nähmaschine auf den Esstisch, und wir wurden vom Fernseher vertrieben, weil Oma sich bei dem Krach nicht auf die Handarbeit konzentrieren konnte. Mitten in der schönsten Fernsehzeit unterwies Oma dann auch Renate in der Bedienung der mitgebrachten Strickmaschine. Das war ein irrer Klapperatismus, der den halben Esstisch einnahm.

Im Hobbyraum ließ Oma sich von mir auf dem Klavier was vorspielen. *Lodern zum Himmel* hatte ich mir ausgesucht, und ich haute in die Tasten, aber Oma verzog keine Miene. Sie setzte sich dann selber hin und spielte aus dem Kopf und ohne Noten irgendwas von Carl Philipp Emanuel Bach, das wahnwitzig schwierig war, und ich musste eine halbe Stunde lang da stehen bleiben und mir Omas Klavierspiel anhören.

Den Tannenbaum kaufte Papa mit dreißig Pfennig Rabatt bei Renates Freund Olaf am Tannenbaumstand der Jusos.

Beim Geschenkeverpacken sagte Mama, wir sollten nicht so mit dem Tesafilm aasen.

Weil Oma Schlosser nicht so gut zu Fuß war, setzten wir uns zum Gottesdienst vor den Fernseher im Hobbyraum. Wiebke plierte immer nach links und nach rechts, ob wir auch alle die Hände gefaltet hatten.

Und vergib uns unsere Schuld, wie auch wir vergeben unseren Schuldigern.

Der Gottesdienst wurde von Hippies gestört, die dem Pfarrer bei der Predigt ins Wort fielen und Transparente hochhielten. Denen sei auch nichts mehr heilig, sagte Papa.

Das tollste Geschenk war der Farbfernseher. Den hatten Mama und wir alle von Papa gekriegt. Ein ultramodernes Gerät, das auf einem Stiel stand, von Nordmende, mit elektronischen Gleitreglern und Bildwiedergabe durch Diodenelektronik oder so ähnlich und mit Tasten, die man nur antippen musste, wenn man umschalten wollte.

Ich selbst hatte für Oma eins der Witzbilder von dem Poster in Papas Arbeitszimmer abgemalt. Da war ein Mann auf einem Zaungitter aufgespießt, und ein anderer Mann zog den Hut und fragte: »Ist Ihnen nicht wohl, mein Herr?«

Oma reichte Papa das Bild stumm hin, und dann saßen sie über mich zu Gericht. Es sei nicht lustig, über tödlich verunglückte Menschen noch Spott auszugießen. Als ich endlich auch mal zu Wort kam und sagte, dass ich das doch nur abgemalt hätte von dem Poster in Papas Arbeitszimmer, hätte ich fast eine gepfeffert gekriegt.

Am ersten Weihnachtsfeiertag bimmelte Mama zum Essen, und dann wurde das Fondue eingeweiht. Papa hatte anderthalb Kilo Gulasch gekauft und sich seinen besten Schlips um den Hals gewürgt. Eine dicke bunte Kerze stand auf dem Tisch.

Mama hatte eine Literflasche Rotwein entkorkt und erzählte von früher. Von dem abgehackten Kuheuter in der Badewanne ihrer Zimmerwirtin, als Fressen für deren Hund, und dass Volker bei der Nachricht von meiner Geburt nur gesagt habe: »Bäh, bäh, Kacke.« Und nach der Hochzeit hatte Mama zu Papa gesagt: »Bau du mir erst mal 'n Badezimmer, dann wasch ich mich auch.«

Bis das Öl im Fonduekessel die richtige Temperatur hatte, verging viel Zeit.

Eine lahmarschige Wirtschaft sei das, sagte Papa und ging sich Käsebrote schmieren, und als das Öl heiß war, sagte er, dass er schon bis zum Stehkragen voll sei.

1974: Zwölf

»Ein Rennrad! Du denkst wohl, das kostet nur 'n Appel und 'n Ei!«

Das war Blödsinn. Ich wusste ja, dass das Rennrad 599 Mark kostete, aber als ich das sagte, wurde Mama noch wütender. »599 Mark, soll ich mir die vielleicht aus dem Bein schneiden?« Papa würde auch nicht mit 'nem Rolls-Royce rumfahren, nur um den dicken Max zu markieren. Und es sei auch nicht gut für ein Kind, wenn es jeden Wunsch gleich erfüllt kriege.

»Jeden Wunsch, haha«, sagte ich, »da lachen ja die Hühner!«

»Halt den Rand!«, schrie Mama. »Du kriegst kein Rennrad, und wenn du dich auf den Kopp stellst!«

»Dann könnt ihr euch alle andern Geschenke ins Arschloch stecken!«, schrie ich zurück und rannte in mein Zimmer.

Als Mama reinwollte, stemmte ich die Füße gegen den Kleiderschrank, Rücken an der Tür.

»Was glaubst du überhaupt, wer du bist, du freches Stück!«, rief Mama, und dann, weil sie die Tür nicht aufkriegte: »Na warte, mein Freund! Wir sprechen uns noch!«

Ob ich ein Findelkind war? Von Vater und Mutter im Stich gelassen? Sehr viel Ähnlichkeit hatte ich ja eigentlich nicht mit Mama und Papa.

Kommet, ihr Hirten übte Wiebke auf der Blockflöte, und ich übte *O du fröhliche* auf dem Klavier. *Christ ist erschienen, uns zu versühnen.* Was das wohl heißen sollte, versühnen?

Allerneueste Mode waren Gutscheine. Von mir kriegte Wiebke einen für ein Legohaus für ihre Puppe, Mama einen für zweimal Staubsaugen im Hobbyraum und Papa einen für dreimal Unkrautrupfen, und Volker überreichte mir einen für den nächsten geangelten Aal.

Eine andere neue Mode war, dass wir beim Baumschmücken mithelfen durften. Früher hatten wir den Christbaum vor der Bescherung nicht einmal schief ankucken dürfen, und jetzt sollten wir Kerzenhalter anbringen und Lametta über die Äste legen. Die empfindlichen Kugeln durfte aber nur Papa aufhängen.

Den Kirchgang ließen wir sausen.

Papa hatte den Fotoapparat aufs Stativ gesteckt und knipste uns mit Blitz beim Singen in der Tür, aber das Foto konnte man nachher niemandem zeigen. Volker hatte seinen viel zu klein gewordenen Konfirmationsanzug an, bei mir sah man die abstehenden Ohren zwischen den Haaren, und Wiebke, die auf der Blockflöte trötete, machte auch keinen besseren Eindruck mit ihrem rosa Kleid und der knallgelben Strumpfhose. Nur Mama und Renate sahen halbwegs normal aus.

Auf meinem bunten Teller lagen eine Toblerone und ein Bounty. Die Toblerone schmeckte gut, aber das Bounty weniger, weil da Kokos drin war. Als Wiebke und ich zufällig mal alleine im Wohnzimmer waren, bot ich ihr mein angebissenes Bounty für ihr unangebissenes Nuts an, und sie ging auf den Tauschhandel ein.

Aus der Werkstatt kam Papa mit einem Riesenadventskranz hoch, den er da heimlich gebastelt hatte. Ein Wort mit drei Tezett: Atzventzkrantz.

Das Ding war so groß wie ein Elefantenklo und wurde in

der Diele aufgehängt, was sehr viel Zeit in Anspruch nahm. Dann sollte Renate den Kranz mit den vier brennenden Kerzen fotografieren, nach Papas Anweisungen und aus allen möglichen Himmelsrichtungen, von oben, von der Seite, von der Treppe aus, von schräg rechts und von links und von der Garderobe aus. Als Papa sich im Flur auf den Rücken legte, um von unten einen guten Fotografierwinkel zu finden, wurde Mama böse, und es gab einen Krach, der damit endete, dass Papa die Garagentür hinter sich zuknallte und Mama die vom Elternschlafzimmer, aber dann kam Mama noch mal raus und holte das Schulterfleisch aus der Tiefkühltruhe.

Am ersten Weihnachtsfeiertag war der Tisch bereits seit einer Stunde gedeckt, aber das Schulterfleisch war immer noch nicht gar. »Wir haben Hunger, Hunger, Hunger«, sangen Volker und ich und hauten mit dem Besteck auf den Esstisch.

Bald würden 15 Milliarden Menschen die Erde bevölkern, stand im *Stern*. Dazu ein Foto von einer Masse nackter Asiaten, wie die Heringe zusammengepfercht in einem viel zu kleinen Raum.

»Da kann einem ja angst und bange werden«, sagte Mama.

Martin Suter

Ein kleiner Weihnachtstest

Viel Vergnügen«, sagt Elvira anzüglich, als Stefan Zwimpfer am Morgen aus dem Haus geht.

»Von wegen Vergnügen!« Er verzieht das Gesicht. Heute ist Weihnachtsessen, und Zwimpfer muss den Eindruck vermeiden, dass er sich darauf freut. Gegenüber Elvira hat er den Anlass als personalhygienische Maßnahme dargestellt. Als Signal dafür, dass man an einem Punkt angelangt ist, wo man zwar noch nicht allzu heftig auf den Putz hauen, aber immerhin wieder ein paar Franken springen lassen kann für das Zwischenmenschliche, Außerbetriebliche. Diesen Punkt hat man zwar nicht ohne harte Entscheidungen und unpopuläre Schritte erreicht, und man ist auch noch nicht ganz über dem Berg, aber Zwimpfer hält den Augenblick für gekommen, der Belegschaft die andere Seite des kühlen Sanierers, des emotionslosen Restrukturierers, des vermeintlich herzlosen Abbauers zu präsentieren: den Menschen Zwimpfer, der auch nicht aus buchenen Scheitlein gemacht ist. Unseren Zwimpfer Stefan, hoppla, kein Kind von Traurigkeit.

Elvira hat nur so lange Verständnis gezeigt, bis Zwimpfer ihr gestanden hatte, dass der Anlass ohne Anhang ist. »Wie sollen die Leute glauben, dass du den Turn-around geschafft hast, wenn es nicht einmal für ein Weihnachtsessen mit Partner reicht?«, hatte sie gefragt. Und Zwimpfer hatte ihr die unüberlegte Antwort gegeben: »Es ist nicht so, dass es nicht reicht. Ich will nur, dass sie sich so geben können, wie sie sind.«

Seither muss er Elvira gegenüber jedes Anzeichen von Vorfreude auf das Weihnachtsessen unterdrücken, denn sie ist überzeugt, dass es nur deshalb ohne Partner ist, weil er die Sau rauslassen will.

Wie sollte er ihr erklären, dass er genau das Gegenteil will: den Menschen rauslassen. Bei Kerzenlicht und Käsefondue.

»Häng ja den Anzug auf die Terrasse, wenn du heimkommst. Und ich mach' dir das Gästebett bereit, für den Fall, dass es nach Mitternacht wird.«

Um halb sechs meldet sich Frau Wirth ab. Sie gehe sich jetzt auch umziehen. Um sechs streicht Zwimpfer durch die Gänge. Alles leer. Um Viertel nach genehmigt er sich einen Schluck aus einer Flasche Glenfiddich, einem Lieferantengeschenk. Dann überfliegt er noch einmal den Text zu *As time goes by,* den er sich beschafft hat für den Fall, dass der Barpianist, den Frau Wirth engagiert hat, den Song zufällig im Repertoire hat. »Man mag von Zwimpfer halten, was man will, aber wie er am Weihnachtsessen '94 spontan ans Mikrofon gegangen ist und dieses Lied aus *Casablanca* gesungen hat, vergess' ich nie.«

Als Zwimpfer um zwanzig vor acht den kleinen Saal des »Schlüssels« betritt, wird es still. Alle schauen ihm zu, wie er sich nervös umblickt und erleichtert auf den Tisch zugeht, an dem Frau Wirth winkt.

Er setzt sich und begrüßt den repräsentativen Querschnitt durch die Mitarbeiterschaft, den Frau Wirth an seinem Tisch arrangiert hat.

Der Pianist spielt was von Richard Clayderman. Das Servierpersonal strömt in den Saal und wartet jeweils mit dem Teller mit drei Tranchen Bündnerfleisch, einer Tranche Rohschinken, reichlich Salzgurken und Silberzwiebeln, bis man den Tannenzweig mit der roten Kerze in der Mandarine vom Platzteller geräumt hat.

Wir überspringen die Stelle mit dem Fondue, das sich innerhalb von wenigen Minuten in etwas Hellgelbes, Dünnflüssiges und etwas Kompaktes, Leimiges teilte. Wir lassen auch die Szene mit dem überhitzten Rechaud aus, das am Dispo-Tisch für etwas Abwechslung sorgte. Wir halten uns auch nicht mit dem Käsefaden an Frau Eichholzers Brotbröckli auf, der länger und länger wurde, bis Herr Rolli hilfreich mit seiner Gabel einsprang und dann auch Herr Vettiger, was Herrn Jauss zur witzigen Bemerkung veranlasste: »Aha, ein Dreiecksverhältnis«, die praktisch den ganzen Faktura-Tisch zum Lachen brachte und einen Teil des Versand-Tisches. Wir gehen direkt zu der Stelle, an der das Fondue abgeräumt ist und sich die Stille wieder über den Saal des »Schlüssels« senkt, schwer wie die Klumpen in den Mägen der Belegschaft.

Direktor Zwimpfer, der sich während des Essens darum bemüht hat, das Eis zu brechen, das seine Tischnachbarn erstarren lässt, sagt gerade zu Herrn Niederhauser, Spedition: »Das ist ja interessant: Bogenschießen! Da arbeitet man im selben Laden und weiß so gut wie nichts voneinander. Erzählen Sie!«, als er die Stille kommen hört. Sie implodiert von den Rändern des Saales her in gleichmäßigen Kreisen gegen Zwimpfers Tisch im Zentrum, verschluckt Niederhausers Antwort »Also nicht wettkampfmäßig, eher…« und schlägt über Zwimpfer zusammen. Er schaut auf und lächelt Frau Wirth fragend an. Sie flüstert verlegen: »Ein Engel ist wohl durch den Saal gegangen.«

»Vielleicht sollten Sie den Pianisten aktivieren«, schlägt Zwimpfer vor. Kurze Zeit später wabert ein Weihnachtsmedley über die gesenkten Köpfe. Aber anstatt einen Geräuschteppich zu bilden, auf dem zwanglose Konversationen entstehen und gedeihen können, wird es zum musikalischen Beitrag. Die 164 Mitarbeiterinnen und Mitarbeiter der LFO Schweiz lauschen verträumt den Klängen von *O Tannenbaum* und *Stille Nacht* und lächeln anerkennend in sich hinein, wenn dem Pianisten ein geschmeidiger Übergang von *Es ist ein Ros' entsprungen* zu *White Christmas* gelingt. Der Pianist, angespornt durch so viel Aufmerksamkeit, wird immer konzertanter. Er verlässt die weihnachtliche Thematik und führt das hingebungsvolle Publikum über sein klassisches Repertoire nahtlos und immer tiefer in sein selbstkomponiertes.

Direktor Zwimpfer sieht seine Chance schwinden, sich unauslöschlich als Mensch Zwimpfer in die Erinnerung an das Weihnachtsessen '94 einzuprägen. »Fragen Sie ihn, ob er *As time goes by* kann«, raunt er Frau Wirth zu.

Es gibt Momente in der Laufbahn einer wirklich großen Chefsekretärin, in denen Insubordination die höhere Form des Dienens darstellt als blinder Gehorsam. Ein solcher Moment ist für Frau Wirth gekommen, als sie sich zum Ohr des Pianisten beugt und flüstert: »Falls Sie Direktor Zwimpfer bittet, ihn zu *As time goes by* zu begleiten: Sie haben es nicht im Repertoire. Noch einen doppelten Black Label?«

So schützt zwar Frau Wirth Direktor Zwimpfer vor dem Menschen Zwimpfer, aber den Abend rettet sie nicht. Der Saal fängt wieder an, von den Rändern her abzubröckeln. Die LFO Schweiz AG stiehlt sich winkend und nickend hinaus. Um elf Uhr sitzen nur noch Frau Wirth und Bogenschütze Niederhauser bei Zwimpfer.

Hätte er Elvira kurz darauf nicht mit *A kiss is just a kiss* geweckt, das Gästebett wäre in dieser Nacht unbenützt geblieben.

Max Frisch

Weihnachtsbaum mit richtigen Kerzen

Unser stiller Zank vorher –
(Ihre Allergie: wenn ich zeige, wie man die Kerzenhalter, die ich aus Zürich habe kommen lassen, am besten stabilisiert durch Verklammerung zweier Zweige, dieses Besserwissen, das sie an Daddy erinnert, und wenn ich zuschaue, wie sie die Glanzkugeln da oder dort hängt, und es schön finde, wie sie es macht, ihr Ärger, dass ich, statt Glanzkugeln an die Zweige zu hängen, im Schaukelsessel sitze und eine Zigarre rauche und über Hedda Gabler rede, die ihr im Schauspielunterricht bevorsteht, über Ibsen, ja, ob Kerzenhalter oder Ibsen; immer dieses Schon-Wissen, das sie an ihren Daddy erinnert!)

Mitternacht bei Kirchengesängen.

(PRESBYTERIAN CHURCH)

Hans Fallada

Der gestohlene Weihnachtsbaum

Ein wesentlicher Unterschied zwischen Kindern und Erwachsenen ist der, dass die Großen ungefähr wissen, was sie vom Leben zu erwarten haben, die Kinder aber erhoffen noch das Unmögliche. Und manchmal behalten sie damit sogar recht.

Seit Mitte Dezember der erste Schnee gefallen war, dachte Herr Rogge wieder an den Weihnachtsbaum und die alljährlich wiederkehrenden endlosen Schwierigkeiten, bis er ihn haben würde. Die Kinder aber nahmen allmorgendlich ihre kleinen Schlitten und zogen in den Wald, den Weihnachtsmann zu treffen. Natürlich war es einfach lächerlich, dass es in diesem Lande mit Wald über Wald keine Weihnachtsbäume geben sollte. Überall standen sie, sie wuchsen einem gewissermaßen in Haus, Hof und Garten, aber sie gehörten nicht Herrn Rogge, sondern der Forstveraltung. Der alte Förster Kniebusch aber, mit dem Herr Rogge sich übrigens verzankt hatte, verkaufte schon längst keine Baumscheine mehr.

»Wozu denn?«, fragte er. »Es kauft ja doch keiner einen. Und wenn sie sich ihren Baum lieber ›so‹ besorgen, habe ich doch den Spaß, sie zu erwischen, und ein Taler Strafe für einen Baum, den ich ihnen aus den Händen und mir ins Haus trage, freut mich mehr als sechs Fünfziger für sechs Baumscheine.«

So würde also Herr Rogge sich entweder den Baum »so« besorgen müssen – was er nicht tat, denn erstens stahl er nicht, und zweitens gönnte er Kniebusch nicht die Freude –, oder er würde achtzehn Kilometer in die Kreisstadt auf den Weihnachtsmarkt fahren müssen, zur Besorgung eines Baumes, der ihm vor der Nase wuchs – und das tat er erst recht nicht, und den Spaß gönnte er Kniebuschen erst recht nicht. Blieb also nur die unmögliche Hoffnung auf den Weihnachtsmann und seine Wunder, die die Kinder hatten.

Gleich hinter dem Dorf ging es bergab, einen Hohlweg hinunter, in den Wald hinein. Manchmal kamen die Kinder hier nicht weiter, über dem schönen sausenden Gleiten vergaßen sie den Weihnachtsmann und liefen immer wieder bergan. Heute aber sprach Thomas zum Schwesterchen: »Nein, es sind nur noch drei Tage bis Weihnachten, und du weißt, Vater hat noch keinen Baum. Wir wollen sehen, dass wir den Weihnachtsmann treffen.«

So ließen sie das Schlitteln und traten in den Wald. Was der Thomas aber nicht einmal dem Schwesterchen erzählte, war, dass er Vaters Taschenmesser in der Joppe hatte. Mit sieben Jahren werden die Kinder schon groß und fangen an, nach Art der Großen ihren Hoffnungen eine handfeste Unterlage zu verschaffen. –

Der alte Kakeldütt war das, was man früher ein »Subjekt« nannte, wahrscheinlich, weil er so oft das Objekt behördlicher Fürsorge war. Aus dem mickrigen Leib wuchs ihm ein dürrer, faltiger, langer Hals, auf dem ein vertrocknetes Häuptlein wie ein Vogelkopf nickte. Wenn der Herr Landjäger sagte: »Na, Kakeldütt, denn komm mal wieder mit! Du wirst ja wohl auch allmählich alt, dass du vor den sehenden Augen von Frau Pastern ihre beste Leghenne unter deine Jacke steckst«, dann krächzte Kakeldütt schauerlich und klagte beweglich: »Ein armer Mensch soll es wohl nie zu was bringen, was? Die Pastern hat 'ne Pieke auf mich, wie? Und Sie haben auch 'ne Pieke auf mich, Herr Landjäger, wie? Natürlich in allen Ehren und ohne Beamtenbeleidigung, was?« Und bei jedem Wie und Was ruckte er heftig mit dem Häuptlein, als sei er ein alter Vogel und wolle hacken. Aber er wollte nicht hacken, er ging ganz folgsam und auch gar nicht unzufrieden mit.

Wir aber als Erzähler denken, wir haben unsere Truppen nun gut in Stellung gebracht und die Schlacht gehörig vorbereitet: hier den alten Förster Kniebusch, der gern Tannenbaumdiebe fängt. Dort den Vater Rogge, in Verlegenheit um einen Baum. Ziemlich versteckt das anrüchige Subjekt Kakeldütt mit großer Findigkeit für fragwürdigen Broterwerb, und als leichte Truppen, die das Gefecht eröffnen, Thomas mit dem Schwesterchen, ziemlich gläubig noch, aber immerhin mit einem nicht einwandfrei erworbenen Messer in der Tasche. Im Hintergrund aber die irdische Gerechtigkeit in Gestalt des Landjägers und die himmlische, vertreten durch den Weihnachtsmann.

Alle an ihren Plätzen –? Also los!

Das Erste, was man durch den dick mit Schnee gepolsterten, stillen Wald hört, ist: ritze-ratze, ritze-ratze … Kakeldütt, erfahrener auf dunklen Pfaden als der siebenjährige Thomas, weiß, dass ein Tannenbaum sich schlecht mit einem Messer, gut mit einer Säge von den angestammten Wurzeln lösen lässt.

Herr Rogge, in Zwiespalt mit sich, greift nach Pelzkappe

und Handstock: Hat man keinen Tannenbaum, kann man sich doch welche im Walde beschauen. Kniebusch stopft seine Pfeife mit Förstertabak, ruft den Plischi und geht gegen Jagen elf zu, wo die Forstarbeiter Buchen schlagen. Die Kinder haben unter einem Ginsterbusch im Schnee ein Hasenlager gefunden, hinten ist es zart gelblich gefärbt.

»Osterhas Piesch gemacht!«, jauchzt Schwesterchen.

Die alte gichtige Brommen aber hat schon zwanzig Pfennig für den Kakeldütt, der ihr weißwohlwas besorgen soll, bereitgelegt. Ritze-ratze … Ritze-ratze …

Förster Kniebusch – die akustischen Verhältnisse in einem Walde sind unübersichtlich –, Förster Kniebusch ruft leise den Hund und windet. »I du schwarzes Hasenklein! War das nun drüben oder hinten –? Warte, warte …«

Ritze-ratze …

Thomas und das Schwesterchen horchen auch. Schnarcht der Weihnachtsmann wie Vater –? Hat er Zeit, jetzt zu schnarchen –?! Friert er nicht –? Erfriert er gar – und ade der bunte Tisch unter der lichterleuchtenden Tanne?!

Ritze-ratze …

Herr Rogge hat die Fußspuren seiner Kinder gefunden und vergnügt sich damit, ihre Spuren im Schnee nachzutreten, mal Schwesterchens, mal Brüderchens. Auch er findet das Hasenlager, auch er spitzt die Ohren. Thomas wird doch keine Dummheiten machen?, denkt er. Ich hätte doch in die Stadt fahren sollen.

»Ach nee, ach nee«, stöhnt ganz verdattert Kakeldütt, wackelt mit dem Vogelkopf und starrt auf die Kinder. »Wer seid denn ihr? Ihr seid wohl Rogges –?«

»Das ist der Weihnachtsbaum«, sagt Thomas ernst und

betrachtet die kleine Tanne, die mit ihren dunklen Nadeln still im Schnee liegt.

»Weihnachtsbaum – Weihnachtsmann«, brabbelt Schwesterchen und sieht den ollen Kakeldütt zweifelnd an. Ist das ein echter Weihnachtsmann? Enttäuschung, Enttäuschung – ins Leben wachsen heißt ärmer werden an Träumen.

»Ich hab 'nen Baumschein vom Förster, du Roggejunge«, verteidigt sich Kakeldütt ganz unnötig.

»Hilfst du mir auch bei unserer Tanne?«, fragt Thomas und greift in die Joppentasche. »Ich hab ein Messer.«

In Kakeldütts Hirn erglimmen Lichter. Rogges haben Geld. Sie zahlen nicht nur zwanzig, sie zahlen fünfzig Pfennig für einen Weihnachtsbaum. Sie zahlen eine Mark, wenn Kakeldütt den Mund hält. »Natürlich, Söhning«, krächzt er und greift wieder zur Säge. »Nehmen wir gleich den –?«

Herr Rogge auf der einen, Förster Kniebusch auf der andern Seite den Tannen enttauchend, sehen nur noch Thomas und Schwesterchen. Keinen Kakeldütt.

»Thomas!«, ruft Herr Rogge drohend.

»Rogge!«, ruft Kniebusch triumphierend.

»Nanu!«, wundert sich Thomas und starrt auf die Äste, die sich noch leise vom weggeschlichenen Kakeldütt bewegen.

Der Sachverhalt aber ist klar: ein abgeschnittener Baum, ein Junge mit einem Messer in der Hand …

»Ich freue mich, Rogge«, sagt Kniebusch und freut sich ganz unverhohlen. »Stille biste, Plischi!«, kommandiert er dem Hund, der in die Schonung zieht und jault.

»Du glaubst doch nicht etwa, Kniebusch?«, ruft Rogge empört. »Thomas, was hast du getan?! Was machst du mit dem Messer?«

»Deinem Messer, Rogge«, grinst Kniebusch.

»Hier war 'n Mann«, sagt Thomas unerschüttert. »Wo ist der Mann hin?«

»Weihnachtsmann«, kräht Schwesterchen.

Kinder zu erziehen ist nicht leicht – Kinder vorm Antlitz triumphierender Feinde zu erziehen ist ausgesprochen schwer. »Komm einmal her, Thomas«, sagt Herr Rogge mit aller verhassten väterlichen Autorität. »Was machst du mit meinem Messer. Woher hast du mein Messer?« Er gerät unter dem Blick des andern in Hitze. »Wie kommt die Tanne hierher? Wer hat dir gesagt, du sollst eine Tanne abschneiden?«

»Hier war 'n Mann«, sagt Thomas trotzig im Bewusstsein guten Gewissens. »Vater, wo ist der Mann hin?«

»Weihnachtsmann weg!«, krähte Schwesterchen.

»Sollst du lügen, Tom?«, fragt Herr Rogge zornig. »Ekelhaft ist so was! Komm, sage ich dir …« Und mit aller väterlichen Konsequenz eilt er mit erhobener Hand auf den Sohn zu. Ausgerechnet angesichts von Kniebusch als Waldfrevler erwischt! Nichts mehr scheint eine väterliche Tracht Prügel abwenden zu können.

»Halt mal, Rogge!«, sagt Förster Kniebusch mit erhobener Stimme und zeigt mit dem Finger auf den frischen Baumstumpf. »Das ist gesägt und nicht geschnitten.«

Rogge starrt. »Wo hast du die Säge, Junge?«

»Hier war 'n Mann«, beharrt Thomas.

»Und recht hat der Junge, und du hast unrecht. Rogge«, freut sich der Kniebusch. »Da die Spuren – das sind nicht deine und nicht meine. – Und du hast überhaupt meistens und immer unrecht, Rogge. Damals, als wir uns verzürnt haben, hattest du auch unrecht. Fische können nicht hören! Du bist rechthaberisch, Rogge, und was war hier für ein Mann, Junge?«

»Ein Mann.«

»Und wenn ich dieses Mal unrecht hab, aber ich hab's nicht, denn wozu hat er das Messer? – Damals hatte ich doch recht. Und Fische können sehr wohl hören …«

»Unsinn – in den Kuscheln muss er noch stecken, Rogge! Los, Plischi, such, du guter Hund! Los, Rogge, den Kerl zu fassen soll mir zehn Weihnachtsbäume wert sein. Los, Junge, fass deine Schwester an, wenn du ihn siehst, schreist du!«

Und los geht die Jagd, immer durch die Tannen, wo sie am dicksten stehen.

»Weihnachtsmann!«, ruft Schwesterchen. Die Tannennadeln stechen, und der Schnee stäubt von den Zweigen in den Nacken.

»Also lassen wir es«, sagt nach einer Viertelstunde Förster Kniebusch missmutig. »Weg ist er. Wie in den Boden versunken. – Du kannst doch die Tanne brauchen, fünfzig Pfennig zahlst du, und so hat das Forstamt wenigstens was von dem Gejachter.«

Aber wo ist die Tanne? Dies ist der Platz, denn hier steht der Stumpf – aber wo ist die Tanne?

»I du schwarzes Hasenklein!«, sagt Förster Kniebusch verblüfft. »Der ist uns aber über, Rogge! Holt sich noch den Baum, während wir hier auf ihn jagen. Na, warte, Freundchen, wenn ich dir mal wieder begegne! Denn die Katze lässt das Mausen nicht, und einmal treffe ich sie alle … Gib mir das Messer, Junge, damit ihr wenigstens nicht leer nach Hause geht. Ist der dir recht, Rogge? Schneidet sich elend schlecht mit 'nem Messer, das nächste Mal bringst du besser 'ne Säge mit, Junge, weißt du, einen Fuchsschwanz ...«

»Kniebusch –!«, schreit Herr Rogge förmlich. Aber auf diesen Streit der beiden brauchen wir uns nicht auch noch einzulassen, er ist schon alt und wird aller Wahrscheinlichkeit nach noch sehr viel älter werden.

Jedenfalls fasste Thomas auf dem Heimwege seine Meinung dahin zusammen: »Ich glaube, es war doch der Weihnachtsmann, Vater. Sonst hätt er doch nicht so verschwinden können, Vater! Wo der Hund mit war.«

»Möglich, möglich, Tom«, bestätigte Herr Rogge.

»Aber, Vater, klauen denn die Weihnachtsmänner Weihnachtsbäume?«

»Ach, Tom –!«, stöhnte Herr Rogge aus tiefstem Herzensgrunde – und war sich gar nicht im Klaren darüber, wie er diesen Wirrwarr in seines Sohnes Herzen entwirren sollte. Aber schließlich war in drei Tagen Weihnachten. Und vor einem strahlenden Tannenbaum und einem bunten Bescherungstisch werden alle Zweifel stumm und alle Kinderherzen gläubig.

Wolfdietrich Schnurre

Die Weihnachtsmannaffäre

Wir wohnten damals in der Gegend um den Alexanderplatz herum. Es war eine dumme Zeit: Arbeitslosigkeit, Matsch-Schnee, keine Kohlen, und in einer Woche war
Weihnachten. Obendrein hatte uns auch noch Frieda verlassen; das war das Schlimmste von allem. Denn keine von
Vaters Freundinnen war so lange bei uns geblieben wie sie.
Außerdem hatte sie immer die Miete bezahlt; und jetzt saßen
wir da und konnten sehn, wo wir blieben.

Frieda hatte über dem Tageskino, wo sie als Platzanwei-
serin arbeitete, ein möbliertes Zimmer gefunden, das, wie
sie vorgab, größer als unseres sei, und nur deshalb habe sie es
genommen. Aber Vaters Freunde berichteten, Friedas möbliertes Zimmer sei ein mit unbrauchbaren Möbeln vollge-
stopfter Abstellraum, weiter nichts, und Besucher könnten
überhaupt nur auf dem Flur abgefertigt werden, so eng sei
es drin. Also hatte es wohl doch mehr daran gelegen, dass
Frieda eben einfach mal wieder für sich zu sein wünschte.

Vater verstand das sehr gut, wir hatten ihn ja selber oft,
diesen Hang. Nur seine Freunde verstanden ihn da nicht so
recht. Sie sagten, Vaters Verbindung mit Frieda sei das Einzige gewesen, was sie in diesen miesen Zeiten noch aufrecht
gehalten habe, und sie setzten alles daran, die beiden wieder
zusammenzubringen. Nämlich jetzt war es aus mit Freikar-

ten, und immerhin war das ›Universum‹ von früh bis abends geheizt.

Vaters nettester Freund ist Otto gewesen. Otto hatte früher einen Leierkastenverleih. Doch dann fand die Polizei mal allerhand merkwürdiges Werkzeug in den Leierkasten, die Otto verlieh: Metallbohrer, Dietriche, Stemmeisen, Meißel, Knete zum Scheibeneindrücken und solchen Kram, und da lud man ihn ein, ins Gefängnis zu kommen und sich auf redlich umschulen zu lassen. Dieser Umschulungskurs war Ottos Ruin; denn das Redlichsein fing an, ihm Freude zu machen, und da er es auch nach seiner Entlassung noch weiter betrieb, dauerte es nicht lange, und Otto ging es genauso schlecht wie uns allen.

Er war der Einzige unter Vaters Freunden, der geheiratet hatte. Seine Frau war genau siebenundzwanzig Jahre jünger als er. Sie hieß Else, und sie hatte weder an Ottos Straußeneiglatze noch an seinen sanft nach außen schielenden Augen Anstoß genommen, denn sie hatten aus Liebe geheiratet. Der beste Beweis hierfür war, dass Else in Kürze ein Baby erwartete, das sie auch dann Otto nennen wollte, wenn alles dafür spräche, man habe es mit einem Mädchen zu tun.

Vaters übrige Freunde kamen aus recht gegensätzlichen Berufen. Leo zum Beispiel ist Kanalisationsinspizient und Ewald Aushilfsschornsteinfeger gewesen. Doch eins einte sie alle: der Wunsch, sich – wenn schon nicht dieses Leben, dann doch wenigstens – dieses Weihnachten so erträglich wie möglich zu gestalten.

Vater unterstützte sie da nach bestem Gewissen; und sie hörten gerne auf ihn, nämlich er hatte nie ein Hehl daraus gemacht, dass er Arbeitslosigkeit, so paradiesisch sie sich, biblisch betrachtet, auch ausnehmen mochte, als etwas ganz und gar Unchristliches empfand. Wenn er dafür auch nicht so sehr den Himmel als dessen irdische Statthalter verantwortlich machte. Nicht, dass er Aufsässigkeit gepredigt hätte; *der* Typ war er weniger. Nein: Er hielt seine Freunde lediglich zu einer soliden Unzufriedenheit an.

Natürlich gab es auch Andersgläubige, die ihn da missverstanden oder vielmehr missverstehen *wollten*. Dazu hat in erster Linie Frieda gehört, die ihm vorwarf, er steigere sich nur deshalb in diese Apostelrolle hinein, um sich seine Talentlosigkeit in punkto Arbeitssuche nicht eingestehen zu müssen. Vor allem aber hat Mieke Sobota an Vaters Berufung gezweifelt. Das heißt, nicht nur Mieke allein, auch alle seine Leute hatten gegen Vaters Auffassung von Arbeitslosigkeit was.

Mieke war Seifenkocher gewesen; auch auf mehreren Rummeln hat er geboxt. Vom Boxen hatte er die breite, gebrochene Nase, und auch die eintätowierten Rosen und Nixen auf seinen Fäusten und Armen hingen wohl damit zusammen. Seine Plattfüße wieder hatten mit all den Jahren zu tun, die er als Seifenkocher gezwungen gewesen war, am Kaldaunenkessel zu stehen. Mieke spielte für sein Leben gern Skat, den er den Nationalsport der Arbeitslosen nannte. Hier kam wohl auch der Unwille her, den er Vaters Erweckungsversuchen entgegenbrachte: Er wollte von seinem vorsätzlichen Irrtum nicht lassen, Arbeitslosigkeit für Freiheit zu halten.

Denn Miekes Leute unterschieden sich von Vaters Freunden vor allem dadurch, dass sie den Arbeitslosenstand zu einer neuen Berufskaste erhoben hatten. Sie waren nicht mehr

beschäftigungsloser Tennisplatzpfleger, entlassener Straßen-
bahnschienenreiniger, sie waren Arbeitlose an sich; und Mieke
wurde nicht müde, ihnen einzureden, dass sie allen Grund
hätten, das mit Stolz zu quittieren. Trotzdem, gegen eine
kleine Arbeit, die die Stabilisierung des Heiligen Abends verhieß, hätten sie natürlich ebenso wenig einzuwenden gehabt
wie wir.

Das Wichtigste hierfür wären Kohlen oder genauer: wäre
Wärme gewesen. An sich war diese Voraussetzung – allerdings auch nur, was die Tage vor und nach Weihnachten anging – mit dem hervorragend geheizten Pergamon-Museum
vollauf erfüllt; zumal das Pergamon-Museum zwischen Spit-
telmarkt und Prenzlauer Berg ungefähr der einzige Ort war,
wo Vaters Freunde und Miekes Leute einander noch begegnen konnten, ohne dass gleich Schmähworte fielen; nicht
mal in den Wettbüros am Alexanderplatz war dieses Wunder
ja noch zu vollbringen. Doch auch das Pergamon-Museum
sollte sich zum Aufwärmen als ungeeignet erweisen. Und der
uns das eingebrockt hat, ist niemand anders als Otto gewesen.

Otto hatte sich mit Leo im Innern des Museums vor einer
dieser alten Säulen verabredet. Leo kam jedoch nicht. Da
holte Otto seinen Tintenstift hinter dem Ohr hervor und
schrieb an die Säule: ›Bin um zwölf wieder da. Otto.‹ Darauf
vertrat er sich im Lustgarten draußen, wo Weihnachtsmarkt
war, ein bisschen die Füße, und pünktlich um zwölf kam er
wieder zu der Säule zurück.

Er war sehr erstaunt, als auf einmal zwei Wärter über ihn
herfielen, die ihn zu einem Herrn mit Stehkragen schleppten, der einen kaputten Steinkopf auf seinem Schreibtisch
stehen hatte und Otto anschrie, wie er dazu komme, eine

attische Säule zu besudeln. Otto antwortete, es sei doch nichts Unanständiges gewesen, bloß eine Nachricht für einen Kollegen. Aber was nützte das alles; von nun an war es mit dem Pergamon-Museum als Wärmehalle endgültig aus; niemand von Vaters Freunden wurde mehr eingelassen, und was fast noch schlimmer war: Das Verbot schloss auch Mieke und seine Leute mit ein.

Damit war der erste Anlass für eine offene Kampfansage gegeben. Es lag Mieke ganz einfach nicht, die Folgen eines solchen, noch dazu nicht von ihm provozierten, Schicksalsschlags untätig hinzunehmen, er war eine Kämpfernatur. Das bestätigte vor allem der blauviolette Hof, der unmittelbar darauf eins von Ottos sanft nach außen schielenden Augen umgab; das trat aber in noch weit betrüblicherem Ausmaß im Verlauf dieser Weihnachtsmannaffäre zutage; und mit der verhielt es sich so:

Da Vater der Meinung war, das Milieu der Wettbüros und Destillen, in denen seine Freunde jetzt hauptsächlich verkehrten, bekomme einem siebenjährigen Jungen nicht gut, wechselten wir in die Spielwarenabteilung vom Kaufhaus Wertheim hinüber.

Hier waren wir fünf Tage vor Weihnachten Zeuge, wie der Abteilungsleiter, ein pomadeglänzender Herr mit schimmernden Wangen und rosigen Nägeln, indem er seinem Ungehaltensein durch eine nackte Puppe Nachdruck verlieh, mit der er dabei auf die Tischplatte klopfte, sich beim Arbeitsamt telefonisch beschwerte, dass ihm keine Weihnachtsmänner geschickt worden seien. Er schnarrte in die Muschel, wenn die acht Monturen, die er angeschafft habe, auch nur noch eine einzige Stunde länger unbenutzt blieben, werde er das Arbeitsamt regresspflichtig machen; von dem Verlust, den der Ausfall dieser Straßenwerbung bedeutete, besser erst gar nicht zu reden.

Vater musste sich auf ein künstliches Pfefferkuchenhaus stützen, er war zu erregt. »Acht«, flüsterte er; »hast du gehört?«

Ja, ich hatte gehört. Acht, das waren genau Vater, Otto, Leo, Ewald, Rudi, Kutte, Emil und Ernst.

»Hör zu«, keuchte Vater; »du rennst jetzt sofort los und versuchst, einen von Unsern zu kriegen und sagst ihm, er soll aufs Arbeitsamt rasen und denen erklären, er hat die Weihnachtsmänner für Wertheim parat. Treffpunkt: Wettbüro Münzstraße. Klar?«

»Klar«, sagte ich; »und was ist mit dir?«

»Ich«, sagte Vater und zwirbelte seine Schnurrbartenden hoch, die aber sofort wieder über die Mundwinkel fielen; »ich geh jetzt zu dem Herrn da rein und frag ihn persönlich.«

Ich rannte sofort los. Aber jetzt zeigte es sich, dass uns Mieke, jedenfalls im Methodischen, weit überlegen war. Kaum nämlich, dass ich mit Leo, der wie immer um diese Zeit in der Markthalle schluckend vor den Wurstwaren stand, endlich im Arbeitsamt war, kamen uns den dämmrigen Gang herab haargenau acht verdächtige Gestalten entgegen. Sie pfiffen und lachten und rieben sich die Hände dazu. Wir konnten uns eben noch in einer Nische verstecken, da erkannten wir auch schon, dass sich unser Verdacht aufs Furchtbarste bewahrheitet hatte.

Doch plötzlich ging eine Tür am Gangende auf, und eine Stimme rief: »He, hallo! Die Herrn Weihnachtsmänner in spe! Die Sache ist abgeblasen! Wertheim hat 'ne andere Mannschaft genommen!« Die Gesichter vor uns im Halbdunkel vergesse ich nie.

»Los«, knirschte Mieke und ballte die blautätowierten Fäuste; »hin und nachgesehn, was für 'ne Truppe von Lebensmüden uns das weggeschnappt hat.«

»Liebes Bisschen«, sagte Leo, als sie weg waren und wir wieder aus unserer Nische heraustreten konnten, »wenn das da eben dein Vater erreicht hat, dann werden wir bei dieser Arbeit nicht froh.« Es sollte eine der zutreffendsten Prophezeiungen werden, die jemals in unseren Kreisen gemacht worden sind.

Natürlich, es war Vaters Verdienst, dass Mieke und seine Leute die Weihnachtsmannposten nicht kriegten. Zum Glück war Vater aber auch sonst schon recht rege gewesen. Denn als wir atemlos ins Wettbüro in der Münzstraße stürzten, da hatte er die andern sechs bereits im Vorraum um die Heizung versammelt.

Wir berichteten kurz.

An seinen Bartenden nagend, hörte Vater uns zu. »Wenn einer aussteigen will«, sagte er darauf gedehnt, »ich mach ihm keinen Vorwurf daraus.«

Ottos rechtes Auge, das noch immer ein veilchenfarbener Hof umgab, flatterte leicht.

»Gut«, sagte Vater, »dann also mir nach.«

Auch Mieke war allerdings nicht gerade untätig gewesen. Alle paar hundert Meter stand einer von seinen Leuten herum und schloss sich uns schweigend und in wohlbemessenem Abstande an.

Zuletzt, dicht vor Wertheim, stieß sich dann auch Mieke

selber mit dem Rücken von einer Litfaßsäule ab und kam uns, übertrieben in den Knien wippend, entgegengeschlendert.

»Na, so 'n Zufall!«

»Ja; lange nicht mehr gesehn«, sagte Vater gepresst.

Leo schnallte unauffällig den Kraftriemen ums Handgelenk enger.

»Bloß leider gar keine Zeit«, sagte Vater.

»Nanu.« Mieke zog erstaunt die buschigen Brauen empor. »Habt ihr gehört, Jungs«, sagte er zu seinen Leuten, die uns, wie absichtslos, eingekreist hatten: »Albert hat keine Zeit mehr für uns.«

»Na, Kollegen –?«, sagte da, Hand am Gummiknüppel, ein Schutzmann und drängte sich durch Miekes Leute und Vaters Freunde hindurch; »soll ich erst Verstärkung ranpfeifen, oder verkrümelt ihr euch auch so?«

Das war die Rettung; denn mit rein zu Wertheim wagten sich Mieke und seine Leute jetzt nicht.

Der Abteilungsleiter saß, umgeben von hundert und aberhundert deckellosen Kartons mit nackten lächelnden Puppen darin, an seinem Schreibtisch und war dabei, sich die Nägel zu feilen, sie hatten dieselbe Farbe wie die Bäuche der Puppen.

»Sie arbeiten mir also«, sagte er, ohne sein Feilen und Hobeln zu unterbrechen, »nach streng werbepsychologischen Gesichtspunkten. Das heißt: Es darf kein Kind auf die Idee kommen, einen wirklichen Weihnachtsmann vor sich zu haben.«

»Schade«, sagte Otto; »geht einem gleich der ganze Elan flöten, Chef.«

»Was hier flöten geht«, sagte der Abteilungsleiter und blies seine Nägel an, »sind die Werbeartikel, die Sie ausgeben werden. Ihr Gesamtwert beläuft sich auf vierhundert Reichsmark. Die wollen angelegt sein. Angelegt, indem Sie jedem Kind, dem Sie was geben, den Namen Wertheim einbläuen.«

»›Einbläuen‹ –«, fragte Leo höflich: »Ist das nicht 'n bisschen sehr hart, Boss?«

Der Abteilungsleiter blickte aufmerksam durch Leo hindurch; die Nagelfeile in seiner Hand zitterte leicht. »Noch nie was von Konkurrenz gehört, nein?«

»Aber ja«, sagte Vater, wohl in Erinnerung an Mieke und seine Leute, sehr echt; »durchaus.«

»Die ist hart«, sagte der Abteilungsleiter; »kapiert?« Wir nickten beklommen.

»Also dann«, sagte der Abteilungsleiter und behauchte seine Nägel und rieb sie sich blank am Revers. »Was warten Sie noch. Gehn Sie Ihre Monturen empfangen.«

Sie lagen im Hof beim Pförtner bereit. Es waren acht rote Mäntel, acht rote Mützen, acht Larven mit Bärten, acht Säcke, acht Ruten. Die Säcke waren mit Taschenspiegeln, Radiergummimäusen und kleinen Autos gefüllt; jeder Artikel war mit dem Firmennamen gezeichnet. »Und vergesst nicht«, sagte Vater, »das Zeug wird gratis verteilt.« Er ließ die hochgeschobene Maske wie ein Visier runterfallen und zog den Mützenrand über die obere Kante; der Abteilungsleiter konnte beruhigt sein, Vater sah bestimmt nicht wie ein Weihnachtsmann aus; er war ein verkleideter Arbeitsloser, sonst nichts.

»Und die Löhnung –?«, fragte Ewald dumpf hinter seiner Larve hervor. »Drei fünfzig am Tag«, sagte Vater womöglich noch dumpfer, denn jetzt filterten ihm *zwei* Schnurrbärte die Stimme.

»Wunderbar«, keuchte Otto, dem die Maske etwas zu tief saß, so dass er in ihre Nase hineinsprechen musste, »und am Abend haun wir sie dann auf den Kopp.«

»Siehst du«, sagte Vater und hob, um sich besser verständlich zu machen, die Larve am Kinn etwas an, »genau das hab ich vorausgesehn. Und daher wird die Löhnung auch erst am Heiligabend empfangen.«

Vielleicht wäre nun – fürs Erste jedenfalls – doch noch alles glimpflich abgelaufen, hätte Otto nicht obendrein dieses Pech mit der Räumungsklage gehabt. Sie waren eben dabei, sich die Säcke überzuwerfen und vorm Rasierspiegel des Pförtners noch mal den Mützensitz zu prüfen, da wurde die Tür aufgerissen, und Else stürzte herein; Vater fing sie eben noch auf.

»Ach, Otto«, schluchzte sie an seinem Hals; »und ausgerechnet wo in einem Monat das Kind kommt.«

»Hier bin ich«, sagte Otto beleidigt; »das da ist Albert.« Vater geleitete sie sanft zu ihm hin.

»Ihr seht alle so gleich aus«, sagte Else erschöpft.

»Nu stimmt's ja.« Otto tätschelte ihr beruhigend den Rücken. »Also, sag, Mädel: Was gibt's?«

Nun, was gibt es schon, wenn einer vier Monate lang die Miete nicht zahlt und dem Hauswirt auch noch mit der Bratpfanne droht. Als wir von einer Kinderschar und, auf der anderen Straßenseite, von Mieke und seiner schweigsamen Mannschaft begleitet, atemlos in die Gipsstraße einbogen, wo Otto und Else wohnten, war der Gerichtsvollzieher mit den Möbelträgern schon wieder verschwunden. Was sie übrig gelassen hatten, stand ordentlich aufeinandergeschichtet vorm Haus.

»O du fröhliche«, sagte Otto, ließ seinen Sack fallen und fiel selber in seinem Weihnachtsmannornat auf die zerschlissene Wachstuchcouch nieder, die der Gerichtsvollzieher verständlicherweise verschmäht hatte, »o du selige, o du gnadenbringende Weihnachtszeit.«

»Versündige dich nicht«, sagte Vater, der sich ebenso wie die andern, die Weihnachtsmaske nach Schildmützenart auf die Stirn gerückt hatte. »Hier ist jetzt nicht der Ort zu fluchen. Hier muss was getan werden. Und zwar sofort.«

»›Tun‹«, sagte Otto; »ich hör immer ›tun‹.« Er klopfte Else, die sich zitternd an ihn schmiegte, unaufmerksam den Rücken. »Und wenn ich keine Lust mehr hab, was zu tun?«

»Wir sind im Dienst«, sagte Vater streng. »Da kommt's auf Lust am allerwenigsten an.« Er sah unter dem ihm steif von der Stirn wegstehenden Bart abwesend zu Mieke und dessen Leuten hinüber, die bestimmt nur Ottos Unglück jetzt davon abhielt, rüberzukommen und uns in einen Streit zu verwickeln; unschlüssig und ebenso frierend wie wir, sah man sie sich auf der andern Straßenseite in der tannengeschmückten Auslage eines Sargmagazins spiegeln.

»Ich hab's«, sagte Vater da plötzlich gedämpft. »Otto, kannst du dich hier noch auf irgendjemand verlassen?«

Otto dachte angestrengt nach. Es sah eigentlich nicht so aus, als ob ihm jemand einfallen würde. »Ja«, sagte er dann aber unerwarteterweise; »auf Frau Teichert, denke ich doch. Jedenfalls bin ich ihrem Mann beim geräuschlosen Eindrücken von Schaufensterscheiben und solchem Spezialkram ja auch schon manchmal behilflich gewesen. Leider sitzt er momentan noch.«

Zum Glück war aber wenigstens *Frau* Teichert zu Hause. Sie sah offenbar schlecht, sie musste erst dicht vor Otto herantreten, ehe sie ihn – wiedererkannte. Nein, sie hatte nichts dagegen, dass Vater und seine Freunde ihre Säcke und die Monturen für eine Stunde bei ihr im Wohnzimmer ließen.

»So«, sagte Vater dann im Flur. »Jetzt Folgendes. Ihr kennt doch den halbfertigen Neubau in der Schützenstraße?«

Ewald zog fröstelnd die Schultern hoch. »Wo der betrunkene Kammerjäger im Keller von den Ratten angenagt worden ist?«

»Seine Schuld«, sagte Vater; »was verfolgt er die Tiere.«

»Außerdem«, sagte Leo: »wieso denn im Keller. Hätt sich ja auch zu Hause hinlegen können. So 'n Bursche verdient doch.«

»Ruhe«, sagte Vater. »Ich kenne den Baustellenwächter. Ordentlicher Mann. Wenn wir ihm eine prozentuale Beteiligung am Reingewinn unserer Weihnachtsmann-Löhnung versprechen, geht er durchs Feuer für uns.«

»Erst mal eins haben«, sagte Otto und rieb Else den Rücken.

»Wir *werden* eins haben«, sagte Vater prophetisch. »Es wird im zweiten Stock des halbfertigen Neubaus in der Schützenstraße brennen. Emil und Ernst: Ihr besorgt irgendwoher einen Karren für Ottos restliche Möbel.«

»›Restlich‹ ist gut«, sagte Otto.

»Rudi und Kutte«, sagte Vater: »Ihr passt solang auf das Zeugs draußen auf.«

»›Zeugs‹ meint er«, sage Otto zu Else; »haste gehört.«

»Leo und Ewald«, sagte Vater: »Ihr kommt mit in die Schützenstraße, für Else ein Zimmer herzurichten.«

»›Zimmer‹«, ächzte Otto, »das seh ich.«

»Bruno«, sagte Vater.

»Ja«, sagte ich.

»Du musst Frieda rumkriegen, dass sie sich Elses jetzt annimmt.«

Das war die schwerste Aufgabe von allen. Frieda dachte prompt, es sei eine Finte.

»Ich kenn euch«, sagte sie und riss einem Herrn, der sich ungeduldig in den dunklen Kinoraum drängte, die Billettecke ab. »Ihr denkt, ich fall auf so ’ne larmoyante Tour von euch rein und komm wieder zurück. Nee, Junge; aber nicht Frieda.«

»Dein asoziales Verhalten«, sagte ich (das Wort hatte ich kürzlich auf irgendeiner Versammlung gehört, und ich fand, es klang gut), »dein asoziales Verhalten wird dir noch mal leidtun, wetten?«

Es schien genau das richtige Wort für Frieda gewesen zu sein. »Wie schimpfste ’ne alte Kommunekämpferin da?«, fragte sie heiser und zog die Brauen zusammen.

»Versetz dich in Else rein«, sagte ich, »die jetzt in der Schützenstraße, in dem halbfertigen Neubau da bibbert, und dann frag mich noch mal.«

»Schön«, sagte sie finster; »ich komm. Aber wehe, Albert biedert sich wieder bei mir an.«

»Hör mal«, sagte ich; »Vater hat jetzt andres zu tun.«

Das konnte man wohl sagen. So ratlos jedenfalls wie in der Gipsstraße dann hatte ich ihn und seine Freunde noch niemals gesehen. Dabei war Vaters Plan Punkt für Punkt in Erfüllung gegangen. Else hatte ein Dach überm Kopf; die Möbel standen im Trockenen; der Baustellenwächter hielt mit; Brennholz gab es die Fülle – wirklich an alles hatte Vater gedacht. Nur an Miekes Niedertracht nicht. Nämlich als sie nach getaner Arbeit bei Frau Teichert klingelten, da schlug die die Hände zusammen und rief:

»Na, aber wie ist denn das möglich! Ihr wart doch vor 'ner halben Stunde erst hier und habt euern Krempel geholt!«

Das war nun allerdings ein furchtbarer Schlag.

»Das Beste«, sagte Vater, während wir frierend wieder in Richtung Alexanderplatz gingen, und klappte seinen Jackettkragen hoch, »das Beste wird sein, wir richten bei Else erst mal so was wie ein Hauptquartier ein. Das heißt: Leo.«

Leo hörte auf, seine roten Ohren zu reiben und sah Vater von der Seite her aufsässig an. »Haste *noch* nich genug?«

Vater räusperte sich. »Du könntest mal zum Lustgarten gehn. Nehm an, dass sie sich da aufgebaut haben.«

»Na, schön«, sagte Leo; »und wenn?«

»Dann merkst du dir, wo sie stehn.« Leo bohrte die Hände in die Taschen; er schwieg. Es war ihnen durch diese Sache doch viel vom Glauben an Vater verlorengegangen, das sah der Kenner sofort.

»Und wofür soll so was gut sein«, fragte Leo nach einer Weile.

»Um ein paar Anhaltspunkte zu kriegen«, sagte Vater. Es klang nicht sehr überzeugend. Vater schien es auch selber zu merken. Vor einer Bettfedernreinigungsauslage, in der von innen, mechanisch nickend, eine ausgestopfte Weihnachtsgans gegen das Schaufenster klopfte, blieb er plötzlich mit hartem Ruck stehn.

»Oder wollt ihr nicht mehr.«

»Wolln schon«, sagte Ewald; »bloß was.«

»Und wie«, fragte Vater und sah uns alle durchdringend an, »soll ich was planen, wenn ihr mir nicht vertraut?«

Da hatte er nun auch wieder recht.

»Also gut«, ächzte Leo; »ich geh.«

Vater hörte es nicht. An seinen Schnurrbartenden nagend, starrte er abwesend die gegen das Glas klopfende Weihnachtsgans an. »Und komm, sobald du kannst, wieder vorbei und sag uns Bescheid.«

»Schon weg«, sagte Ewald und verdrehte ächzend die Augen dabei. Vater riss sich zusammen. »Kommt«, sagte er.

Es schneite, als wir das Baustellengelände erreichten. Obwohl erst halb drei, fing es schon an, dämmrig zu werden. Keiner sprach; uns war nicht nach Sprechen. Wir hatten die Hände in den Hosentaschen vergraben und balancierten an den Rändern der schon ausbetonierten Keller des Nachbarneubaus entlang. Dann stiegen wir über die Gerüsthaufen weg und traten ins Haus.

Von oben leuchtete Frieda mit ihrer Platzanweiserinnen-Taschenlampe herunter. Das wirkte sehr unheimlich, denn das Treppenhaus war aus brandrotem Backstein gebaut, und überall ragten noch die Eisenträger heraus. Obendrein fiel jetzt auch noch Friedas endlos verlängerter Schatten über uns her. »Was ist los?«, rief sie mürrisch, und die kahlen Wände warfen das Echo von Friedas Stimme donnernd zurück; »Else braucht Ruhe!«

»Lieber, netter Besuch!«, rief Otto ebenso dröhnend; »paar Herren vom Finanzamt; wolln die Vergnügungssteuer kassieren!«

Mit hallenden Schritten stiegen wir rauf. Man musste sehr achtgeben, die Treppe hatte noch kein Geländer.

Finster blickte uns Frieda entgegen. Sie war direkt aus dem Kino gekommen, man sah es an ihrer Platzanweiserinnenhaube, deren Aufschrift ›Universum-Lichtspiele‹ sich in dem Taschenlampenschein bedrohlich flackernd bewegte.

»Ja, du hast recht«, sagte Vater. »Dies ist einer der ganz wenigen Anlässe, wo dein vorwurfsvoller Blick eine gewisse Berechtigung hat.«

Kein Zweifel: Er hatte dazugelernt.

Mit zwei, drei Sätzen weihte er Frieda in den uns zuteilgewordenen Schicksalsschlag ein.

»Typisch für euch«, sagte Frieda nur und zog die Decke vom Türeingang weg. »Beeilt euch gefälligst, hier drin ist geheizt.«

Es war ein riesiger kahler Raum, den wir betraten: die Wände unverputzt, der Fußboden bröckelnder Lehm und rostige Eisenstreben dazwischen.

»Gemütlich«, sagte Ewald und schluckte.

Ich fand, so unrecht hatte er gar nicht. Zwar waren die Fenster noch nicht verglast, doch es hingen ja Decken und Elses Sommerkleider und Ottos Sonntagshose davor. Else selber war auch gut untergebracht; sie lag in der Mitte des Raumes im Bett, und daneben hockte vor einer glühenden Teertonne der Baustellenwächter und schob ein neues Scheit in die Glut, die die hartfaserplattengemusterte Decke mit waberndem Rot übergoss. Es gab ausweglosere Situationen.

Else lächelte schwach, als wir uns rings auf den übriggebliebenen Möbeln verteilten; trotz des Feuers sah sie sehr blass aus. »Ja, macht's euch bequem.«

»Und entschuldigt«, sagte Otto, »die Tapete muss jeden Augenblick kommen.«

»Niemand«, sagte Frieda, die sich zu Else aufs Bett gesetzt hatte, »ist so blöde wie Männer, denen was schiefging.«

»Und denen nichts schiefging«, sagte Otto, und seine sanft nach außen schielenden Augen blickten irritierend rechts und links an Frieda vorbei, »die sind dann immer am klügsten.«

»Um Gottes willen!« Vater presste die Faust vor die Stirn. »Bloß nicht jetzt auch noch Streit!«

Schweigend starrten wir die glühende Teertonne an, der Baustellenwächter ließ eine Zigarette kreisen, und plötzlich fragte Frieda gedehnt:

»So, und was jetzt?«

Vater hatte Glück, er kam um die Antwort herum; denn im Hausflur unten waren stolpernde Schritte zu hören, jemand fluchte, dann schrie eine Stimme: »Vielleicht macht ihr mal Licht!« Der Baustellenwächter ging mit einem flackernden Brettsparren raus. Wir hörten ihn einen erstaunten Ausruf tun. Dann war wieder Leo zu hören. »Wehe«, keuchte er, »du sagst ihnen was!«

Kopfschüttelnd kam der Baustellenwächter darauf zurück, und endlich tauchte jetzt auch Leo im Türrahmen auf; aber nur halb, seine andre Hälfte blieb im Dunkeln verborgen. Er keuchte noch immer, die Schiebermütze war ihm vor Anstrengung auf die Nasenwurzel gerutscht.

»Ratet mal, was ich euch mitgebracht habe.«

Wir rieten eine Weile herum. Ewald sagte, sein größter Wunsch sei ein Viertelzentner Kartoffeln; Kutte tippte Briketts, und Else ging sogar so weit, in Leos anderer Hand einen Weihnachtsbaum zu vermuten.

»Ihr werdet lachen«, sagte Leo; »damit ist sie der Wahrheit noch am nächsten gekommen.«

Er trat vollends ein und zerrte einen von Miekes Weihnachtsmanntruppe hinter sich her. Der war in voller Montur, nur die Larve hatte er sich in den Nacken geschoben, was ihm ein etwas janusköpfiges Aussehen verlieh. Es handelte sich um einen gewissen Fuwel, ehemaligen Damenfrisör, was man auch daran erkannte, dass er dem strähnigen Bart seiner Maske Dauerwellen beigebracht hatte.

Leo erntete starken Applaus. Nachdem er auf Ringermanier dankend die Hände erhoben hatte, wurde sein Gesicht allerdings wieder schlagartig ernst.

»So. Und wisst ihr, was sie auf dem Weihnachtsmarkt tun –?« In der Teertonne fiel knisternd ein Glutberg zusammen.

»Mach keinen Unsinn, Junge«, sagte Vater schwach. »Sie verteilen die Werbeartikel, doch logisch.«

Leo lachte grimmig und stieß dem Exfrisör Fuwel die Faust in den Nacken. »Los, Mensch. Sag's ihnen schon.«

»Stopp.« Vater fuhr sich schluckend mit dem Zeigefinger im Kragen herum. »Er soll erst die Montur ausziehn. Ein beichtender Weihnachtsmann, das macht mich nervös.«

»Typischer Intellektueleneinwand«, sagte Frieda gehässig.

Der Exfrisör Fuwel nahm zitternd die Maske ab und legte sie, zusammen mit der Mütze, dem Mantel, der Rute, dem leeren Sack vor sich hin. Er sah jetzt, bis auf seine pompöse Lockenfrisur, wieder ebenso abgerissen aus wie wir alle.

»Nun geht's«, sagte Vater erleichtert und blickte betont an Frieda vorbei; »jetzt ist seine Immunität aufgehoben. Also, erzähl.«

»Wir haben –«, stotterte Fuwel, »wir haben –«

»Aha«, sagte Leo und schob sich den Kraftriemen zurecht; »du willst also nicht.«

»Ich bitte dich, Leo.« Vater lächelte schwach. »Es ist Vorweihnachtszeit. Da sollte man friedlich zu bleiben versuchen.«

»›Friedlich‹!«, rief Leo verbittert. »Wetten, dass du das nicht lange bleibst, wenn ich dir sag, was die machen? Na –? Das errätste nich, nee.« Er holte tief Luft. »Die verscheuern die Reklameartikel. Die kassiern zwanzig Pfennig fürs Stück!« Otto rechnete fiebrig. »Mensch, das macht ja zwanzig Reichsmark pro Sack!«

»Ich glaub, ich dreh durch«, flüsterte Vater.

»Typisch«, sagte Frieda. »Statt zurückzuschlagen, wo sich so 'ne einmalige Handhabe bietet.«

»Ob es sich nicht doch empfiehlt«, fragte Vater, »du würdest uns diese militaristische Äußerung eventuell mal erläutern?«

»Mach ich«, sagte Frieda.

Sie tat es sehr überlegen. Man merkte, selbst Ernst, der von uns allen der Gleichmütigste war, begann nun einzusehen, was wir an Frieda verloren hatten.

Ihr Plan, den sie mit strategisch knappen Worten skizzierte, ging so: Einer sollte in Fuwels Weihnachtsmannkluft (und somit nicht nur als Weihnachtsmann, sondern, was den künstlich gewellten Bart anging, ja zugleich auch als Fuwel verkleidet) Mieke ins Gewissen zu reden versuchen. Allerdings nur anfänglich. So, als habe auch Fuwel Gewissensbisse bekommen; nach und nach vielmehr sollte man Farbe bekennen und auch keineswegs mit so Begriffen wie ›Arbeitsgericht oder Berufsehre‹ sparen.

Ewald bezweifelte zwar, ob Mieke überhaupt auf ethischer Ebene ansprechbar sei; aber Frieda meinte, dass das Gewissen auch im Herzen eines *verführten* Werktätigen ruhe. Wobei sich bloß noch, warf Leo dazwischen, die Frage erhebe, ob man einen passionierten Skatspieler wie Mieke auch tatsächlich als Werktätigen ansprechen dürfe. Darauf, sagte Frieda schneidend, brauche sie schon deshalb keine Antwort zu geben, weil das eine typisch reaktionäre Fangfrage sei.

Beinah hätten sie sich jetzt *doch* noch zerstritten. Aber da berührte Vater glücklicherweise ein anderes Problem; nämlich das, wer denn nun wohl am geeignetsten sei, Mieke ins Gewissen zu reden. Und da ergab sich nun allerdings etwas Überraschendes. Es kam nur Otto in Frage; er war der Einzige mit Fuwels Statur.

Am nächsten Morgen, gegen halb acht (denn um acht mussten ja beim Pförtner die Säcke neu aufgefüllt werden), zog Otto sich, schräg gegenüber von Wertheim, unter der Bahnüberführung seine Weihnachtsmannmontur an, und wir begutachteten ihn.

Es war nicht zu leugnen, man hätte ebenso gut auch Fuwel vermuten können hinter dieser leer lachenden Maske mit dem kunstvoll gewellten Engelshaarbart.

Leo, der Otto Mut machen wollte, meinte, es müsse für ihn eine Kleinigkeit sein, sich Mieke beizugesellen. Er habe

es gestern ja selber beobachten können: Da sie Rachemaß-
nahmen befürchteten, gingen sie nur immer zu zweien. Fuwel zum Beispiel, den habe er ja buchstäblich erst vor der
Haustür erwischt.

Es ließ sich nicht direkt behaupten, dass Otto das zuver-
sichtlicher stimmte. Er sagte heiser, was ihn betreffe, er habe
nur *einen* Wunsch – mindestens zwei Mann zu seiner Bewa-
chung.

Eben hatte Vater Ernst und Ewald bestimmt, ihm diesen
Dienst zu erweisen, da sah man Mieke mit seinen Männern
den Damm überqueren.

Sie rückten im Gänsemarsch an, einer hinter dem andern, die roten Zipfelmützen tief in die Stirnen gerückt, die
Masken darunter gleichsam schon mit den Gesichtern ver-
schmolzen. Es war windig und schneite auch wieder ein
wenig; sie wirkten mit ihren flatternden Bärten und in ihren
wehenden Mänteln verblüffenderweise sehr echt. Das galt
selbst für Mieke; denn warum sollte ein Weihnachtsmann
keine Plattfüße haben?

Eben diese waren es dann aber auch, nach denen Otto
sich jetzt einwandfrei zu richten vermochte. Aus unseren
Verstecken beobachteten wir, wie er Mieke und dessen Leuten entgegenging, und wie Mieke, als er Otto erblickte, grü-
ßend die blautätowierte Rechte zum Mützenrand hob. Kein
Zweifel: Er hatte ihn für Fuwel gehalten.

Wir warteten, bis sie kurz darauf wieder mit ihren prall
gefüllten Säcken erschienen und weiter im Gänsemarsch in
Richtung zum Lustgarten liefen. Otto hatte schon ausge-
zeichnete Arbeit geleistet, wir sahen seinen gewellten Engelshaarbart bereits dicht hinter Mieke aufschimmern.

»Mensch«, sagte Leo da plötzlich; »aber merkt ihr denn nichts?! Das sind doch bloß sieben!«

Er hatte recht; und vorhin waren es acht.

Vater schickte erst mal Ewald und Ernst los, denn sie mussten Otto ja im Auge behalten. Dann warteten wir eine Weile. Doch aus dem Hoftor drüben kam keiner von Miekes Leuten mehr raus.

»Bruno«, sagte Vater schließlich zu mir, »du bist der Einzige von uns, der jetzt dem Pförtner nicht auffällt. Kuck nach, ob du diesen Burschen von Mieke irgendwo siehst.«

Nein; ich sah nur den Pförtner. Er saß wie immer in seinem Häuschen im Hof und hatte kauend die *Morgenpost* gegen die Thermosflasche gelehnt.

Wir waren ziemlich beunruhigt über dieses spurlose Verschwinden von Miekes achtem Mann; irgendwie, fanden wir, verhieß es nichts Gutes. Aber was half das, wir konnten hier nicht den ganzen Tag auf ihn warten. Also gingen wir erst mal wieder zu Else.

Vater hatte Ewald und Ernst zwar das Ehrenwort abgenommen, dass sie Otto wirklich nur im äußersten Notfall beispringen sollten; aber als wir dann bis in den späten Abend hinein nichts mehr von ihnen zu hören bekamen, da fingen wir doch an, unruhig zu werden. Dummerweise waren die anderen Kohlenplätze inspizieren gegangen, und Frieda hatte um diese Zeit in der Abendvorstellung zu tun; so waren wir jetzt mit dem Baustellenwächter und dem Exfrisör Fuwel allein.

Fuwel hatte sich zwar schon mehrfach erboten, mal nachsehen zu gehen, und als Beweis seines Gesinnungswandels ja auch bereits die Fenster vernagelt und Else eine neue Frisur modelliert (die sie zwar nicht direkt schöner, dafür jedoch, wie Fuwel es nannte, ›fraulicher‹ machte), aber ihn Mieke nun sozusagen auch noch in die Arme zu schicken, das getraute sich Vater denn doch nicht. »Man soll einen gewandelten Menschen auch nicht gleich wieder neu in Versuchung führen«, flüsterte er, damit es Fuwel nicht hörte. »So ein zartes, frisch erblühtes Gewissen ist schließlich kein Kaktusgewächs.«

Weiß Gott; der Baustellenwächter nickte bedächtig; da habe er recht. »Bloß, dasselbe«, sagte ich; »ließe sich dann auch auf Otto anwenden.«

»Otto«, sagte Vater mit diesem feierlichen Unterton in der Stimme, den ich noch nie gemocht hatte, »Otto ist gefestigt seit Jahren.«

»Aber noch nie in diesen Jahren«, sagte ich, »ist's ihm so dreckig gegangen wie jetzt.«

Was ich damit sagen wolle, fragte Vater gedehnt. »Nichts«, sagte ich. »Höchstens, dass er der Einzige war, der angefangen hat zu rechnen, als Leo sagte, Mieke würde die Werbeartikel verkaufen.« Vaters Schnurrbartenden zuckten erregt. »Wenn Else nicht schliefe, ich hätte darauf bestanden, dass du dich für diese Verdächtigung Ottos bei ihr entschuldigst.«

»Da kommt einer«, sagte Fuwel und ließ lauschend sein Taschenmesser sinken, das er benötigt hatte, um Zeitungspapier in die Ritzen der vor die Fenster genagelten Bretter zu stopfen.

Wir hielten die Luft an. Ja, jemand kam schwer atmend die Treppe herauf. »Jetzt bin ich gespannt«, sagte Vater.

Er brauchte es nicht lange zu sein; Ernst, der hechelnd hereinbrach, hatte für Umschweife nie etwas übriggehabt.

»Stellt euch vor, er tut's auch!«

»Wer«, fragte Vater gereizt. – »Wer tut *was*. Und wer tut was *auch*.«

Hustend hockte sich Ernst vor der Teertonne nieder und hielt die steifgefrorenen Hände dagegen. »Otto«, ächzte er; »er verscherbelt das Zeug nu genauso wie die andern. Stück zwanzig Pfennig!«

»Nein.« Betäubt wich Vater zurück. »Du hast dich geirrt.«

»Hör mal«, sagte Ernst; »wo ich's doch selber gesehen hab.«

»Na, aber hat er sich denn Mieke nicht zu erkennen gegeben?«

»Eben das war's ja«, sagte Ernst, »Mieke hat erst mal zwei von den andern rangepfiffen darauf. Dann hat er zu Otto gesagt: ›Entweder kommste aus deiner Montur heil nich mehr raus, oder du machst es wie wir.‹«

»Frieda«, seufzte Vater verbittert; »Frieda und ihr Glaube ans Gewissen der Werktätigen. Und wo«, fragte er heiser, »befindet Otto sich jetzt?«

»Mit zu Mieke nach Hause gegangen«, sagte Ernst melancholisch.

»Logisch«, sagte ich; »weil er Angst hat, allein passiert ihm jetzt was.«

»Wolln *hoffen,* dass es bloß das ist.« Ernst stellte die aufklaffenden Schuhe gegen den Teertonnenrost und hauchte seinen blaugefrorenen Zehen wieder Lebensmut ein.

»'nen direkt betroffenen Eindruck nämlich hat er eigentlich nicht gerade gemacht.«

»Komm, komm«, sagte Vater; »woher willst du das wissen; er war doch in Kluft.«

»Das weiß ich«, sagte Ernst, »weil ich gesehn hab, wie 'n

Weihnachtsmann mit 'm gewellten Engelshaarbart 'nen andern, der Plattfüße hat, auf die Schulter klopft.«

»Sieh nicht so rechthaberisch aus!«, schrie Vater mich an.

»Wieso«, sagte ich; »hab doch gar nichts gemacht.«

»Ist was passiert?«, fragte Else verstört und rieb sich die Augen.

»Ach wo«, sagte ich; »nichts.«

»Aber warum läuft denn dann Albert da wie verrückt auf und ab?«

»Lauf ich?« Vater blieb stehn. »Gar nicht gemerkt.«

»Nee, nee«, sagte Else fröstelnd; »irgendwas is; ich hab's im Gefühl.«

Sie war nicht zu beruhigen, und sie hörte den ganzen Abend nicht auf, uns, über ihr geblümtes Plumeau weg, ängstlich zu mustern.

Gott sei Dank kamen dann aber auch die andern zurück. Ihre Ausbeute war nicht sehr groß, zwei bis drei Briketts nur pro Mann. Immerhin, Kutte brachte Else eine buntbedruckte Weihnachtstüte voll Steinkohlen ans Bett, und die Rührung darüber verdrängte Elses Ängstlichkeit erst mal ein wenig.

Lange allerdings hielt das nicht vor; obwohl wir uns wirklich Mühe gaben und die Sache mit Ottos Rückfall zum Beispiel nur jedem einzeln und draußen auf der Treppe erzählten. Aber als wir dann wieder alle um die Teertonne saßen und Vaters, Ernsts und meine Beklemmung sich auf einmal auch den Gesichtern der andern mitgeteilt hatte, da war es mit Elses Beherrschung vorbei; sie schalt uns Verschweiger und Lügner und fing an zu weinen.

Unglückseligerweise tauchte jetzt auch Frieda noch auf, und weil sie gleich wieder anfing, über unsere Socken zu

schimpfen, die wir rings um die glühende Teertonne aufgehängt hatten, konnte auch Vater sich nicht mehr beherrschen,
und mit bebender Stimme teilte er ihr Ottos Treuebruch mit.

»Da –!«, schluchzte Else; »ich hab's doch gewusst! Und
wer hat daran Schuld?« Sie bohrte ihren zitternden Zeigefinger in Richtung auf Frieda hin tief in die Luft: »Die mit
ihrem idiotischen Plan!«

»Der Plan«, sagte Frieda finster, »hätte nicht besser sein
können. Er ist nur an der miesen Moral gewisser Leute ge-
scheitert.«

»Alarm!«, schrie da plötzlich im Treppenhaus unten Ewald
mit gellender Stimme. »Alarm! Die drehen ein Ding!«

»Ein was?«, fragte Rudi, der es, als gelernter Parkwächter, mit Fachausdrücken nie ganz leicht gehabt hatte.

Aber da polterte Ewald schon rein. »Haltet euch fest!«,
schrie er. »Wisst ihr, was heute Nacht steigt?« Wild sah er
sich um.

»Versuch es«, sagte Vater mit einer Stimme, die auf Stel-
zen über Abgründe schritt, »uns so schonend wie möglich
zu sagen. Ich denke an Else.«

»Und ich«, keuchte Ewald, »an den Nachtwärter von
Wertheim.«

»Nanu«, sagte Leo; »wie kommste denn grad auf den.«

Ewald holte tief Luft. »Erinnert ihr euch, wie heute Morgen einer von Meikes Weihnachtsmännern draufgeblieben
ist aufm Gelände von Wertheim?«

»Seid ihr verrückt!?«, rief Frieda; »und da dreht ihr die
Daumen solange? Der hat sich am Abend einschließen lassen!«

Ewald nickte erschöpft. »Genau so sieht's aus. Und haut

84

nu den Nachtwächter um und lässt die drei andern dann rein.«

Dicht neben mir gab es einen metallisch summenden Ton. Den hatte der Vater erzeugt, er war auf Ottos übriggebliebener Wachstuchcouch niedergesunken. »Soll das«, fragte er tonlos, »soll das etwas heißen, die haben die Stirn –«

»›Stirn‹ is gar kein Ausdruck«, sagte Ewald verbissen; »›Glatze‹ müsste man das schon eher nennen.«

»Hört endlich auf, dauernd über Otto herzuziehn!«, schrie Else dazwischen.

»Nicht doch«, sagte Kutte vermittelnd; »ist doch bloß – wie sagt man, Albert?«

»Sinnbild«, antwortete Vater, abwesend an seinem Bartende nagend.

»Richtig«, nickte Kutte. »Ist doch bloß 'n Sinnbild gewesen.«

»Schönes Sinnbild«, sagte Ewald. »Vier Weihnachtsmänner, die im Kaufhaus die Spielzeugabteilung beklaun.«

Vater schloss einen Moment lang die Augen. »Auch das noch. Wären sie wenigstens auf die Lebensmittelabteilung verfallen.«

Wir schluckten.

»War Ottos Idee«, sagte Ewald. »Hab, an Miekes Tür gepresst, ja alles gehört. Mieke wollte erst in die Haushaltsabteilung. ›Was willste mit Putzlappen‹, sagte Otto zu ihm. ›Kannste schwarz werden bei, bis du für die 'n Interessenten erwischst. Nee, was wir brauchen, das müssen wir morgen früh schon abstoßen können.‹«

»Also, logisch ist er«, stöhnte Vater; »kann man nicht anders sagen.« Elses Schluchzen nahm zu.

»Und ich hab gedacht, er wäre wieder solide geworden!«

»Das biste oder bist gewesen«, sagte Frieda und sah uns mit runtergezogenen Mundwinkeln an.

»Aber dass er sich nicht schämt«, schluchzte Else; »wenigstens vor dem Kind!«

»Vielleicht schämt er sich«, sagte Vater und sah starr an Friedas linkem, glutgerötetem Ohrläppchen vorbei; »vielleicht schämt sich im Grunde jeder, der stiehlt.«

Wenn das eine Art These sein sollte, dann hatten Mieke, Otto und die zwei anderen sie aber gründlich missachtet. Denn der im Keller von Wertheim an die Heizung gefesselte Nachtwächter sah eigentlich nicht danach aus, als hätten seine Überwältiger Skrupel gehabt.

Wir streiften ihm den Sack vom Kopf und zerschnitten ihm erst mal die Fesseln. Darauf führten Rudi und Kutte ihn so lange hin und her, bis er wieder imstande war, alleine zu laufen.

Er wollte sofort die Polizei anrufen; aber Vater machte ihm klar, dass das keinem von uns etwas nütze. Worauf es jetzt ankomme, das sei: Bestand aufzunehmen, um zielgerecht planen zu können. Vaters Ausdruckweise schien dem Nachtwächter Eindruck zu machen. »In Deubels Namen«, keuchte er; »gehn wir also erst mal rauf und sehn sie uns an, die Bescherung.«

Es war Mondschein, die blausilbernen Lichtbalken fielen schräg durch die großen Fenster der Spielzeugabteilung auf die präzis geleerten Regale. Präzis, allerdings; denn das sah man sofort: hier war methodisch gearbeitet worden. Kein Durcheinander, keine aufgebrochenen Kassen, und nur ein einziges Mensch-ärgere-dich-nicht-Spiel war runtergefallen.

»Hut ab«, sagte Leo, als wir wieder die Treppe hinabgingen, »der ordentlichste Einbruch, den ich jemals gesehn hab.«

Ewald nickte anerkennend. »Tatsache; alles, was recht is.«

Also, ›recht‹, ächzte der Nachtwächter und rieb sich den Arm, ›recht‹ möchte er das eigentlich nicht direkt nennen.

»Na, gut«, sagte Vater beschwörend; »aber Sie müssen zugeben: Man hat Rücksicht genommen. Warenhauseinbrüche pflegen anders auszusehen in der Regel.«

»Weiß Gott«, seufzte Leo versonnen.

»Worauf wollt ihr raus«, fragte der Nachtwächter und blieb auf einer Raute aus Mondlicht stehn, die durchs Fenster auf die Haupttreppe fiel.

»Kommt drauf an«, sagte Vater. »Kennen Sie sie –?«

»Es sind die neuengagierten Weihnachtsmänner gewesen«, sagte der Nachtwächter. »Hab den, der mir den Sack übern Kopf zog, ja deutlich erkannt.«

»Um Himmels willen!«, rief Vater so laut, dass es schaurig durch die Endlosigkeit der Verkaufshallen schallte; »machen Sie keinen Unsinn, Mann: Die neuengagierten Weihnachtsmänner sind *wir!*«

»Ihr –?!« Argwöhnisch glitt der leidgeprüfte Blick des Nachtwächters über uns hin; man merkte, er fing nun doch an durcheinanderzukommen.

»So seltsam es klingt«, sagte Leo; »es stimmt. Die haben uns die Monturen geklaut. Das sind hundsgemeine Stuppen im Grunde.«

»Bis auf einen«, sagte Vater schnell und vermied es, mich

anzusehen dabei; »der ist lediglich einer Versuchung erlegen.«

Der Nachtwächter taumelte; es war eben doch ein bisschen viel für ihn.

»Stützt ihn, Jungs«, ermunterte Vater Emil und Ernst. Die klopften ihm herzlich den Rücken und hielten ihn fest.

»Ich versteh«, sagte er mühsam. »Und den einen, den soll man also jetzt schonen.«

»Schonen?«, sagte Vater verblüfft. »Aber wieso denn? Hier passiert doch gar keinem was.«

»Na, nu macht mal 'n Punkt.« Der Nachtwächter fuhr sich über die Stirn. »Ich muss doch wenigstens Meldung erstatten!«

»Aber ich bitte Sie!«, sagte Vater und sah ihn durchdringend an. »Sie werden doch kein Frosch sein und Ihre Stellung gefährden.«

Ächzend senkte der Nachtwächter den Blick auf die Mondraute nieder. »Ich geb's ja zu: Wir hängen alle mit drin.«

»Ein salomonisches Wort«, sagte Vater gedehnt. »Bloß, wie krieg ich die leeren Regale jetzt wieder voll?!«

Vater nagte konzentriert an seinen Schnurrbartenden herum. »Wir werden Ihnen die Ware wieder beschaffen.«

Auf dem Gesicht des Nachtwächters wurde es Tag. »Und – und was meint ihr, bis wann?«

»Hm«, machte Vater. »Wie denkt *ihr* über den Fall.«

»Kleinarbeit –?«, fragte Ewald; »oder alles auf eine Karte gesetzt?«

»Letzteres«, sagte Vater entschlossen.

Sie rechneten murmelnd.

»Ich red mit der Verkäuferin«, warf der Nachtwächter

ein. »Patentes Mädel. Denk, vierundzwanzig Stunden lässt sich's zur Not schon vertuschen.«

»Das hieße, im Laufe des morgigen Tages.« Vater strich sich das Kinn.

»Ist das zu schaffen?«

»Glaub, schon«, sagte Leo und schob seinen Kraftriemen zurecht.

Es begann am frühen Morgen bereits. Ein Weihnachtsmann mit einem kunstvoll gewellten Engelshaarbart hatte eben im Lustgarten inmitten der zum Teil noch geschlossenen Buden seinen prall gefüllten Sack abgestellt, als er plötzlich einen durchdringenden Schrei ausstieß, hintenüberfiel und wie von einem Magnet angezogen mitsamt seinem Sack unter der Plane eines Karussellzelts verschwand.

Keine halbe Minute darauf geschah einem anderen Weihnachtsmann, der durch seine großen, nach außen weisenden Plattfüße auffiel, ebenfalls ein Malheur. Er wollte an sich nur seinem Kollegen zu Hilfe eilen, doch auf einmal ragte aus einer noch nicht geöffneten Schießbude ein Gewehrlauf hervor, dessen Mündung eindeutig auf des Weihnachtsmanns Herzpartie wies. Der ließ zitternd seinen Sack fallen und hob die blautätowierten Hände empor. Zwei stolpernde Schritte, und es hatte ihn das Dunkel verschluckt, das im Innern der Schießbude herrschte, wo nach einer kurzen Lärmentfaltung verhältnismäßig schnell wieder Stille eintrat.

Nachdem dann, in sehr schneller Folge allerdings, noch einmal zwei Weihnachtsmänner von dem Fleck, auf dem sie sich eben mit ihren Säcken aufgebaut hatten, verschwanden, als ob sie sich in Luft aufgelöst hätten, begann denn doch eine gewisse Unruhe auf dem Weihnachtsmarkt um sich zu greifen.

Aber da hatte sich Leo Ottos Montur schon übergestreift und tauchte auf der anderen Seite des Karussellzeltes, in dem Rudi Otto auf eines der Holzpferde band, wieder unter in dem Gedränge. Und dann war in der dämmrigen Schießbude auch Vater so weit. Er entschuldigte sich bei Mieke, der noch immer mit erhobenen Armen vor Emils und Ewalds Gewehrläufen stand, dass man gezwungen gewesen sei, in der Weihnachtszeit zu derart drakonischen Mitteln zu greifen, klappte seine Larve herunter, schulterte den Sack voll Wertheim-Spielwaren und schritt summend durch die draußen vorbeiflutende Menge davon.

Ich sah dann noch schnell mal nach Kutte und Ernst. Sie kamen gerade, ebenfalls wieder in ihrer zurückeroberten Weihnachtsmannkluft und die vor Diebesgut fast berstenden Säcke im Nacken, hinter einer Abnormitätenschaubude hervor, in der ein ohrenbetäubendes Gelächter ertönte.

»Miekes zwei Exweihnachtsmänner«, sagte Ernst und nickte mit der Bartspitze zu der Bude zurück. »Wir haben sie Rücken an Rücken zusammengebunden; sie treten da drin jetzt als siamesische Zwillinge auf.«

So weit war also alles zufriedenstellend gelöst. Jetzt kam es nur noch darauf an, die Ware unbeschadet wieder zu Wertheim zu bringen. Denn uns auch mit Miekes übrigen Weihnachtsmännern einzulassen wäre Leichtsinn gewesen. Zwar wussten sie, wie uns Otto gestanden hatte, von Miekes Extratour nichts, und man hätte sie daher vielleicht sogar gegen ihn aufwiegeln können. Aber ebenso gut wäre ja auch möglich gewesen, dass man eine Schlägerei provozierte;

und das durften wir uns, so hart am Ziel, nun wirklich am allerwenigsten leisten.

Wir hatten daher auch lieber unser Ausweichquartier, einen verlassenen Gemüsekeller unter der S-Bahn, bezogen; denn obendrein war ja auch denkbar, Otto wäre wieder bei Else erschienen, und wir wollten ihm gern den ihn gewiss schmerzenden Anblick des Wertheim-Spielzeugs ersparen. So saßen wir also für den Rest des Tages, alle paar Minuten das Rattern der S-Bahn über dem Kopf, frierend da unten im Keller und erzählten uns Geschichten, in denen summende Zentralheizungen und brechend gedeckte Tische vorkamen. Dann, als es endlich vom Rathaus her zehn schlug, machten wir uns auf den Weg.

Unsere vier Weihnachtsmänner, das heißt: Vater, Leo, Kutte und Ernst, gingen mit den Säcken voran. Sicher, sie hätten das Spielzeug auch in Zivil zurückbringen können. Aber wir fanden, einmal die Monturen gestohlen zu kriegen genügte. Außerdem hätte uns ja auch ein Schutzmann begegnen können; und als Weihnachtsmann, meinte Vater, kam man mit einem prall gefüllten Sack auf dem Rücken an einem Polizisten noch am besten vorbei.

Und wir hatten auch Glück. Nur ein einziges Mal sah es brenzlig aus. Das war, als sich in der Finsternis, genau dort, wo das Hoftor sein musste, pausenlos ein glühender Funke auf und nieder bewegte.

»Ein Zeichen!«, flüsterte Vater, der sich die Maske unters Kinn gezerrt hatte, erregt.

Aber jetzt begann Ewald leise ›Morgen, Kinder, wird's was geben‹ zu pfeifen, und sofort wurde das Lied vor dem Hoftor auf der anderen Straßenseite weitergepfiffen; da wussten wir, dass es der rauchende Nachtwächter war, der dort stand.

Er umarmte jeden und zerrte uns rein und ließ erst mal eine Rumflasche kreisen. Dann schreckte vom Hof her eine Frauenstimme uns auf. Doch es war nur die Verkäuferin, die der Nachtwächter eingeweiht hatte.

Sie gab uns allen die Hand und sagte, ab morgen verdanke sie ihre Stellung bei Wertheim lediglich uns. Vater bot ihr den Arm, und wir stiegen in dem schräg einfallenden Mondlicht wieder zur Spielzeugabteilung empor.

Es war ein hartes Stück Arbeit, die Puppen, Baukästen, Stofftiere und Zwerge, die alle doch ziemlich rigoros in die Säcke gestopft worden waren, nun wieder verkaufswürdig herzurichten und serienweis in die Regale zu ordnen. Aber dann hatten wir endlich alles untergebracht und konnten ans Abzählen gehen.

Es fehlte nur ein einziges Stück, ein Stoffzwerg mit Glatze und freundlich schielendem Blick, was sich deshalb feststellen ließ, weil die restlichen neunundneunzig Stoffzwerge genauso aussahen. Wir zählten sie für alle Fälle noch mehrere Male; aber es änderte sich nichts an ihrem Bestand; höchstens, dass sie im Aussehen allmählich immer mehr Otto zu ähneln begannen.

Das ist bestimmt kein Zufall gewesen. Denn diese Nacht vom dreiundzwanzigsten auf den vierundzwanzigsten Dezember war seit seiner Entlassung aus dem Gefängnis die erste, die er nicht bei Else verbrachte. Es haben ihn eine ganze Menge Leute gesehen, so dass wir sein Alibi ziemlich lückenlos zusammenbekamen. Zur Wiedergutmachung des Schrecks, den er der Karussellbesitzerin eingejagt hatte, die einen gefesselt im Steigbügel hängenden Reiter vorfand, als sie ihre Holzpferde abstauben wollte, musste er ihr, bis in den späten Abend hinein, auf dem laufenden Karussell die Kinder festhalten. Das schien ihn arg mitgenommen zu haben; jeder, der ihn sah, berichtete, Otto habe sich nur noch in Spiralen vorwärtsbewegt.

So sei er durch die Straßen geirrt und habe laut mit dem Himmel gehadert, den er für das Misslingen eines Unternehmens verantwortlich machte, das glücklicherweise niemand näher zu bezeichnen vermochte. Nur, dass er für den erhofften Erlös gern Babywäsche und einen Kinderwagen gekauft hätte, sei deutlich herauszuhören gewesen.

Nun, wie es sich auch im Einzelnen verhalten haben mag; entweder wollte der Himmel beweisen, dass es auch ohne Kinderwagen – und erst recht ohne einen mit so fragwürdig erworbenem Geld erstandenen – ginge, oder Else war der ganzen Aufregung eben einfach nicht mehr gewachsen gewesen. Jedenfalls geriet sie noch während der gleichen Nacht in die Wehen; und als wir Otto dann endlich bei Aschinger fanden, wo er, einer lieben alten Gewohnheit folgend, die Aschenbecher nach Zigarettenresten durchforschte, da war das Kind schon geboren.

Im Pförtnerhaus auf dem Packhof von Wertheim geschah aber auch ein Wunder an diesem Vormittag. Dort standen, um sich zum letzten Mal ihre Säcke mit Werbeartikeln füllen zu lassen, einander zwei tödlich verfeindete Weihnachtsmanntrupps gegenüber, zugleich allerdings auch zwei hervorragend disziplinierte, denn nicht einmal der Pförtner schöpfte Verdacht.

Es war ausgemacht worden, unsere vier Weihnachtsmänner sollten heute so eng zusammenhalten, dass noch nicht einmal Passanten sie zu trennen vermöchten. Außerdem hatten wir Unverkleideten – das waren Emil, Ewald, Rudi und ich – von Vater den Auftrag erhalten, die vier feindlichen Weihnachtsmänner nicht eine Sekunde aus den Augen zu lassen. Nämlich um zwei, hatte der Abteilungsleiter gesagt, sollte Vater kommen und für sich und seine Leute die Löhnung empfangen. Da hieß es achtgeben, dass die andern uns nichts verdarben.

Jetzt ergab es sich allerdings, Mieke war von einem ganz ähnlichen Prinzip ausgegangen. Denn kaum hatten die beiden feindlichen Trupps Stirn an Stirn zur Straße hin das Hoftor durchschritten, da schlossen nicht nur wir restlichen vier uns Miekes Weihnachtsmännern, sondern auch dieser mit seinen restlichen zweien sich den unsrigen an. Weil Mieke (aus durchaus verständlichen Gründen) obendrein aber auch noch darauf gedrungen zu haben schien, dass seine Weihnachtsmanntruppe sich nicht von ihm trennte, kam nun gewissermaßen eine Art festgefügter Kader zustande, innerhalb dessen es nicht ausbleiben konnte, dass man Gleichschritt aufnehmen musste; so dicht auf Tuchfühlung, wie wir liefen, wäre sonst einer dem andern in die Hacken getreten. Hinzu kam, dass die Unverkleideten unter uns ja nicht nur ernst und besorgt, sondern – was zum Beispiel Mieke betraf – geradezu hasserfüllt blickten. Bezieht man ferner die roten Mützen und Mäntel der Weihnachtsmänner mit ein, so wird der Irrtum der vielen Arbeitslosen verständlich, die sich uns, in der Hoffnung, wir hätten politisch was vor, auf dem Weg zum Weihnachtsmarkt ständig anzuschließen versuchten.

Es hatte wieder in dicken Flocken zu schneien begonnen; das machte es zwar ganz weihnachtlich auf dem Lustgarten zwischen den Buden, aber da die Mäntel der meisten von uns auf der Pfandleihe lagen, überwogen Zittern und Frieren bei weitem. Normalerweise hätte einem vielleicht das Verteilen der Werbeartikel ein wenig erwärmt, da jedoch das Misstrauen uns auch weiterhin aneinanderkettete, wagte natürlich kein Kind sich heran, und sobald einer von unsern oder von Miekes Weihnachtsmännern sich selber einem Kind zu nähern versuchte, sah dieses sich sofort auch von etlichen finster dreinschauenden Männern umringt, was seitens der schreiend herbeistürzenden Mütter oft zu den übelsten Rückschlüssen führte. Kurz, die Zusammenarbeit mit Mieke und seinen Leuten war miserabel.

Da hatte Vater eine ausgefallene Idee: Er appellierte an Miekes Verstand. Auch einander feindlich gesonnene Regierungen, sagte er, arbeiteten doch auf gemeinsamen Interessengebieten zusammen. Oder Mieke solle nur einmal an diese ergreifende Geschichte denken, wo englische und deutsche Weltkriegssoldaten gemeinsam den Heiligen Abend begingen, und hinterher dann hätten beide Parteien wieder ordentlich, wie sich's gehörte, aufeinander geschossen.

Lag es nun an Vaters Weihnachtsmannkluft oder daran, dass Mieke Verstandesargumenten plötzlich *wirklich* zugänglich war – jedenfalls einigte man sich, dass wir Unverkleideten im Hintergrund blieben, und die acht Weihnachtsmänner ihre Werbeartikel gemeinsam verteilten.

Das mutete den Kenner nun allerdings recht merkwürdig an, sowohl unsere als auch Miekes Weihnachtsmänner sich jetzt leutselig zu den Kindern hinabbeugen zu sehen. Immerhin: Es war möglich.

Wenn auch nicht allzu lange; denn je mehr es auf zwei Uhr zuging, desto häufiger geschah es, dass die beiden feindlichen Trupps die Kinder einander abzujagen begannen, oder dass einer den andern wegstieß oder gar jemand handgreiflich wurde.

Zwischen Mieke und uns, die wir zu den Unverkleideten zählten, kam es zu ganz ähnlichen Szenen; nur dass sich hier alles mehr auf direktem Wege entlud.

Einmal, als ich vor Miekes blitzschnell geballten Fäusten etwas zu weit vorgeprescht war, stieß ich unvermutet mit Vater zusammen, der in seiner Montur vor einem kleinen Mädchen hockte, das sich nicht entscheiden konnte, sollte es den Taschenspiegel nehmen oder die Radiergummimaus.

»Passt ausgezeichnet«, sagte er leise. »Greif mal unauffällig in meine Tasche.«

Ich tat es verdutzt. Ein Zettel war drin.

»Der ist für Frieda bestimmt. Du gibst ihn ihr mit dem Geld.«

»Hör mal«, sagte ich, »mit was denn für 'm Geld.«

»Das ich dir zusteck nachher.«

Das kleine Mädchen vor Vater sah ihn, zwischen ihren Zöpfen hervor, argwöhnisch an.

»Wähl nur in Ruhe, mein Kleines«, säuselte er; und mich schnauzte er an: »Oder denkst du vielleicht, ich lass es mir von Mieke abnehmen?«

Nein, das dachte ich nicht. Aber etwas anderes befürchtete ich. Und genau das traf dann auch ein. Kaum nämlich waren, so gegen halb zwei etwa, die Säcke der Weihnachtsmänner endlich geleert und diese wieder zu gesammelt blickenden Zivilisten geworden, in deren Ausstattung lediglich noch die roten Bündel, die sie unter dem Arm trugen, an die gefährliche Beschäftigung gemahnten, die sie ausgeübt hatten, da klatschte Mieke in die Hände und rief:

»Hopp, hopp, Jungs! Abmarsch zum Löhnungsempfang!«

»Moment mal«, sagte Vater. »Ihr wollt doch wohl nicht etwa auch noch alle zum Abteilungsleiter mit rein?!«

Doch: eben das war Miekes satanischer Plan.

Zwar versuchte Vater während des Rückwegs, auf dem wir womöglich noch gedrängter und noch schneller als auf dem Herweg marschierten, mehrfach im weihnachtlichen Gedränge der Rathausstraße unterzutauchen, um so vielleicht doch noch einen Vorsprung zu kriegen; aber jedes Mal bekam ihn Mieke oder einer von dessen Leuten zu fassen und zerrte ihn wieder in unseren Marschkader zurück.

Schwierig war auch, nachdem wir beim Pförtner die Monturen abgegeben hatten, in unserer Stärke von fünfzehn Mann zur Spielwarenabteilung hinaufzugelangen. Auf der Treppe warfen sich uns zwei Hausdetektive entgegen, und es sah schon so aus, als sei Miekes Einbruch nun doch rausgekommen. Aber es schien nur die verbissene Art unsres Auftretens zu sein, was die Herren zu ihrem Einsatz bewog. Als Vater ihnen den Grund unseres Kommens erklärt hatte, traten sie zögernd beiseite und ließen uns durch.

»Ich hoffe«, sagte Vater zu Mieke, während wir im dritten Stock dann die Spielzeugabteilung betraten, »es ist dir aufgefallen, dass keiner von uns dich verpfiffen hat eben.«

Mieke antwortete nicht. Er starrte verbissen zu den wieder gefüllten Regalen hinüber.

»Hübsch, die Stoffzwerge da«, sagte Leo zu ihm; »findeste nich?«

Uns, die wir mit ihr gearbeitet hatten, begrüßte dann erst die Verkäuferin noch. Darauf räusperte Vater sich anhaltend, trat vor die Tür des Abteilungsleiters und klopfte dezent.

»Was ist?«, schnarrte es drin.

Einer hinter dem andern, schoben wir uns, fünfzehn Mann hoch, hinein.

Der Abteilungsleiter merkte es erst gar nicht. Er saß in seinem dunklen Anzug inmitten der hundert und aberhundert deckellosen Kartons mit den nackten, lächelnden Puppen darin und war ins Feilen seiner Fingernägel vertieft. Ein Bündel sacht schaukelnder Weihnachtskugeln hing über ihm, ihr Glanz spiegelte sich auf seinem pomadisierten Hinterkopf wider.

»Tja, also da wären wir dann«, sagte Vater und hustete künstlich. Der Abteilungsleiter feilte erst konzentriert den Nagel des kleinen Fingers zu Ende. Dann hob er langsam das Kinn und sah uns leer und aufmerksam an.

»Bekannte –«, sagte Vater etwas zu schnell und wies mit einer vagen Handbewegung zu Mieke hinüber.

Die hochsitzenden Brauen des Abteilungsleiters bewegten sich noch etwas höher hinauf. »Aha«, machte er.

»Was heißt hier ›Bekannte‹«, sagte Mieke gereizt; »er meint: ›Arbeitskollegen‹.«

»So, so«, sagte der Abteilungsleiter und schnippte einer der Puppen ein Stäubchen vom Nabel.

Vater fing an, unruhig zu werden, seine Schnurrbartenden zuckten erregt. »Immerhin«, sagte er hastig, »wurden alle Artikel, Ihren Wünschen entsprechend, verteilt.«

»Bloß nich von denen«, sagte Mieke, »sondern zuallererst mal von uns.«

Es schneite jetzt stärker. Der Abteilungsleiter saß mit dem Rücken zum Fenster; die flaumigen Schneeflocken schwebten dicht hinter seiner Stuhllehne nieder; es sah aus, als sei der Abteilungsleiter in den Himmel entrückt.

»So, so«, sagte er. Er schloss, uns ständig im Auge behaltend dabei, eine Stahlkassette auf und nahm einige Scheine und etwas Kleingeld heraus. »*Sie* haben unterschrieben«, sagte er zu Vater und gab ihm das Geld. Der spuckte darauf und ließ es in der Tasche verschwinden.

»Momentchen mal eben.« Auf Miekes blautätowierten Fäusten traten weißlich die Knöchel hervor. »Und wo bleiben *wir?!*«

»Machen Sie das unter sich ab«, sagte der Abteilungsleiter und hielt die gespreizte Hand vor sich hin und kontrollierte, ob die Nägel auch blank genug seien. »Wenn ich acht Weihnachtsmänner bestelle, kann ich nicht fünfzehn bezahlen.«

»Sehr richtig«, echoten Vater und seine Freunde.

»Na, also, so viel steht fest«, knirschte Mieke, »der Fall wird aufgerollt; klar?«

»Rollen Sie, so viel Sie wollen«, sagte der Abteilungsleiter. »Nur bitte nicht hier.«

»Kann er haben.« Mieke drängte zur Tür. »Los, Jungs. Jetzt geht's um die Wurst.«

Sich die Handgelenke aus den Jackettärmeln reckend, folgten seine Leute ihm nach.

»Wenn ihr's schon darauf ankommen lassen wollt«, sagte Vater draußen und nahm mich beim Kragen, und ich merkte, wie er mir dabei die Geldscheine in den Hemdausschnitt schob, »dann habt an einem Tag wie dem heutigen wenigstens vor der Unschuld dieses Jungen Respekt.«

»Der kann abhaun«, sagte Mieke verächtlich.

Nein, leicht fiel es mir nicht, mich ausgerechnet jetzt von Vater und seinen Freunden zu trennen. Aber ich sah ein: Es ging um das Geld.

Die Universum-Lichtspiele hatten heute geschlossen. Frieda war oben auf ihrem Zimmer. Sie saß in der alten zerbeulten Trainingsjacke am Tisch und sah durch den Zigarettenrauch in die fallenden Schneeflocken raus.

»Scheißfest«, sagte sie mürrisch. »Würd lieber was tun.«

»Nanu«, sagte ich; »aber braucht dich denn Else nicht mehr, wo das Baby jetzt da ist?«

»Die ist größenwahnsinnig geworden«, sagte Frieda. »Redet's dauernd bloß mit ›mein Christkindlein‹ an und so. Na, und dann guckt ja auch Otto jetzt bei ihr rum.«

»Umso besser. Glaub nämlich, dass Vater dich im Augenblick nötiger hat. Hier.« Und ich legte den Zettel und das Geld vor sie hin.

»Typisch«, sagte sie, als sie die Nachricht gelesen hatte. »Und er dreht mal wieder die Daumen solange.«

»Dürft schlecht gehn«, sagte ich. »Dazu ist ihm Mieke zu dicht auf den Fersen.«

Frieda sprang auf. »Er ist hinter ihm her?!«

»Nicht nur er«, sagte ich. »Alle von ihm. Alle von ihm hinter allen von uns.«

»Das fehlt.« Sie stülpte sich die Baskenmütze auf und riss den Mantel vom Haken. »Dann macht er's auf *die* Tour.«

»Was?«, fragte ich.

»Na, sie mitzubringen«, sagte sie ungeduldig. »Albert will doch, sie sollen sich heute alle mit'nander vertragen!«

Es war, glaube ich, das erste Mal, dass ich Sorge hatte um Vaters Verstand. »Was denn – hat *das* auf dem Zettel gestanden?!«

»Quatsch jetzt nicht«, sagte Frieda. »Hör lieber zu. Du rennst sofort zur Schützenstraße und sagst dem Fuwel Bescheid. Er soll zum Konsum kommen. Aber fix. Ich lauf schon vor; sonst machen die zu.«

Fuwel war unten auf der Baustelle damit beschäftigt, aus den Gerüstbalken Brennholz zu hacken. Mit seiner Frisur war, in dem Schneetreiben jetzt, nicht mehr viel los, man sah nun, dass es keine Naturlocken waren. Auf das Stichwort ›Konsum‹ hin allerdings versuchte er, die ihm spießhaft vom Kopf abstehenden Strähnen in den Nacken zu werfen und fragte schluckend, ob das etwa heiße, dass es was Essbares gäbe.

»Sieht beinah so aus«, sagte ich.

Da brachte Fuwel das Beil weg, und dann rannten wir los.

Es fing schon an, schummrig zu werden, und überall gingen die Laternen an, und man erkannte jetzt nicht nur die niedersinkenden Flocken um sie herum, sondern auch ihre Schatten, die mit ihnen schwebten. Ich strengte mich an, mir vorzustellen, dass Heiligabend sei; es gelang aber nicht so richtig im Rennen; denn dauernd wurde das Glockenläuten von der Georgenkirche herüber durch das Gluckern in unsern Bäuchen verdeckt. Und dann hatte ich auch, was Mieke betraf, kein gutes Gefühl.

Nicht ganz zu Unrecht. Wir wollten eben in die Grenadierstraße abbiegen, da blieb Fuwel stehn und hob mich keuchend vor einem schwach erleuchteten Kneipenfenster empor.

»Kuck mal da rein.«

Es handelte sich um den Schankraum. Die Lampe war abgedunkelt; aber man erkannte genug. Vaters Freunde standen da drin, mit erhobenen Händen, Gesichter zur Wand. Der Wirt hinter der Theke hatte die Arme verschränkt und sah Miekes Leuten zu. Die tasteten fiebrig am Vater herum, der, ebenfalls mit erhobenen Händen, genau im Lichtkreis der Lampe stand. Mieke saß rittlings auf einem Stuhl; er warf lässig einen Revolver hoch, ließ ihn sich überschlagen und fing ihn dann wieder.

Fuwel zitterte, er musste mich absetzen. Er murmelte was von ›Frieda nicht enttäuschen‹, und schon war er weg.

Einen Augenblick lang wusste ich nicht, was ich anfangen sollte. Aber auch nur einen Augenblick. Dann riss ich die Kneipentür auf und schrie:

»Polizei!«

Es dauerte knapp eine halbe Minute, da saßen Vater und seine Freunde und Mieke und seine Leute, auf harmlose Gäste mimend, rings an den Tischen, und der Wirt hatte die Pistole, die Mieke ihm zuwarf, hinter der Theke verschlossen.

»Gott sei Dank«, sagte ich und schloss die Tür hinter mir; »die zwei Schupos sind die Münzstraße lang weitergegangen.«

Vater kniff unauffällig ein Auge zusammen und nickte mir zu. »Dich schützt der Himmel«, sagte er zu Mieke gewandt. »Bewaffneter Raubüberfall, das wär euch übel bekommen. Los, gib die sechzig Pfennig wieder her, die du mir abgeknöpft hast.«

Zähneknirschend legte Mieke sie auf den Tisch.

»Dein erstes Taschengeld«, sagte Vater zu mir. »Nimm es als Weihnachtsgeschenk und überleg dir gut, was du dir dafür kaufst.«

»Ich stift's für das Baby«, sagte ich fest.

»Was denn –« Mieke fuhr zu mir herum: »Es ist schon gekommen?!«

Vater nickte. »Heute Morgen um sechs.« Er blickte Mieke durchdringend an. »Ein Christkind, wenn du so willst.«

»Verdammt«, sagte Mieke. Er zog schnüffelnd die Nase hoch und sah starr vor sich hin.

»Mensch, Boss«, sagte einer seiner Leute, ein gewisser Kudoke; »werd jetzt bloß nich auch noch sentimental.«

»Schnauze.« Mieke drehte sich kopfschüttelnd zu Vater um. »Unsern Zaster einfach beiseitezuschaffen –! Wenn du doch bloß nicht so 'n Stuppen wärst, Albert.«

»Noch so 'n Wort«, sagte Ewald und ließ seine Faust mit dem Schlagring auf die Tischplatte krachen, »und ich vergess meine gute Erziehung.«

»Vorsicht mit 'm Mobilar«, sagte der Wirt und hatte auf einmal wieder seinen Revolver neben sich liegen. »Alles Eigentum vom Ringverein Mitte. Doch wohl klar, was das heißt.«

»Es weihnachtet«, sagte Vater berechnend. »Wenn ihr mal einen Augenblick Ruhe gebt, hört ihr von der Georgenkirche rüber die Glocken.«

Ja, man konnte sie deutlich vernehmen. Ein wenig seltsam war nur, dabei in all die finsteren und unrasierten Gesichter zu blicken.

»Wenn euch an weiter nischt liegt«, sagte der Wirt und

schob sich mit dem Revolverlauf den Mützenschirm aus der Stirn, »würd ich sagen, ihr hört euch das Gebimmel *draußen* an, statt mir hier drin auf 'n Wecker zu fallen.«

»Sauerei von dir«, sagte Mieke, während wir rausgingen; »'n Vereinskollegen heute wie 'n Hund auf die Straße zu schicken.«

»Idiot«, sagte der Wirt. »Kann ich mehr tun, als dir meine Kanone zu pumpen? Doch nich meine Schuld, wenn du dich so dusslig anstellst.«

Es war zu spät, ihm noch etwas zu sagen; hinter dem letzten von Miekes Leuten rasselte schon der Roll-Laden runter.

Eine Weile standen wir in dem dick fallenden Schnee ratlos umeinander herum. Wir hatten uns alle die Jackettkragen hochgeschlagen und die Hände tief in den Hosentaschen vergraben; keiner sah den andern an.

»Tja –«, sagte Vater schließlich; »da wären wir also wieder alle zusammen.«

»Du hast 'n Fehler gemacht, Albert.« Mieke rieb fröstelnd ein Bein am andern. »Hättste von dem Geld, statt's beiseitezuschaffen, 'n paar Lagen geschmissen, wär dir das eben bestimmt nich passiert. Gegenteil: Wir hätten den Abend im Warmen gesessen.«

Vater hörte einen Augenblick auf, an seinen Schnurrbartenden zu nagen.

»Mach euch einen anderen Vorschlag: Wir könnten 's Christkind ja mal besuchen.«

»Der will uns auf 'n Arm nehmen, Boss.« Kudoke zerrte wütend an seinem schnürsenkeldünnen Kunstseidenschal.

»Denk gar nicht dran«, sagte Vater schnell, denn seine

Freunde und Miekes Leute taxierten einander schon wieder. »Ihr wisst doch, ich hab das Baby von Else gemeint.«

»Biste verrückt!«, zischte Leo. »Dann haben wir die Brüder doch die ganze Nacht auf 'm Hals!«

»›Brüder‹«, sagte Vater gedehnt, »würde ich an diesem Abend getrost mal ohne eine so abfällige Betonung gebrauchen. Mieke, was ist; kommt ihr mit?«

Mieke stritt sich erst eine Zeitlang mit seinen Leuten herum, und es waren auch ein paarmal so Ausdrücke wie ›Heilsarmeetick‹, ›Tränendrüsenmassage‹ und ›Rührseligkeitsapostel‹ zu hören. Aber dann einigten sie sich anscheinend wohl doch. Zwar zeigte sich keiner direkt begeistert, doch Mieke sagte schließlich:

»Gut, is geritzt«; und zum ersten Mal wieder in etwas gelockerter Form gingen wir los.

Es war jetzt ganz still in der Stadt; denn Autos fuhren kaum mehr, und der stetig fallende Schnee saugte längst jedes Schrittgeräusch weg; nur das Quietschen der Elektrischen, die Neue König-/Ecke Alexanderstraße um die Kurve bog, drang noch manchmal zu uns herüber.

Ich hatte zu große Angst, einen brennenden Weihnachtsbaum zu entdecken; deshalb vermied ich es, in die Fenster zu blicken; mir war nicht ganz klar, ob man es geschafft hätte, das Würgen in der Kehle dann runterzuschlucken; und heulen, das fehlte jetzt gerade noch.

Vater schien so etwas zu ahnen. Er hatte mich an der Hand genommen, und als wir am Bauzaun angelangt waren und uns durch das Loch hindurchzwängten, flüsterte er:

»Versuch, dich noch einen Augenblick zusammenzunehmen. Wenn alles geklappt hat und meine Berechnungen stimmen, bringen wir vielleicht doch noch so was wie einen Heiligen Abend zustande.«

»Schön *wär's*«, sagte ich heiser.

Im selben Moment ertönte auf dem Bauplatz vor uns ein Pfiff, den der Kenner unbedenklich Otto zuschreiben konnte, und gleich darauf sah man auch eine dunkle Gestalt im Schwarz des Treppenhauses verschwinden.

»Sieht verdammt nach 'ner Falle aus«, zischte Kudoke und zerrte an seinem Schnürsenkel von Kunstseidenschal.

»Wenn dieser Hauseingang eine Falle ist«, sagte Vater, »dann ist der Stall damals auch eine gewesen.«

»Läster nich«, sagte da Mieke überraschenderweise.

Wir balancierten an den Rändern der ausbetonierten Keller des Nachbarneubaus entlang, dann kletterten wir über die Gerüsthaufen weg und schoben uns – jetzt in der Finsternis vor gegenseitigem Misstrauen wieder dicht wie ein Bündel Radieschen zusammengedrängt – in den Hausflur hinein.

»Ruhig mal –!«, sagte Mieke da plötzlich und hielt Vater und mich, die wir vorangingen, am Rockkragen fest.

Wir lauschten gespannt.

Oben waren zwei leidlich wohlklingende Männerstimmen zu hören; sie sangen ›Vom Himmel hoch, da komm ich her‹, und eine Mundharmonika spielte leise dazu.

»Otto und der Frisör Fuwel«, sagte Vater übertrieben verzückt. »Die Musik, das ist der Baustellenwächter.«

Von oben schoss jetzt blitzhaft ein blendender Lichtstrahl auf uns hernieder; Mieke zog unwillkürlich den Kopf zwischen die Schultern; er stöhnte.

»Nett, dass ihr alle kommt«, sagte Frieda in der hallenden Leere des unverputzten Treppenhauses mit donnernder Stimme und ließ den Lichtkegel ihrer Taschenlampe wie absichtslos auch über sich selber hingleiten, so dass jeder beim Raufkommen sah, sie hatte ihren Bubikopf zur Feier des Tages mit der Platzanweiserinnenhaube gekrönt, die ihr wirklich hervorragend stand.

Wir warteten erst, bis sie hinter der vorm Eingang hängenden Decke fertig waren mit ihrem Lied, dann ließ Frieda uns ein.

Was ich sah, übertraf meine Hoffnungen weit.

Im Teertonnenofen knisterte harziges Holz; das glühende Blech tauchte den roh gemauerten Raum in ein warmes, rötliches Licht. Zwei riesige Türen hatten, jede auf vier Backsteinstützen gelegt, eine lange Tafel ergeben. Dem Baustellenwächter war es sogar gelungen, so etwas wie ein paar Bänke zusammenzuzimmern. Es ließen sich neunzehn Plätze ausmachen, man konnte es an den neunzehn Konsumkommissbroten und an den neunzehn Wurst- und Margarineportionen erkennen. Sogar für Schnaps hatte das Geld noch gereicht, zwei Mann bekamen eine Flasche zusammen; ich fiel ja leider noch aus.

Else saß aufrecht im Bett. Obwohl sie eigentlich mit Mieke und seinen Leuten gerechnet haben musste, starrte sie nun doch ziemlich entgeistert zu all den Männern herüber. Das Kind hatte sie an sich gepresst, man sah nur seinen flaumigen Schopf. Das heißt, erst dachte ich, dass es Zwillinge seien; dann gewahrte ich aber, es hatte Schaftstiefel an, das Wesen, das Else im *andern* Arm hielt, und kahlköpfig war es und trug einen Bart.

Da wusste ich, das Kind hatte als Weihnachtsgeschenk den bei Wertheim fehlenden Stoffzwerg erhalten.

Otto, der Spender, stand am Kopfende des Bettes und blickte beunruhigend gelassen rechts und links an uns vorbei. Er hatte seine Sonntagshosen an und sich einen Tannenzweig im Jackettaufschlag befestigt. Ich konnte mich nicht entsinnen, ihn jemals so feierlich gesehen zu haben.

Mieke war der Erste, der die Mütze abnahm; er drehte sie verlegen zwischen den Händen und trat zögernd ans Bett. Seine Leute folgten ihm hüstelnd.

Unauffällig gab jetzt Vater auch mir und seinen Freunden ein Zeichen, und behutsam schoben wir uns von der andern Seite heran, und minutenlang war nun nur das asthmatische Schnaufen des Baustellenwächters und das gemütliche Knistern des Feuers zu hören.

»Verdammt«, sagte Mieke da seufzend; »und noch nich mal 'n Geschenk.«

»Nanu«, Vater tat sehr erstaunt. »Hat denn der Junge euch vorhin kein Beispiel gegeben?«

»'n Beispiel –?« Mit einer Mischung aus Missmut und Scheinheiligkeit sah Mieke auf mich herab.

»Ein Beispiel«, nickte Vater; »ganz recht. Du brauchtest jetzt nur deine Mütze aufs Fußende des Bettes zu legen, und er wiederholt's.«

Mieke rührte sich nicht.

»Schön«, sagte Vater; »nehm ich meine.« Er legte die umgedrehte Mütze aufs Bett und winkte mich ran. »Sei so nett, Bruno.«

Ich warf die sechzig Pfennig hinein und sagte was Freundliches zu Else dabei.

Vater rieb sich die Hände; ein wenig zu früh, wie mir schien. »So«, sagte er; »Mieke, jetzt ihr.«

»Hör mal«, keuchte Mieke, »du hast wohl vergessen, unsre Moneten habt *ihr*.«

»Ach nee«, sagte da eine schneidende Stimme.

Es war Frieda gewesen. Sie stand abseits mit dem Rücken zum Fenster, so dass sich die beiden schmalen, doppelt gelegten Decken davor wie ein großes, aus Friedas Schultern wachsendes Flügelpaar im Zugwind bewegten. »Und das Geld, dass ihr den Kindern abgeluchst habt für diese elenden Werbeartikel –: Was ist mit *dem*?«

Mieke starrte finster das Baby an. »Wär's doch bloß nicht ausgerechnet heute gekommen!«

»Na, *meine* Schuld«, sagte Else schwach, »ist's bestimmt nicht.«

Otto räusperte sich. »Es hat sich herbeigelassen zu kommen, weil Weihnachten ist.«

»Mieke –!«, rief Vater beschwörend.

»Mensch, lass dich bloß nich rumkriegen, Boss!« Kudoke zerrte erregt an seinem Kunstseidenschal.

»Klappe«, ächzte Mieke gepresst.

»Gut«, sagte Vater, und seine Stimme stieg unmerklich an. »Ich stelle also Folgendes fest: Erst Hunderte von Kindern betrogen, dann diesem hier den Vorwurf gemacht, dass es zum Heiligen Abend erschien. Noch einen Schritt weiter, und wir sind wieder bei diesem Herodes.«

»Du hast 'ne schreckliche Art, einem 'n sauer erworbenen Nebenverdienst zu vermiesen.« Miekes blautätowierte Rechte fuhr in die Hosentasche und scheffelte zwei überlaufende Hände voll Groschen in Vaters Mütze hinein. »Aber wehe«, sagte er zu seinen Leuten gewandt, »'s drückt sich jetzt einer von euch!«

Wenn jemals eine Ermahnung unnötig gewesen sein sollte, dann diese bestimmt nicht. Immer wieder trat der vorderste von Miekes Leuten mit ein paar vagen Höflichkeitsfloskeln hinter die andern zurück; und da diese es sofort wieder ebenso machten, war Miekes Mannschaft im Nu bis zur Tür retiriert. Aber nicht lange; denn als Einziger spendabel sein, das wollte Mieke nun auch wieder nicht.

»Ich zähl bis drei«, sagte er drohend. »Wer dann nicht rankommt, der wird gestrichen.«

»Weihnachten soll das sein?«, fragte Kudoke verächtlich; »das is der Schandtag unsrer Beraubung.«

»Eins –«, sagte Mieke gedehnt.

Widerstrebend kamen sie, einer hinter dem andern, heran.

»Zwei«, sagte Mieke hart und präzise.

Mit mahlenden Kaumuskeln ließ da jeder von ihnen die unrechtmäßig erworbene Groschenflut aus der Hosentasche in Vaters Schildmütze gleiten.

Mieke hatte eben die Zähne entblößt, um möglichst wirkungsvoll ›drei‹ kommandieren zu können, da trat noch der Exfrisör Fuwel an die Mütze heran.

Er habe die Werbeartikel ja auch einen Tag lang verkauft. Und er schüttete ebenfalls eine knappe Handvoll Groschen in die Mütze hinein.

»Drei!«, keuchte Mieke.

Wir atmeten auf.

Zu früh aber beinah anscheinend. Denn schon fingen Miekes Leute wieder an, die Fäuste zu ballen und Vater und seine Freunde mit provozierenden Blicken zu messen.

Doch da hob der Baustellenwächter die Harmonika an den Mund. Ein Akkord, dass einem das Herz dahinzuschmelzen drohte; dann leitete er kunstvoll in ›Stille Nacht‹ über.

Das war nun allerdings eine arge Verlockung.

Zuerst zwar pressten Miekes Männer standhaft die Lippen zusammen. Aber als dann nicht nur Vater und seine Freunde, sondern auch wieder Otto und der Exfrisör Fuwel mitsangen, und schließlich sogar Mieke seinen überraschend reinen Tenor zur Decke hin aufsteigen ließ, und selbst Else dann einfiel (was man allerdings nur an ihrem offenen Munde erkannte), da begannen auch unsern Widersachern die Münder zu zucken, und nicht lange, und sie begleiteten uns mit den zartesten, den melodiösesten Stimmen.

Nur Frieda blieb stumm. Sie stand noch immer abseits am Fenster. Ihre Platzanweiserinnenhaube mit der Aufschrift ›Universum-Lichtspiele‹ war ihr ein wenig in die Stirne gerutscht. Bohrend blickte sie unter der Kante hervor zu Vater hinüber, auf dessen Gesicht, in dem der Schnurrbart sich beim Singen auf und nieder bewegte, verklärend der kupferne Abglanz der Groschenflut lag.

Nathaniel Hawthorne

Das Weihnachtsbankett

Ich habe hier versucht«, sagte Roderick, der mit Rosina und dem Bildhauer im Gartenhaus saß, und blätterte einige Manuskriptseiten auf, »einen Typus von Persönlichkeit zu erfassen, wie er mir hin und wieder auf meinem Lebensweg begegnet ist. Durch die traurige Erfahrung, die ich bekanntlich habe machen müssen, habe ich gewisse Einblicke in die dunklen Geheimnisse des menschlichen Herzens gewonnen, das ich durchwandert habe wie jemand, der sich in einer finsteren Höhle verirrt hat und dessen Fackel jeden Augenblick zu verlöschen droht. Doch dieser Mensch, diese Art von Mensch, ist mir ein Rätsel geblieben.«

»Schildere ihn uns immerhin«, sagte der Bildhauer. »Gib uns zumindest eine ungefähre Vorstellung.«

»Nun gut«, erwiderte Roderick. »Nehmen wir an, du hättest ein Wesen aus Marmor gemeißelt, und eine bislang unerreichte Meisterleistung menschlicher Wissenschaft hätte es mit einem überzeugenden Schein von Intelligenz ausgestattet, so fehlte ihm doch das Letzte, Entscheidende, nämlich der Anhauch eines göttlichen Schöpfers. Dieses Wesen sieht aus wie ein Mensch, vielleicht sogar wie ein überdurchschnittliches Exemplar dieser Gattung. Man traut ihm Einsicht zu. Er ist zu Bildung und Kultur fähig und besitzt – von außen betrachtet zumindest – ein Gewissen, aber für das, was eine Menschenseele sich von der anderen wünscht, vermag er sich nicht zu öffnen. Kommt man ihm schließlich näher, stellt man fest, dass er kalt und wesenlos, dass er nichts als Nebel ist.«

»Ich glaube«, sagte Rosina, »ich habe eine leise Ahnung von dem, was du meinst.«

»Dann freue dich«, erwiderte ihr Mann lächelnd, »aber erwarte dir darüber hinaus nichts Erhellendes von dem, was ich vorlesen werde. Ich habe mir bei diesem Text vorgestellt, so einem Menschen sei dieser Defekt seines Seelenlebens – was vermutlich nie der Fall ist – bewusst, und er ginge infolgedessen mit einem Gefühl kalter Unwirklichkeit durch die Welt, fröstelnd und voller Verlangen danach, diese eisige Bürde gegen jedes echte Leid einzutauschen, mit dem das Schicksal ein Menschenwesen nur heimsuchen kann.«

Bei dieser Vorrede ließ Roderick es bewenden und begann zu lesen.

Das Testament eines alten Herrn enthielt ein Legat, das als sein letzter Gedanke, seine letzte Handlung vortrefflich zu einem langen Leben voll melancholischer Schrullen passte. Er bestimmte eine beträchtliche Summe zur Einrichtung eines Fonds, dessen Zinsen jährlich darauf verwendet werden sollten, für zehn der unglücklichsten Menschen, die sich finden ließen, ein Weihnachtsmahl auszurichten. Es lag offenbar keineswegs in der Absicht des Testators, diese zehn betrübten Herzen froh zu machen, vielmehr wollte er sicherstellen, dass auch an diesem heiligen und freudvollen Tag, da die ganze Christenheit Bekundungen festlicher Dankbarkeit gen Himmel schickt, die gestrenge oder wild aufbegehrende Stimme menschlicher Unzufriedenheit nicht ungehört verhalle. Auch wollte er damit seinen Protest gegen das Wirken der Vorsehung auf Erden und seine erbitterte Ablehnung jener religiösen oder philosophischen Systeme fortschreiben, die den Sonnenschein entweder in der Welt finden oder aber ihn vom Himmel herunterholen.

Die Aufgabe, die Gäste einzuladen oder die Wahl unter denen zu treffen, die Anspruch darauf erhoben, an diesem tristen Festessen teilzunehmen, oblag den beiden Treuhändern oder Verwaltern des Fonds. Sie waren wie ihr verblichener Freund grämliche Sonderlinge, deren Hauptbeschäftigung darin bestand, gewissenhaft alle nachtfarbenen Fäden im Gewebe des Menschenlebens zu zählen und die goldenen beiseitezulassen. Besagtes Amt versahen sie rechtschaffen und mit Urteilsvermögen. Ein Blick auf die zu diesem ersten Fest Geladenen, ausgewählt aus der ganzen Welt, mochte vielleicht nicht jeden Betrachter davon überzeugen, dass deren Unglück tatsächlich stellvertretend für die Masse menschlichen Leids stand. Genau besehen aber ließ sich nicht leugnen, dass man es hier mit einer Vielzahl beklagenswerter Widrigkeiten zu tun hatte, die zuweilen zwar scheinbar geringfügige Ursachen hatten, aber gerade deshalb das Leben selbst gewissermaßen an den Pranger stellten.

Die Gestaltung und Dekoration des Festmahls war wohl als Symbol dafür gedacht, dass wir mitten im Leben vom Tod umfangen sind – denn so hatte auch der Testator das Dasein betrachtet. Der durch Fackeln erhellte Saal war mit purpurfarbenen Vorhängen verkleidet und mit Zypressenzweigen und Kränzen aus künstlichen Blumen geschmückt, wie man sie über die Toten zu streuen pflegte. Neben jedem Gedeck lag ein Petersilienzweig. Als Weinbehälter diente eine silberne Graburne, aus der man den Trunk in kleine Vasen verteilte, denjenigen nachgebildet, mit denen in der Antike die Tränen der Trauernden aufgefangen wurden. Auch hatten die Treuhänder – wenn es denn ihr Geschmack war, dem man diese Details verdankte – nicht die Sitte der alten Ägypter vergessen, an jeder Festtafel ein Geripppe zu platzieren, um ihre Heiterkeit mit dem starren Grinsen eines Totenkopfes zu kontrastieren. So ein grausiger Gast, in einen schwarzen Umhang gehüllt, saß deshalb auch hier am Kopf der Tafel. Man munkelte – wie zutreffend das Gerücht war, vermag ich nicht zu sagen –, der Testator selbst habe mit diesem Knochengerüst einst die sichtbare Welt durchwandert und in seinem Testament dafür gesorgt, dass er nun Jahr für Jahr an dem von ihm gestifteten Gastmahl teilnehmen konnte. In diesem Fall wäre das vielleicht ein versteckter Hinweis darauf, dass er keine Hoffnung darin setzte, für alle hier tatsächlich erlittene oder eingebildete Unbill im Jenseits entschädigt zu werden. Und hätten die Gäste in ihren ratlosen Spekulationen über Sinn und Zweck des irdischen Daseins den Schleier zurückgeschlagen und einen neugierigen Blick auf den Knochenmann geworfen, als suchten sie bei ihm die anders nicht erreichbare Auflösung, wäre ihnen als Antwort nur ein Blick aus leeren Augenhöhlen und ein Grinsen der knöchernen Kiefer zuteilgeworden. Auch der Verblichene meinte, nur diese Antwort erhalten zu haben, als er den Tod bat, das Rätsel seines Lebens zu lösen; und so wollte er sie in seiner tristen Gastfreundschaft an diejenigen seiner Gäste weitergeben, die sich mit der gleichen Frage herumschlugen.

»Was bedeutet jener Kranz?«, fragten etliche aus der Runde bei der Betrachtung der Tischdekoration.

Gemeint war ein Zypressenkranz, gehalten von einem aus dem schwarzen Umhang ragenden knöchernen Arm.

»Es ist eine Krone«, sagte einer der Treuhänder, »die nicht für den Würdigsten bestimmt ist, sondern für den Elendigsten, sofern er seinen Anspruch überzeugend geltend machen kann.«

Der Erste, den man zu dem Fest geladen hatte, war ein Mann von weichem, sanftem Charakter, dem die Kraft fehlte, gegen die lastende Mutlosigkeit anzukämpfen, für die er von seinem Temperament her anfällig war. Deshalb hatte er – ohne dass äußere Umstände ihn am Glücklichsein gehindert hätten – das Leben in stillem Leid verbracht, das sein Blut träge machte, auf seinen Atem drückte und wie ein schwerer Alb auf jedem Schlag seines Herzens lastete. Sein Elend war so abgrundtief wie sein Wesen selbst, wenn nicht gar damit identisch. Das Unglück eines zweiten Gastes war es, dass in seiner Brust ein krankes Herz schlug. Dieses Herz war mittlerweile so wund, dass die unvermeidlichen Zusammenstöße, die das Leben mit sich brachte – der Hieb eines Feindes, der unbedachte Rempler eines Fremden, ja selbst die treue und liebevolle Berührung eines Freundes – zu Geschwüren führten. Wie es die Gewohnheit derart geplagter Menschen ist, beschäftigte er sich inzwischen hauptsächlich damit, seine Wunden allen vorzuführen, die bereit waren, sich diese Pein zuzumuten. Ein dritter Gast war ein Hypochonder, dessen Phantasie ihm in der Innen- wie in der Außenwelt Geister vorgaukelte, ihn grässliche Fratzen im häuslichen Kaminfeuer sehen ließ, Drachen in den Wolken des Sonnenunterganges, Unholde in Gestalt schöner Frauen und – unter allem Erfreulichen, das die Natur zu bieten hat – Hässliches oder Sündiges. Sein Tischnachbar hatte in früher Jugend den Menschen zu sehr vertraut und zu große Hoffnungen in sie gesetzt und war nach vielerlei Enttäuschungen zutiefst verbittert. Seit etlichen Jahren sammelte dieser Misanthrop Gründe dafür, das Menschengeschlecht zu hassen und zu verachten – als da wären Mord, Lüsternheit, Verrat, Undank, Treulosigkeit vertrauter Freunde, die instinktiven Laster von Kindern, Unkeuschheit bei Frauen, verborgene Schuld bei scheinbar heiligmäßigen Männern – kurzum, alle nur denkbaren finsteren Realitäten, die sich äußerlich mit Glanz oder Ruhm schmücken. Aber jede grausige Ergänzung seines Katalogs, jede Erweiterung des traurigen Wissens, das zu sammeln ihm Lebensinhalt geworden war, ließ den Ärmsten, der eigentlich ein liebevolles, argloses Herz hatte, aufstöhnen vor Qual. Als Nächster stahl sich gebeugten Hauptes ein von Natur aus ernsthafter, leidenschaftlicher Mann in den Saal, der von frühester Kindheit an überzeugt war, eine wichtige Botschaft für die Welt zu haben; doch hatte er bei dem Versuch, sie zu verkünden, nicht die richtige Stimme oder Form gefunden oder aber keine Ohren, die bereit gewesen wären, sie zu hören. Deshalb quälte er sich sein ganzes Leben lang mit bitteren Fragen: »Warum haben die Menschen meine Botschaft nicht angenommen? Bin ich nicht ein Narr, der sich selbst betrügt? Wozu bin ich noch auf der Welt? Wo ist mein Grab?« Im Verlauf des Festmahls schüttete er große Mengen Wein aus der Graburne in sich hinein in der Hoffnung, das himmlische Feuer zu löschen, das seine Brust versengte und der Menschheit keinen Nutzen brachte.

Ferner erschien – nachdem er eine Einladung für einen Ball weggeworfen hatte – ein einstmals flotter Galan, der vier oder fünf Falten auf der Stirn und auf dem Kopf mehr graue Haare hatte, als er zählen konnte. Obschon mit Verstand und Gefühl begabt, hatte er seine Jugend in Torheit verbracht und nun jenen traurigen Punkt erreicht, an dem die Torheit sich aus eigenem Antrieb davonmacht und wir uns wohl oder übel mit der Weisheit anfreunden müssen, soweit uns das möglich ist. Frierend und voller Verzweiflung war er zu dem Bankett gekommen, um nach der Weisheit zu suchen, und fragte sich, ob er sie in dem Gerippe gefunden hatte. Um die Gesellschaft abzurunden, hatten die Treuhänder einen notleidenden Poeten eingeladen, der im Armenhaus lebte, und einen melancholischen Schwachsinnigen von der Straße geholt. Letzterer hatte gerade so viel Verstand, um zu spüren, dass es ein Vakuum in seinem Dasein gab, und war in dem tastenden Versuch, diese Leerstelle mit Einsicht zu füllen, sein Leben lang ziellos durch die Straßen gewandert, jammernd und stöhnend, weil seine Bemühungen vergeblich blieben. Bei der einzigen Frau in der Runde zögerte man nur deshalb, ihr vollkommene und vollendete Schönheit zu bescheinigen, weil sie auf dem linken Auge leicht schielte. Doch dieser winzige Makel beleidigte das reine Ideal ihrer Seele – mehr noch als ihre Eitelkeit – so sehr, dass sie sich in die Einsamkeit zurückgezogen hatte und ihr Gesicht selbst vor den eigenen Blicken verschleierte. So saß das Gerippe verhüllt an einem Ende der Tafel und diese arme Frau unter ihren Schleiern am anderen.

Blieb noch ein Gast zu nennen, ein junger Mann mit glatter Stirn, frischem Gesicht und elegantem Auftreten. Nach seinem Äußeren hätte man ihn sehr viel eher in einer fröhlichen Weihnachtsgesellschaft vermutet als unter den zerrütteten, vom Schicksal geschlagenen, von Phantasien geplagten unseligen Gästen dieses Banketts. Ein Raunen erhob sich unter ihnen, als sie den forschenden Blick bemerkten, den der Eindringling auf seine Gefährten richtete. Was hatte er bei ihnen zu suchen? Warum lockerte das Gerippe des toten Stifters nicht die klappernden Glieder, stand auf und wies den unwillkommenen Fremden von der Tafel?

»Schändlich, schändlich«, sagte der Überempfindliche, während in seinem Herzen das nächste Geschwür entstand. »Er ist gekommen, um sich über uns lustig zu machen. Wir werden zum Gespött seiner Wirtshauskumpane werden. Er wird über unser Elend eine Farce schreiben und sie auf die Bühne bringen.«

»Oh, beachtet ihn nicht«, sagte der Hypochonder bitter lächelnd. »Soll er doch aus jener Schüssel mit Vipernsuppe da drüben essen, und kommt ein Skorpionenfrikassee auf den Tisch, sei ihm sein Anteil gegönnt. Zum Nachtisch koste er die Äpfel von Sodom, und falls ihm unser Weihnachtsmahl mundet, mag er im nächsten Jahr wiederkommen.«

»Lasst ihn in Ruhe«, sagte der Schwermütige sanft. »Ist es denn von Belang, ob einem das eigene Elend ein paar Jahre früher oder später bewusst wird? Sollte dieser junge Mann sich jetzt noch für glücklich halten, mag er sich dennoch zu uns setzen um des Jammers willen, der ihn erwartet.«

Der arme Schwachsinnige näherte sich dem jungen Mann mit seinem gewöhnlichen fragend-leeren Gesichtsausdruck, von dem seine Mitmenschen gern sagten, er suche wohl immerzu nach seinem Verstand. Nach ausgiebiger Betrachtung berührte er die Hand des Fremden, zog sie aber, kopfschüttelnd und erschauernd, sogleich wieder zurück.

»Kalt, kalt, kalt«, murmelte er.

Auch der junge Mann erschauerte und lächelte dabei.

»Meine Herren und Sie, Gnädigste«, sagte einer der Ausrichter des Banketts, »sollten weder unsere Vorsicht noch unser Urteilsvermögen so gering einschätzen, dass Sie glauben, wir hätten diesen jungen Fremden – Gervayse Hastings ist sein Name – eingeladen, ohne seine Ansprüche genau geprüft und abgewogen zu haben. Sie dürfen mir glauben, dass kein Gast mit größerem Recht an dieser Tafel sitzt.«

Mit dieser Garantie musste man sich wohl oder übel zufriedengeben. Die Geladenen nahmen nun ihre Plätze ein und widmeten sich der ernsthaften Aufgabe des Schmausens, wurden aber bald von dem Hypochonder gestört, der seinen Stuhl zurückstieß und sich beschwerte, man habe ihm ein Gericht aus geschmorten Kröten und Vipern vorgesetzt, und in seinem Weinglas sei grünes, fauliges Wasser. Nachdem dieser Irrtum aufgeklärt war, nahm er ruhig wieder Platz. Der Wein, der in Strömen aus der Urne floss, schien von trüben Gedanken durchtränkt, denn statt die Gäste zu erheitern, stürzte er sie in noch tiefere Schwermut oder ließ sie geradezu im Elend schwelgen. Die Gesprächsthemen waren vielfältig. Man erzählte sich traurige Geschichten von Menschen, die ebenfalls würdige Gäste bei einem solchen Mahl gewesen wären. Man sprach von grausigen Vorkommnissen in der Menschheitsgeschichte; von wunderlichen Verbrechen, die genau besehen nichts anderes waren als Zuckungen der Seelenpein; von Menschen, die durch und durch unglücklich waren und anderen, die, obschon äußerlich glücklich und zufrieden, früher oder später vom Unheil getroffen worden waren, als hätten sie bei einem festlichen Mahl unvermutet ein finsteres Gesicht erblickt; von Szenen am Totenbett und dem, was sich aus den Worten Sterbender an dunklen Andeutungen entnehmen ließ; von Selbstmord und welche Methode vorzuziehen sei – Strick, Messer, Wasser, allmähliches Verhungern oder Holzkohlengase. Die Mehrzahl der Gäste war wie alle Todunglücklichen begierig, ihr eigenes Weh zum Gegenstand des Gesprächs zu machen und sich als ganz besonders leidgeprüft darzustellen. Der Misanthrop vertiefte sich in die Philosophie des Bösen und wandelte in einer Finsternis, in der nur hin und wieder ein fahler Lichtstrahl gespenstische Gestalten und grausige Landschaften streifte. So manchen tristen Gedanken, auf den Menschen im Lauf der Jahrhunderte gestoßen waren, zerrte er wieder ans Licht und weidete sich an ihm als an einem unschätzbaren Juwel, einem Brillanten, einem Schatz, weit kostbarer als die hell leuchtenden Offenbarungen einer besseren Welt, die wie Edelsteine im Pflaster des Himmels funkeln. Und dann verbarg er inmitten seiner Elendsgeschichten das Gesicht und weinte.

Es war ein Fest, auf das der beklagenswerte Mann aus dem Lande Uz ebenso gepasst hätte wie alle anderen, die in den Epochen danach von der tiefsten Bitternis des Lebens gekostet haben. Und es sei hinzugefügt, dass jeder Mann und jede Frau, und seien sie noch so sehr vom Glück begünstigt, in dem einen oder anderen Augenblick der Trauer, mit Verweis auf ihr betrübtes Herz, Anspruch auf einen Platz an dieser Tafel hätten erheben können. Im Lauf des Gastmahls aber konnte man feststellen, dass Gervayse Hastings, der junge Fremde, sich vergeblich mühte, die Stimmung des Festes zu erfassen. Wurde ein tiefer, starker Gedanke geäußert, der gewissermaßen den traurigsten Winkeln des menschlichen Bewusstseins entrissen worden war, sah er ratlos und verwirrt drein, mehr noch als der arme Schwachsinnige, der solche Überlegungen mit seinem ernsthaften Herzen anzugehen und damit hin und wieder sogar zu begreifen schien. Die Konversation des jungen Mannes war von kälterer, leichterer Art, häufig brillant, aber ohne die eindrucksvollen Merkmale eines Charakters, der durch Leiden geprägt wurde.

»Ich darf Sie bitten, Sir«, sagte der Misanthrop auf eine Bemerkung von Gervayse Hastings hin schroff, »mich nicht noch einmal anzusprechen. Wir haben nichts miteinander zu schaffen. Unsere Denkweisen stimmen nicht überein. Mit welchem Recht Sie zu diesem Fest erschienen sind, ist mir unerfindlich, aber mich dünkt, dass für einen Mann, der äußern konnte, was Sie gerade geäußert haben, meine Gefährten und ich lediglich Schatten sind, die an der Wand flackern. Und ein ebensolcher Schatten sind Sie für uns.«

Der junge Mann verbeugte sich lächelnd, dann lehnte er sich zurück und knöpfte sich den Rock über der Brust zu, als sei es im Saal kühl geworden. Wieder richtete der Schwachsinnige seinen melancholischen Blick auf den Jüngling und murmelte: »Kalt, kalt, kalt!«

Das Festmahl ging zu Ende, und die Gäste verabschiedeten sich. Kaum hatten sie die Schwelle des Bankettsaals überschritten, kam ihnen das, was ihnen dort widerfahren war, wie das Trugbild einer kranken Phantasie oder die Ausdünstung eines trägen Herzens vor. Doch im Verlauf des Jahres sahen sich diese melancholischen Menschen gelegentlich wieder – in flüchtigen Begegnungen zwar, die aber ausreichten, um sie davon zu überzeugen, dass ihr Leben ein ganz normales Maß an Realität besaß. Zuweilen standen sich unerwartet zwei gegenüber, wenn sie, in ihre dunklen Mäntel gehüllt, durch die Abenddämmerung streiften. Zuweilen begegneten sie sich zufällig auf einem Friedhof. Einmal geschah es, dass zwei der trübsinnigen Gäste zusammenfuhren, als sie sich erkannten, wie sie im Mittagssonnenschein einer belebten Straße umherirrten wie ratlose Gespenster. Zweifellos fragten sie sich, warum sich nicht auch das Gerippe zur Mittagszeit zu ihnen gesellt hatte.

Doch so oft notwendige Unternehmungen die Weihnachtsgäste in die geschäftige Welt hinaustrieben, konnten sie sicher sein, dem jungen Mann zu begegnen, der so unerklärlicherweise zu dem Festmahl geladen worden war. Sie erblickten ihn unter den Fröhlichen und vom Glück Begünstigten; sie sahen das sonnige Funkeln seiner Augen; sie hörten den leichten, sorglosen Ton seiner Stimme und sagten mit einer Empörung, wie sie nur die Aristokratie des Leidens hervorbringt, zueinander: »Der Verräter! Der elende Betrüger! Hoffentlich sorgt früher oder später die Vorsehung dafür, dass er zu Recht an unserer Tafel sitzt.« Aber der Blick des jungen Mannes ruhte unbeeindruckt auf den düsteren Gestalten, die an ihm vorübergingen, und schien – vielleicht mit leichtem Hohn – zu sagen: »Erfahrt erst mein Geheimnis, dann messt euren Anspruch an dem meinen.«

Die Zeit schritt voran und brachte bald wieder das liebe Weihnachtsfest zurück mit seinen fröhlich-feierlichen Gottesdiensten in den Kirchen, mit Lustbarkeiten, Spielen, Festessen und heiteren Gesichtern am häuslichen Herd. Auch in dem Saal mit den dunkelvioletten Vorhängen fiel das Licht der Todesfackeln wieder auf den düsteren Tafelschmuck. Das verschleierte Gerippe saß an seinem Platz, den Zypressenkranz erhoben als Preis für den Gast mit dem größten Anspruch auf diese Auszeichnung. Da aus der Sicht der Treuhänder das Elend dieser Welt unerschöpflich und ihnen daran gelegen war, es in all seinen Erscheinungsformen zu berücksichtigen, hielten sie es nicht für angebracht, die gleiche Gesellschaft wie im Vorjahr zusammenzurufen. Andere Gesichter verbreiteten jetzt Schwermut an der Tafel.

Da gab es einen Mann mit einem empfindlichen Gewissen, der ein Blutmal im Herzen trug, nämlich den Tod eines Mitmenschen, der – eine besonders raffinierte Qual – unter so eigenartigen Umständen erfolgt war, dass jener Mann nicht mit letzter Sicherheit sagen konnte, ob er mit Absicht gehandelt hatte oder nicht. Sein ganzes Leben war nun ein schmerzvoller innerlicher Mordprozess, wobei er die Einzelheiten dieses schrecklichen Unglücks immer wieder aufs Neue hin und her wendete, bis sein Kopf keine Gedanken und seine Seele keine Gefühle hatte, die nicht damit zusammenhingen. Dann gab es da eine Mutter – einst Mutter, jetzt ein Bild des Jammers –, die vor vielen Jahren zu einer heiteren Gesellschaft gegangen war und bei der Rückkehr ihren Säugling erstickt in seinem Bettchen vorgefunden hatte. Seit jener Zeit quälte sie die Vorstellung, ihr begrabenes Kind ringe in seinem Sarg mit dem Erstickungstod. Ferner war da eine alte Dame, die, so lange sie zurückdenken konnte, an einem Tremor litt, der ihren Körper permanent durchschüttelte. Ihr zitternder Schatten an der Wand war schrecklich anzusehen; auch ihre Lippen zitterten, und ihr Blick ließ darauf schließen, dass ihre Seele es ebenfalls tat. Weil ihrem

Verstand Verwirrung und Ratlosigkeit schwer zugesetzt hatten, ließ sich nicht mehr feststellen, was für ein grauenhaftes Unglück ihr Wesen bis in seine Tiefen erschüttert hatte, so dass die Treuhänder sie zu der Tafel gebeten hatten nicht in Kenntnis ihrer Geschichte, sondern weil ihr beklagenswerter Anblick Begründung genug war. Ein wenig überraschte die Anwesenheit eines gutmütigen, rotgesichtigen Gentleman, eines gewissen Mr. Smith, dessen Umfang Zeugnis von manch üppiger Schlemmerei ablegte und dessen ständig zwinkernde Äuglein die Neigung verrieten, bei dem geringfügigsten oder auch ganz ohne Anlass in schallendes Gelächter auszubrechen. Doch stellte sich heraus, dass unser armer Freund ungeachtet seiner heiteren Disposition mit einem kranken Herzen geschlagen war, das, sobald er der Neigung zum Lachen nachgab oder auch nur zuließ, dass vergnügliche Vorstellungen seinen Körper kitzelten, unverzüglich stehen zu bleiben drohte. In dieser Not hatte er um Teilnahme an dem Bankett nachgesucht – angeblich wegen seines bejammernswerten Zustands, in Wirklichkeit aber in der Hoffnung, bei dem Bankett reichlich lebensrettende Schwermut aufzusaugen.

Die Einladung eines Ehepaares entbehrte nicht einer bitteren Komik. Da man wusste, dass sie einander unsäglich unglücklich machten, sobald sie zusammen waren, galten sie als geeignete Gäste. Ihr Gegenstück war ein noch nicht verheiratetes Paar: Die beiden hatten einander in frühen Jahren ihr Herz geschenkt, waren aber durch Umstände, die so undurchsichtig waren wie Frühnebel, getrennt worden und nun schon so lange ohne einander, dass ihre Seelen nicht mehr zusammenfanden. Da sie sich nach Gemeinschaft sehnten, aber voreinander zurückschreckten und sich keine anderen Gefährten suchen mochten, fühlten sie sich im Hier und Jetzt unendlich einsam und sahen der Ewigkeit als einer einzigen grenzenlosen Wüste entgegen. Neben dem Gerippe saß ein bloßes Kind der Erde, ein Jäger an der Börse, ein Sammler von schimmerndem Staub, ein Mann, dessen Leben in seinem Kontobuch niedergeschrieben war und dessen Seele gefangen in den Banktresoren, in denen er seine Einlagen verwahrte. Diesen Mann hatte die Einladung sehr verwundert, da er sich für einen der beneidenswertesten Männer der City hielt, aber die Treuhänder hatten auf seinem Erscheinen bestanden und ihm versichert, er habe keine Vorstellung davon, wie unglücklich er sei.

Und nun erschien ein alter Bekannter – Gervayse Hastings, dessen Anwesenheit seinerzeit so viele Fragen aufgeworfen und so viel Kritik ausgelöst hatte und der jetzt mit der Gelassenheit eines Mannes, dem seine eigenen Ansprüche rechtmäßig erscheinen und der deshalb erwartet, dass sie auch von anderen anerkannt werden, seinen Platz einnahm. Dabei war seiner unbefangenen Miene keinerlei Kummer anzusehen. Die geübten Beobachter sahen ihm einen Moment in die Augen und schüttelten den Kopf, da sie darin das unausgesprochene und durch nichts vorzutäuschende Mitgefühl derer vermissten, deren Herzen wie Höhleneingänge sind, durch die sie in Gefilde grenzenlosen Leids hinabsteigen und andere dort Umherwandernde zu erkennen vermögen.

»Wer ist dieser Jüngling?«, fragte der Mann mit dem Blutmal im Herzen. »Er hat sich doch gewiss niemals in diese Tiefen begeben. Ich weiß, wie jene aussehen, die das dunkle

Tal durchschritten haben. Mit welchem Recht weilt er unter uns?«

»Ach, es ist eine Sünde, ohne einen Kummer hierherzukommen«, murmelte die alte Dame mit einer Stimme, die ebenso zitterte wie ihr ganzes Wesen. »Entfernen Sie sich, junger Mann! Ihre Seele wurde nie erschüttert, und deshalb zittere ich umso mehr, wenn ich Sie ansehe.«

»Seine Seele erschüttert? Nein, mein Wort darauf«, sagte der gutmütige Mr. Smith, die Hand aufs Herz drückend und so melancholisch gestimmt wie möglich aus Angst vor einem todbringenden Lachanfall. »Ich kenne den Jungen gut, seine geschäftlichen Aussichten sind glänzend, er hat unter uns elenden Kreaturen so wenig verloren wie ein ungeborenes Kind. Er war nie unglücklich und wird es vermutlich auch nie sein.«

»Verehrte Gäste«, schalteten sich die Treuhänder ein, »üben Sie Nachsicht mit uns, und glauben Sie uns, dass wir diese feierliche Veranstaltung zu hoch schätzen, um vorsätzlich gegen ihre Regeln zu verstoßen. Heißen Sie diesen jungen Mann an Ihrer Tafel willkommen. Wir übertreiben nicht, wenn wir behaupten, dass keiner der hier Anwesenden bereit wäre, sein Herz gegen dasjenige zu tauschen, das in seiner jugendlichen Brust schlägt.«

»Ich hätte nichts gegen so einen Handel«, brummelte Mr. Smith mit einer verblüffenden Mischung aus Betrübnis und glucksender Selbstgefälligkeit. »Die Pest auf diesen Unfug! Mein Herz ist das einzig unglückliche in dieser Runde und wird am Ende gewiss mein Tod sein.«

Da aber wie im Vorjahr gegen die Entscheidung der Treuhänder kein Einspruch möglich war, setzte die Gesellschaft sich zu Tisch. Der missliebige Gast machte keine weiteren Versuche, den anderen seine Konversation aufzudrängen, lauschte aber den Tischgesprächen mit auffallendem Eifer, als könne ihm irgendein beiläufiges Wort ein sonst unerreichbares kostbares Geheimnis enthüllen. Und in der Tat gab es für diejenigen, die derlei verstanden und zu würdigen wussten, reichlich Material in den wortreichen Ergüssen der Eingeweihten, denen das Leid wie ein Talisman Zugang zu spirituellen Tiefen erschloss, die kein anderer Zauber zu öffnen vermag. Zuweilen leuchtete durch das dichteste Dunkel für einen Moment ein Lichtschein, rein wie ein Kristall, hell wie das Licht der Sterne, der die Geheimnisse des Lebens in strahlenden Glanz tauchte, so dass die Gäste drauf und dran waren auszurufen: »Jetzt steht die Lösung des Rätsels gewiss unmittelbar bevor!« In diesen Augenblicken der Erleuchtung meinten auch die Traurigsten zu erkennen, dass irdischer Gram nur schemenhaft und äußerlich ist, nicht anders als die schwarzen Gewänder, die wallend eine göttliche Wirklichkeit verhüllen und so immerhin eine Vorstellung von dem vermitteln, was sonst dem Menschenauge verborgen bleibt.

»Gerade jetzt war mir«, bemerkte die zitternde alte Dame, »als könnte ich über das Jetzt und Hier hinaussehen, und da legte sich mein Zittern.«

»Könnte ich nur immer in diesem flüchtigen Licht verharren«, sagte der Mann mit dem leidgeprüften Gewissen, »dann würde mein Herz von diesem Blutfleck reingewaschen.«

Diese Wendung des Gesprächs erschien dem guten Mr. Smith so abstrus, dass er in jenes schallende Gelächter ausbrach, vor dem ihn seine Ärzte als einer todbringenden Gefahr gewarnt hatten. Tatsächlich fiel er entseelt in seinen Sessel zurück, ein breites Lächeln noch auf den Lippen, indes sein Geist, womöglich verwirrt von diesem unerwarteten Abgang, neben ihm verharrte. Diese Katastrophe setzte natürlich dem Festmahl ein Ende.

»Sie zittern nicht? Wie das?«, wandte sich die alte Dame an Gervayse Hastings, der den Toten wie gebannt betrachtete. »Ist es nicht schrecklich, dass er so jäh aus dem Leben gerissen wurde – dieser Mann aus Fleisch und Blut, dessen irdische Natur so warmherzig und stark war? Meine Seele zittert unaufhörlich, aber bei diesem Anblick verstärkt sich ihr Beben. Und Sie sind ganz ruhig.«

»Ich wünschte, er könnte mich etwas lehren«, sagte Gervayse Hastings mit einem tiefen Atemzug. »Die Menschen ziehen an mir vorbei wie Schatten an der Wand. Ihre Handlungen, Leidenschaften, Gefühle sind wie flackerndes Licht, und danach verschwinden sie: Weder diese Leiche noch jenes Gerippe noch das ständige Zittern der alten Dame können mir geben, wonach ich suche.«

Und dann ging die Gesellschaft auseinander.

Wir können uns nicht damit aufhalten, in gleicher Ausführlichkeit weitere Umstände dieser bemerkenswerten Gastmähler zu schildern, die, dem Willen des Stifters entsprechend, zu einer festen Einrichtung wurden. Mit der Zeit wurde es üblich, Personen aus nah und fern einzuladen, die durch besondere Schicksalsschläge unter ihren Mitmenschen herausragten und deren geistige und sittliche Entwicklung deshalb entsprechend interessant zu sein versprachen. Der durch die Französische Revolution aus seinem Land vertriebene

Adlige wurde ebenso zu dem Fest gebeten wie der gebrochene Krieger des Empire. Gestürzte Monarchen, die in der Welt herumirrten, fanden ihren Platz an dieser Tafel der Trostlosigkeit. Der von seiner Partei verstoßene Politiker konnte, wenn er wollte, für den Zeitraum eines Banketts noch einmal ein großer Mann sein. Der Name Aaron Burr ist im Register verzeichnet zu einer Zeit, da er, alt und einsam, vor dem Ruin stand – einem Ruin, wie ihn so vernichtend und mit solch moralischem Gewicht kaum ein anderer Mensch erlebt hat. Stephen Guard ersuchte einmal, als sein Reichtum auf ihm lastete wie ein Berg, aus eigenem Antrieb um Aufnahme. Doch dürften sich aus dem traurigen Schicksal dieser Menschen kaum nützlichere Lehren ziehen lassen als aus dem ganz gewöhnlicher Sterblicher. Das Unglück von Berühmtheiten erregt besonderes Mitgefühl nicht deshalb, weil ihr Kummer größer ist, sondern weil sie, auf hohe Sockel gesetzt, besser als Beispiel und Inbegriff des Leids für die Menschheit taugen.

In diesem Zusammenhang sei nur gesagt, dass bei allen nachfolgenden Festlichkeiten auch Gervayse Hastings sein Gesicht zeigte, das sich allmählich von jugendlich glatter Schönheit über die gedankenvolle Festigkeit des Mannesalters zur imposanten Würde des Alters wandelte. Er war als Einziger immer dabei. Jedes Mal aber gab es Geraune – sowohl unter denen, die seinen Charakter und seine Position kannten, als auch unter jenen, die ihm die Teilhabe an dieser mystischen Bruderschaft nicht gönnen mochten.

»Wer ist dieser ungerührte Mensch?«, war Hunderte von Malen gefragt worden. »Hat er gelitten? Hat er gesündigt? Von beidem ist keine Spur zu erkennen. Wozu also ist er hier?«

»Da müsst ihr die Treuhänder oder ihn selbst fragen«, lautete regelmäßig die Antwort. »In unserer Stadt kennen wir ihn gut und wissen von ihm nur Löbliches und Vielversprechendes zu sagen. Dennoch kommt er Jahr für Jahr zu diesem düsteren Bankett und sitzt unter uns wie ein Marmorbild. Fragt das Gerippe dort, vielleicht gibt es das Geheimnis preis.«

Der Fall war in der Tat rätselhaft. Gervayse Hastings' Leben verlief nicht nur erfolgreich, sondern geradezu glänzend. Alles war ihm gelungen. Sein Wohlstand überstieg bei weitem das, was er für eine prunkvolle Lebensführung benötigte, für die Pflege seiner kultivierten Neigungen, seine Reiselust, für die eines Gelehrten würdigen Sammlungen seiner Bibliothek und vor allem für eine beeindruckende Großzügigkeit gegenüber Menschen in Not. Er hatte nach Glück gestrebt und es wohl auch gefunden, wenn man darunter verstand, dass er eine schöne und zärtliche Ehefrau und vielversprechende Kinder sein eigen nannte. Er hatte überdies jene Grenze überschritten, die zwischen der großen Masse und den Auserwählten verläuft, und hatte sich einen fleckenlosen Ruf in wichtigen öffentlichen Angelegenheiten erworben. Beliebt war er allerdings nicht. Es fehlten ihm jene geheimnisvollen Eigenschaften, die für diese Art von Erfolg unabdingbar sind. Für die Öffentlichkeit war er ein kaltes Abstraktum, dem es gänzlich an jenen wertvollen Persönlichkeitsmerkmalen, jener lebendigen Wärme und jenen besonderen Fähigkeiten mangelte, mit denen ein Herz die Herzen vieler anrührt und an denen das Volk seine Lieblinge erkennt. Und tatsächlich verhielt es sich so, dass seine engsten Partner, die sich nach Kräften bemüht hatten, ihn kennen und lieben zu lernen, irgendwann bestürzt feststellen mussten, wie wenig Zuneigung sie für ihn empfanden. Sie schätzten ihn, sie bewunderten ihn, aber in den Augenblicken, da der menschliche Geist sich am meisten nach Nähe sehnt, scheuten sie vor Gervayse Hastings zurück, da er unfähig war, ihnen das Gewünschte zu geben – mit einem ängstlichen Bedauern, vergleichbar dem, mit dem wir unsere Hand zurückziehen, nachdem wir sie in trügerischem Zwielicht ausstreckten, um die Hand eines Schattens an der Wand zu ergreifen.

In dem Maße, wie der oberflächliche Überschwang der Jugend verging, trat dieser eigentümliche Charakterzug bei Gervayse Hastings immer deutlicher hervor. Wenn er die Arme ausstreckte, kamen seine Kinder wohl zu ihm, setzten sich aber nie aus eigenem Antrieb auf seinen Schoß. Seine Frau weinte im Geheimen und hielt sich für eine Frevlerin, weil sie an seiner kalten Brust fror. Auch ihm schien die Kälte seines Wesens gelegentlich bewusst zu sein, so dass er vielleicht nicht einmal abgeneigt gewesen wäre, sich an einem freundlichen Feuer zu wärmen. Doch das Alter stahl sich näher und stumpfte ihn zunehmend ab. Während sich allmählich der Rauhreif auf ihn legte, ging seine Frau in ihr Grab, das sie zweifellos als wärmer empfand. Seine Kinder starben oder hatten, in alle Winde verstreut, ihr eigenes Heim, und der alte Gervayse Hastings, unberührt von Kummer und Leid – allein, aber keiner Gesellschaft bedürftig –, setzte seinen steten Gang durchs Leben fort und besuchte ein weiteres Mal das düstere Weihnachtsbankett. Seine Vorrechte waren inzwischen unumstritten. Hätte er den Platz am Kopf der Tafel gefordert, man hätte sogar das Gerippe von dort vertrieben.

Der bleiche alte Mann mit der hohen Stirn und den marmornen Zügen, der inzwischen das achtzigste Jahr vollendet hatte, betrat zur lieben Weihnachtszeit den ihm inzwischen so wohlbekannten Saal in der gleichen gelassenen Haltung, die ihm bei seinem ersten Auftreten so viele missbilligende Bemerkungen eingebracht hatte. Die Zeit hatte ihm – abgesehen von Äußerlichkeiten – weder im Guten noch im Bösen etwas anhaben können. Während er Platz nahm, ließ er den Blick ruhig fragend die Tafel entlangwandern, als wolle er feststellen, ob nach so vielen erfolglosen Zusammenkünften dieser Art womöglich ein Gast aufgetaucht war, der ihm jenes Mysterium – das tiefe, warme Geheimnis, das Leben im Leben – würde enträtseln können, das, ob in Freude oder in Trauer, einer Welt der Schatten erst Realität verleiht.

»Meine Freunde«, sagte Gervayse Hastings, aus langer Vertrautheit mit dem Festmahl wie selbstverständlich das Wort ergreifend, »seid willkommen! Ich trinke auf euch alle aus diesem Pokal mit Graburnen-Wein.«

Auch wenn die Gäste seinen Toast höflich erwiderten, merkte man, dass sie nicht bereit waren, den alten Herrn in ihren traurigen Bund aufzunehmen. Im Folgenden soll dem Leser eine Vorstellung von der Zusammensetzung der Gesellschaft gegeben werden.

Unter den Gästen war ein ehemaliger Geistlicher, von seinem Beruf begeistert und offenbar aus jener echten Dynastie alter puritanischer Kleriker, deren Glaube an ihre Berufung und deren strikte Ausübung ihres Amtes ihnen einen Platz unter den Mächtigen dieser Erde gesichert hat. Doch hatte er den spekulativen Tendenzen seiner Zeit nachgegeben, so dass ihm das feste Fundament eines alten Glaubens abhan-

dengekommen war und er sich in einem Wolkenkuckucks-
heim wiederfand, wo alles trüb und trügerisch war, seiner
ständig mit einem Anschein von Realität spottete und sich
auflöste, wenn er nach Stütze und Rast suchte. Sein Instinkt
und die Unterweisung der frühen Jahre verlangten nach etwas Gefestigtem, doch wenn er nach vorn schaute, erblickte
er überall nur Schichten um Schichten von Nebel, hinter sich
dagegen eine unüberbrückbare Kluft zwischen dem Mann
von gestern und dem von heute. An deren Rand lief er hin
und her, manchmal qualvoll die Hände ringend und nicht
selten sein eigenes Leid hämisch verlachend. Dass dies ein
unglücklicher Mensch war, stand außer Zweifel. Der Nächste
war ein Theoretiker, einer unter vielen – auch wenn er sich
für seit Anbeginn der Schöpfung einzigartig hielt –, der einen Plan ersonnen hatte, durch den alle Leiden des Körpers
und der Seele abgeschafft und die Seligkeit des Millenniums
mit einem Schlag erreicht würde. Da ihn aber die Skepsis
der Menschheit daran hinderte, diesen Plan auszuführen,
litt er so schrecklich, als drängte sich all das Unglück, das
zu beheben ihm verwehrt wurde, in seiner eigenen Brust
zusammen. Ein schlichter alter Mann in Schwarz erregte
viel Aufmerksamkeit, da man in ihm niemand Geringeren
als Father Miller zu erkennen glaubte, den der immer noch
nicht eingetretene Weltuntergang zur Verzweiflung getrieben hatte. Dann gab es da einen Mann, der sich durch an-
geborenen Stolz und Starrsinn auszeichnete, der noch vor
kurzer Zeit über ungeheuren Reichtum verfügt hatte, mit
seinem Wohlstand so umgegangen war wie ein despotischer
Monarch mit der Macht in seinem Reich und einen gewaltigen moralischen Krieg entfesselt hatte, dessen Dröhnen und

Beben an jedem häuslichen Herd spürbar gewesen war. Das Ende vom Lied war ein verheerender Zusammenbruch, bei dem er Vermögen, Macht und Ruf verlor und dessen Auswirkungen auf sein hochfahrendes und in vieler Hinsicht edles und stolzes Wesen ihm einen Platz nicht nur an unserer Festtafel, sondern auch im Pandämonium gesichert hätten.

Weiter hatte sich eingefunden ein moderner Philanthrop, der sich der Nöte Tausender und Millionen seiner Mitmenschen und der Unmöglichkeit, umfassende Maßnahmen zu ihrer Linderung zu treffen, so intensiv bewusst war, dass er es nicht fertigbrachte, das wenige Gute zu tun, das unmittelbar in seiner Macht stand, sondern sich damit begnügte, aus lauter Sympathie mitzuleiden. Neben ihm saß ein Mann mit einem bis dahin einzigartigen Problem, für das es aber in unserer Zeit gewiss zahlreiche Exempel gibt. Seit er in der Lage war, eine Zeitung zu entziffern, war dieser Mensch stolz darauf gewesen, einer politischen Partei treu zu sein, doch in der Konfusion unserer Tage war er an ihr irregeworden. Diesen betrüblichen Zustand, ebenso moralisch deprimierend wie entmutigend für einen Mann, der von jeher gewöhnt ist, seine Individualität einem großen Ganzen unterzuordnen, kann nur ermessen, wer ihn selbst erlebt hat. Sein Nachbar war ein beliebter Redner, der seine Stimme verloren hatte und – da er sonst praktisch nichts zu verlieren hatte – in hoffnungslose Schwermut verfallen war. Auch das zarte Geschlecht war an der Tafel zweimal vertreten – eine halb verhungerte, schwindsüchtige Näherin als Repräsentantin Tausender, die genauso elend waren wie sie; und eine Frau mit brachliegender Energie in einer Welt, in der sie nichts leisten, sich an nichts freuen, nicht einmal leiden konnte. Sie hatte sich an den Rand des Wahnsinns gebracht mit finsterem Grübeln über die ungerechte Behandlung ihres Geschlechts, dem jede angemessene Betätigung verwehrt wurde. Damit waren die Gäste eigentlich vollzählig, man hatte aber an einem Nebentisch drei oder vier enttäuschte und verzweifelte Arbeitslose untergebracht, zum einen, weil sie aufgrund ihrer Notlage Anspruch auf Teilnahme gehabt hätten, und zum anderen, weil sie ein gutes Essen besonders nötig hatten. Außerdem gab es noch einen heimatlosen Hund, der mit eingezogenem Schwanz die Krumen aufleckte und an den knöchernen Resten des Festmahls herumnagte, einen dieser traurigen herrenlosen Köter, die man zuweilen durch die Straßen streunen sieht, bereit, dem Ersten zu folgen, der willens ist, sie in Dienst zu nehmen.

Auf ihre Art gehörten die Gäste wohl mit zu den Bedauernswertesten, die je zu diesem Festmahl geladen worden waren. Da saßen sie nun, an einem Ende der Tafel das verschleierte Gerippe des Stifters, den Zypressenkranz hoch erhoben, am anderen, in Pelze gehüllt, vornehm, kalt und gelassen die welke Gestalt des Gervayse Hastings, die bei den anderen Gästen Ehrfurcht, aber so wenig Anteilnahme weckte, dass er sich in Luft hätte auflösen können, ohne dass sie nur einmal gefragt hätten: »Wo ist er geblieben?«

»Sir, Sie sind schon so lange Gast bei dieser alljährlichen Veranstaltung«, sagte der Philanthrop zu dem alten Herrn, »und haben deshalb so viele Spielarten menschlichen Leids kennengelernt, dass Sie vermutlich einige wichtige Lehren daraus haben ziehen können. Wie glücklich wären Sie zu schätzen, wenn Sie ein Geheimnis enthüllen könnten, mit dem sich all dieses grenzenlose Unglück aus der Welt schaffen ließe.«

»Ich weiß nur von einem Unglück«, erwiderte Gervayse Hastings gelassen, »und das ist mein eigenes.«

»Ihr eigenes!«, gab der Philanthrop zurück. »Wie aber können Sie behaupten, wenn Sie auf Ihr friedliches und erfolgreiches Leben zurückblicken, Sie seien unter allen Menschen dieser Welt der einzig Unglückliche?«

»Sie werden es nicht verstehen«, antwortete Gervayse Hastings matt, seltsam mühsam artikulierend und hin und wieder um Worte ringend. »Niemand versteht es, nicht einmal diejenigen, die Ähnliches erleben. Es ist ein Frost, ein Mangel an Ernsthaftigkeit, ein Gefühl, als sei dort, wo mein Herz sein sollte, nichts als Nebel, eine gespenstische Wahrnehmung von Unwirklichkeit! Obwohl es scheint, als besäße ich all das, was andere Menschen besitzen, all das, was Menschen erstreben, besitze ich in Wirklichkeit nichts, weder Freude noch Kummer. Alle Gegenstände, alle Personen waren für mich – wie man mir vor langer Zeit an eben dieser Tafel sagte – wie Schatten, die an der Wand flackern. So ging es mir mit meiner Frau und meinen Kindern, mit den Menschen, die scheinbar meine Freunde waren. So geht es mir mit Ihnen, die ich Sie hier vor mir sehe. Und auch ich habe keine wirkliche Existenz, ich bin ein Schatten wie alle anderen.«

»Und wie steht es um Ihre Aussichten auf ein Leben nach dem Tod?«, fragte der spekulierende Geistliche.

»Schlechter als um die Ihren«, sagte der Alte mit hohler, schwacher Stimme, »denn ich kann mir ein solches Leben nicht ernstlich genug vorstellen, um darauf zu hoffen oder es zu fürchten. Mir allein – mir bleibt nur das Unglück. Dieses kalte Herz – dieses unwirkliche Leben! Ach, es erkaltet immer mehr.«

Just in diesem Moment lösten sich die morschen Ligamente des Gerippes, so dass die trockenen Gebeine in sich zusammenfielen und der verstaubte Zypressenkranz auf den Tisch polterte. Dieses Vorkommnis lenkte die Gäste kurz von Gervayse Hastings ab, und als sie sich ihm erneut zuwandten, sahen sie, dass mit dem alten Mann eine Veränderung vorgegangen war. Sein Schatten an der Wand flackerte nicht mehr.

»Und nun, Rosina«, sagte Roderick und rollte das Manuskript zusammen, »lass mich deine Kritik hören.«

»Wenn ich ehrlich sein soll, finde ich den Versuch nicht restlos gelungen«, erwiderte sie. »Ich kann mir jetzt eine Vorstellung von dem Charakter machen, den du zu beschreiben versuchst, allerdings verdanke ich das mehr meinen eigenen Überlegungen als deinen Ausführungen.«

»Das ist unvermeidlich«, bemerkte der Bildhauer, »denn die Charakterzüge sind alle negativ. Hätte sich Gervayse Hastings bei dem düsteren Bankett auch nur einen menschlichen Kummer zu eigen machen können, wäre es sehr viel einfacher gewesen, ihn zu beschreiben. Bei solchen Menschen – und hier und da begegnen uns diese moralischen Monster ja wirklich – vermag man sich kaum vorzustellen, wie sie hier leben konnten oder was von ihnen im Jenseits weiterleben wird. Sie erscheinen stets als Außenseiter, und nichts ermüdet die Seele mehr als der Versuch, sie zu verstehen.«

Arthur Conan Doyle

Der blaue Karfunkel

A m zweiten Weihnachtstag besuchte ich morgens meinen Freund Sherlock Holmes, um ihm fröhliche
Weihnachten zu wünschen. Er lag in einem purpurfarbenen
Schlafrock auf der Couch; zu seiner Rechten stand leicht
erreichbar ein Pfeifenständer, daneben lag ein Stoß zerfled-
derter Morgenzeitungen, die offenbar gerade gelesen worden waren. Neben der Couch stand ein Holzstuhl, an dessen Lehne ein sehr schäbiger, unansehnlicher, steifer Filzhut
hing, der aufgrund seines hohen Alters an einigen Stellen
gebrochen war. Vergrößerungsglas und Pinzette auf dem
Stuhlsitz ließen vermuten, dass der Hut zu Untersuchungs-
zwecken dorthin gehängt wurde.

»Sie sind beschäftigt«, sagte ich, »hoffentlich störe ich Sie
nicht.«

»Überhaupt nicht. Ich bin froh, einen Freund zu haben,
mit dem ich meine Resultate durchsprechen kann. Die Angelegenheit ist ganz alltäglich«, und er deutete mit dem Daumen in Richtung des alten Hutes, »aber in dem Zusammenhang gibt es ein paar Punkte, die nicht uninteressant sind.«

Ich setzte mich in einen Lehnstuhl und wärmte meine
Hände über dem prasselnden Feuer. Ein heftiger Frost hatte
eingesetzt, und die Fensterscheiben waren mit Eisblumen
übersät. »Ich nehme an«, bemerkte ich, »so gewöhnlich der

Hut auch aussieht, so ist er wohl doch mit einer todbringenden Geschichte verbunden – er ist der Faden, der Sie zur Lösung eines Rätsels und zur Bestrafung eines Verbrechens führen wird.«

»Nein, nein! Kein Verbrechen«, lachte Sherlock Holmes. »Nur eine dieser absonderlichen Nebensächlichkeiten, die zuweilen vorkommen, wenn vier Millionen Menschen auf einem auf einige Quadratmeilen beschränkten Raum zusammenleben müssen. Bei der Interaktion einer so dichten Menschenmasse kann man jede nur denkbare Kombination von Ereignissen erwarten; viele kleine Probleme tauchen auf, die zwar verblüffend und bizarr, aber nicht kriminell sind. Wir haben diesbezüglich schon einige Erfahrungen gemacht.«

»Ja, sogar so viele«, erwiderte ich, »dass von den letzten sechs Fällen, die ich in meine Notizensammlung aufgenommen habe, drei in keiner Weise ein Verbrechen darstellen.«

»Genau. Sie spielen auf meinen Versuch an, die Fotografie der Irene Adler zu bekommen, auf den einzigartigen Fall der Miss Mary Sutherland oder auf das Abenteuer mit dem Mann mit der Narbe. Nun, ich hege keinerlei Zweifel, dass diese kleine Angelegenheit in dieselbe harmlose Kategorie fallen wird. Sie kennen Peterson, den Hotelportier?«

»Ja.«

»Ihm gehört diese Trophäe.«

»Es ist also sein Hut.«

»Nein, nein, er hat ihn nur gefunden. Der Besitzer des Hutes ist nicht bekannt. Ich bitte Sie, einen Blick auf ihn zu werfen, ihn aber nicht als einen abgetragenen Filzhut, sondern als intellektuelles Problem zu sehen. Doch lassen Sie sich zuerst berichten, wie der Hut überhaupt hierherkam. Er tauchte zusammen mit einer prachtvollen, fetten Gans am Weihnachtsmorgen hier auf; die Gans brutzelt in diesem Augenblick ohne Zweifel bei Peterson daheim in der Röhre. Die Fakten lauten folgendermaßen: Am Weihnachtsmorgen gegen vier Uhr in der Frühe kehrte Peterson, der, wie Sie wissen, ein sehr ehrenwerter Mann ist, von einer kleinen Feier über die Tottenham Court Road nach Hause zurück. Im Lichtschein der Gaslaternen sah er einen ziemlich großen Mann, der etwas schwankte und eine weiße tote Gans über seiner Schulter hängen hatte, vor sich hergehen. Als der Mann um die Ecke zur Goodge Street bog, brach ein Tumult zwischen diesem Fremden und einem kleinen Haufen Raufbolde aus. Einer dieser Raufbolde schlug dem Mann den Hut vom Kopf, worauf der zu seiner Verteidigung mit seinem Stock ausholte. Dabei zertrümmerte er eine hinter ihm gelegene Schaufensterscheibe. Peterson stürmte auf den Fremden zu, um ihn vor seinen Angreifern zu schützen, aber als der Mann, schon entsetzt über die zerbrochene Fensterscheibe, eine offiziell aussehende Person in Uniform auf sich zurennen sah, ließ er seine Gans fallen, ergriff die Flucht und verschwand im Labyrinth der kleinen Straßen, die von der Tottenham Court Road abgehen. Die Raufbolde machten sich beim Anblick Petersons auch davon, so dass er allein auf dem Schlachtfeld zurückblieb und die Kriegsbeute in Form eines zerbeulten Hutes und einer prachtvollen Weihnachtsgans an ihn fiel.«

»Er hat sie doch dem Eigentümer wieder zurückgegeben?«

»Mein Lieber, darin liegt das Problem. Es stimmt, dass eine kleine Karte mit ›Für Mrs. Henry Baker‹ in Druckbuchstaben ans linke Gänsebein gebunden war, und es stimmt auch, dass die Initialen ›H. B.‹ deutlich im Hutfutter zu erkennen sind; aber da es in unserer Stadt einige Tausende Bakers und einige Hundert Henry Bakers gibt, wird es nicht einfach sein, das verlorene Eigentum dem Besitzer zurückzuerstatten.«

»Was tat Peterson also?«

»Er brachte beides, Hut und Gans, noch am selben Weihnachtsmorgen zu mir, weil er weiß, dass mich selbst die kleinsten Probleme interessieren. Die Gans haben wir bis heute morgen aufbewahrt, aber dann waren trotz des Frostes die ersten Anzeichen dafür zu erkennen, daß man gut daran täte, sie ohne weitere Verzögerung zu essen. Ihr Finder hat sie somit nach Hause genommen, damit das Tier seine eigentliche Aufgabe als Weihnachtsgans erfüllen kann. Ich aber bleibe weiterhin im Besitz des Hutes dieses unbekannten Gentleman, der so um sein Weihnachtsessen gekommen ist.«

»Hat er keine Anzeige aufgegeben?«

»Nein.«

»Haben Sie irgendwelche Hinweise auf seine Person?«

»Nur die, die wir logisch herleiten können.«

»Etwa aus seinem Hut?«

»Genau.«

»Sie machen Witze. Was können Sie diesem alten, abgetragenen Hut entnehmen?«

»Hier haben Sie mein Vergrößerungsglas. Sie kennen meine Methoden. Welche Schlüsse können Sie in Bezug auf die Persönlichkeit des Mannes ziehen, der dieses Kleidungsstück getragen hat?«

Ich nahm den abgetragenen Gegenstand in die Hand und drehte ihn etwas hilflos zwischen den Fingern herum. Es war ein ganz gewöhnlicher, runder, schwarzer Hut, eine sogenannte Melone, allerdings recht mitgenommen. Der Hut war mit roter Seide gefüttert, die aber mittlerweile ziemlich verblichen war. Der Hutmachername fehlte, aber wie Holmes schon bemerkt hatte, waren die Initialen ›H. B.‹ auf der Innenseite eingezeichnet. Die Krempe war für ein zur Sicherung des Hutes dienendes Gummiband durchstochen worden, aber das Gummiband fehlte. Außerdem war der Hut voller Risse, Staub und Flecken, auch wenn der Besitzer den Versuch unternommen zu haben schien, die verblichenen Stellen mit Tinte zu überdecken.

»Ich kann nichts sehen«, sagte ich und gab den Hut meinem Freund zurück.

»Im Gegenteil, Watson, Sie können alles sehen, aber Sie können das Gesehene nicht auswerten. Sie sind zu ängstlich bei Ihren Schlussfolgerungen.«

»Bitte, dann sagen Sie, was Sie aus diesem Hut schließen können.«

Er nahm den Hut und betrachtete ihn in der seltsam konzentrierten Art, die so typisch für ihn war. »Vielleicht ist der Hut weniger informativ, als er sein könnte«, bemerkte er, »und doch gibt es einige Hinweise, die teils eindeutige, teils zumindest sehr wahrscheinliche Schlüsse zulassen. Es fällt natürlich sofort ins Auge, dass der Mann intelligent ist. Es muss ihm in den letzten drei Jahren materiell gutgegangen sein, doch jetzt ist er in eine Notlage geraten. Er war wohl früher vorsorglich, aber diese Vorsorglichkeit hat nachgelassen. Das deutet auf moralische Zerrüttung hin, die, zusammen mit der Verschlechterung seiner finanziellen Situation betrachtet, darauf schließen lässt, dass er einem Laster verfallen ist: vermutlich trinkt er. Das dürfte auch der Grund dafür sein, dass ihn seine Frau nicht mehr liebt.«

»Aber, mein lieber Holmes!«

»Er hat sich aber eine gewisse Selbstachtung erhalten«, fuhr Holmes fort, ohne meinen Einwand zu beachten. »Er ist ein Mann, der ein beschauliches Leben führt, selten ausgeht, körperlich nicht durchtrainiert und mittleren Alters ist, ergraute Haare hat, die er innerhalb der letzten Tage hat schneiden lassen und mit Brillantine eincremt. Das sind die mehr offensichtlichen Tatsachen, die man von dem Hut herleiten kann. Außerdem, nebenbei gesagt, ist es höchst unwahrscheinlich, dass er Gasbeleuchtung in seinem Haus hat.«

»Jetzt scherzen Sie sicherlich, Holmes.«

»Nicht im mindesten. Ist es möglich, dass Sie sogar jetzt, nachdem ich Ihnen meine Ergebnisse mitgeteilt habe, noch nicht fähig sind zu erkennen, wie ich sie gewann?«

»Ich bezweifle nicht, dass ich sehr dumm bin, aber ich muss gestehen, dass ich Ihnen nicht folgen kann. Zum Beispiel: Wie kamen Sie zu der Schlussfolgerung, dass der Mann intelligent ist?«

Statt einer Antwort setzte sich Holmes den Hut auf. Der Hut rutschte ihm über die Stirn und lag auf dem Nasenbein auf. »Es ist eine Frage des Volumens«, erklärte er, »ein Mann mit so einem großen Kopf muss darin auch etwas Verstand haben.«

»Und die finanziellen Schwierigkeiten?«

»Dieser Hut ist drei Jahre alt. Diese flachen, am Rand nach oben gebogenen Hutkrempen waren damals in Mode. Es ist ein Hut von bester Qualität. Schauen Sie sich das Ripsband und das exzellente seidene Innenfutter an. Wenn dieser Mann es sich vor drei Jahren leisten konnte, einen derart teuren Hut zu kaufen, es aber seitdem nicht mehr schaffte, diesen zu ersetzen, dann ist sein Glücksstern bestimmt gesunken.«

»Nun, das ist verständlich genug. Aber wie steht es mit der Vorsorglichkeit und der moralischen Zerrüttung?«

Sherlock Holmes lachte. »Hieran ist die Vorsorglichkeit zu erkennen«, erwiderte er und legte seinen Zeigefinger auf eine Öse, eine Haltevorrichtung für ein durchzuziehendes Gummiband zur Sicherung des Huts. »Hüte werden niemals mit einer solchen Vorrichtung verkauft. Wenn dieser Mann dafür Sorge trug, dass sich eine derartige Sicherheitsvorrichtung gegen Windstöße an seinem Hut befand, dann deutet das auf ein gewisses Maß an Vorsorglichkeit hin. Aber, wie wir sehen, seitdem das Gummiband gerissen ist, hat er sich nicht mehr die Mühe genommen, es zu ersetzen; offensichtlich ist er weniger vorsorglich als früher, das heißt, er hat an Charakter verloren. Auf der anderen Seite hat er sich bemüht, diese Flecken auf dem Hut zu verdecken, indem er sie mit Tinte überschmierte. Das ist wiederum ein Zeichen dafür, dass er seine Selbstachtung nicht völlig verloren hat.«

»Ihre Beweisführung klingt plausibel.«

»Die anderen Punkte, dass er mittleren Alters ist, ergraute Haare hat, die vor kurzem geschnitten worden sind, und Brillantine benutzt, ergeben sich alle aus einer gründlichen Untersuchung des Hutfutters. Das Vergrößerungsglas offenbarte eine stattliche Anzahl durch die Schere eines Friseurs sauber abgeschnittene Haarspitzen. Sie blieben alle aneinander hängen, und es haftete ihnen ein deutlicher Geruch von Brillantine an. Wie Sie sehen, ist dieser Staub hier nicht grau und grobkörnig wie Straßenstaub, sondern braun und flaumig wie Hausstaub; also hängt dieser Hut die meiste Zeit im Haus. Die Feuchtigkeitsflecken auf dem Innenfutter beweisen, dass der Träger stark transpiriert und darum kaum in bester körperlicher Verfassung sein kann.«

»Aber seine Frau – Sie behaupten, dass sie aufgehört hat, ihn zu lieben.«

»Dieser Hut ist seit Wochen nicht mehr gebürstet worden. Wenn ich Sie so sehen würde, mein lieber Watson, mit einer einwöchigen Staubladung auf Ihrem Hut, und wenn Ihre Frau es Ihnen erlauben würde, so auszugehen, müsste ich befürchten, Sie hätten das Unglück gehabt, die Zuneigung Ihrer Frau zu verlieren.«

»Aber er könnte ja Junggeselle sein?«

»Nein, er brachte die Gans seiner Frau als Friedensangebot mit nach Hause. Erinnern Sie sich an die Karte am linken Gänsebein.«

»Sie haben auf alles eine Antwort. Aber woraus, um Himmels willen, schließen Sie, dass sich in seinem Haus keine Gasbeleuchtung befindet?«

»Ein oder zwei Talgflecken könnten zufällig auf dem Hut sein, aber ich habe nicht weniger als fünf entdeckt. Ich denke, es besteht kein Zweifel, dass der Mann häufig mit brennendem Talg in Kontakt kommt – höchstwahrscheinlich steigt er abends mit dem Hut in der einen Hand und einer tropfenden Kerze in der anderen die Treppe hinauf. Wie dem auch sei, er kann niemals Talgflecken von einer Gasflamme bekommen. Sind Sie nun zufriedengestellt?«

»Es hört sich sehr ausgeklügelt an«, sagte ich und lachte. »Aber da kein Verbrechen verübt worden ist, wie Sie gerade selbst sagten, und außer dem Verlust einer Gans kein Unrecht geschehen ist, scheint mir, dass Ihre Überlegungen reine Energieverschwendung sind.«

Sherlock Holmes öffnete den Mund, um mir zu antworten. In diesem Moment flog die Tür auf, und Peterson, der Hotelportier, stürzte mit geröteten Wangen und einem fassungslosen Gesichtsausdruck ins Zimmer.

»Die Gans, Mr. Holmes! Die Gans, Sir!«, keuchte er.

»Hm? Was ist mit ihr? Ist sie von den Toten auferstanden und aus dem Küchenfenster davongeflogen?« Holmes drehte sich ein wenig auf der Couch um, um den aufgeregten Mann besser sehen zu können.

»Sehen Sie, Sir! Schauen Sie, was meine Frau im Kropf der Gans gefunden hat!« Er streckte seine Hand aus: In der Mitte seines Handtellers lag ein irisierender, blauer Stein, etwas kleiner als eine Bohne, aber von solcher Reinheit und solchem Glanz, daß er wie ein elektrischer Funke in der dunklen Höhlung der Hand aufblitzte.

Sherlock Holmes setzte sich mit einem Pfiff auf.

»Du lieber Gott, Peterson!«, rief er. »Da haben Sie wirklich einen Schatz gehoben! Ich nehme an, Sie wissen, um was es sich handelt.«

»Um einen Diamanten, Sir? Einen Edelstein. Er durchschneidet Glas, wie wenn es Kitt wäre.«

»Ist das nicht der blaue Karfunkel der Gräfin Morcar?«, stieß ich hervor.

»Genau! Ich sollte über seine Größe und seine Form informiert sein, denn ich habe die Verlustanzeige in den letzten Tagen in jeder Ausgabe der *Times* gelesen. Der Stein ist absolut einmalig, sein Wert kann nur geschätzt werden. Die ausgesetzte Belohnung von tausend Pfund entspricht sicherlich nicht einmal dem Zwanzigstel seines Markt-preises.«

»Tausend Pfund! Grundgütiger Gott!« Der Portier ließ sich in den Stuhl fallen und starrte uns einen um den anderen an.

»Das ist der Finderlohn. Ich weiß, dass die Gräfin aus sehr persönlichen Gründen bereit wäre, ihr halbes Vermögen zu opfern, um wieder in den Besitz dieses Steins zu gelangen.«

»Wenn ich mich recht erinnere, ist er im Hotel Cosmopolitan abhandengekommen«, bemerkte ich.

»So ist es, am 22. Dezember, also vor fünf Tagen. John Horner, ein Klempner, wurde beschuldigt, ihn aus dem Schmuckkasten der Dame entwendet zu haben. Das Beweismaterial gegen ihn war so belastend, dass er bereits unter Anklage gestellt wurde. Ich glaube, hier habe ich einen Zeitungsartikel über diesen Vorfall.« Er wühlte in seinen Zeitungen, überflog flüchtig die Ausgabedaten, bis er zu guter Letzt die gewünschte fand. Er strich die Zeitung glatt, faltete sie auseinander und las folgenden Absatz vor:

»›Juwelen-Raub im Hotel Cosmopolitan. John Horner, 26 Jahre alt, Klempner, wird beschuldigt, am 22. diesen Monats einen wertvollen Edelstein, bekannt unter dem Namen ›Der blaue Karfunkel‹, aus dem Schmuckkasten der Gräfin Morcar gestohlen zu haben. James Ryder, Hotelangestellter, gab zu Protokoll, dass er Horner am Tag des Raubes in das Ankleidezimmer der Gräfin Morcar geführt habe, wo er eine locker gewordene Eisenstange des Kamingitters reparieren sollte. Er blieb eine Zeitlang mit Horner dort, wurde aber dann weggerufen. Als er zurückkehrte, sah er, dass Horner verschwunden und der Schreibtisch gewaltsam geöffnet worden war. Ein kleines marokkanisches Schmuckkästchen, in dem, wie später verlautbart wurde, die Gräfin gewöhnlich ihren Stein aufbewahrte, lag leer auf dem Frisiertisch. Ryder alarmierte sofort die Polizei, und noch am selben Abend wurde Horner verhaftet. Aber der Stein konnte weder bei ihm noch in seiner Wohnung gefunden werden. Catherine Cusack, die Zofe der Gräfin, sagte aus, sie habe den entsetzten Schrei Ryders gehört, als dieser den Raub entdeckte, und sei sofort ins Zimmer geeilt, wo sie alles so vorfand, wie es der Zeuge Ryder beschrieben habe. Inspektor Bradstreet gab zu Protokoll, dass Horner sich bei seiner Verhaftung heftig zur Wehr gesetzt und seine Unschuld aufs energischste beteuert habe. Da der Verhaftete bereits wegen Raubes vorbestraft war, weigerte sich der Polizeirichter, sich näher mit dem Delikt zu beschäftigen, und leitete den Fall sofort ans Geschworenengericht weiter. Horner war während der Gerichtsverhandlung sehr erregt und wurde bei der Urteilsverkündung ohnmächtig, so dass man ihn aus dem Gerichtssaal tragen musste.‹

Hm! So weit der Polizeibericht«, meinte Holmes gedankenverloren und warf die Zeitung zur Seite. »Es stellt sich jetzt für uns das Problem, den Ablauf der Ereignisse zu rekonstruieren, die von einem ausgeraubten Schmuckkästchen am einen Ende zum Kropf einer Gans in der Tottenham Court Road am anderen Ende führen. Sie sehen, Watson, unsere kleinen Schlussfolgerungen haben plötzlich einen viel gewichtigeren und weniger harmlosen Aspekt bekommen. Hier ist der Stein: Der Stein tauchte aus der Gans auf, die Gans kam von Mr. Henry Baker, dem Herrn mit dem zerbeulten Hut und all den anderen Besonderheiten, mit denen ich Sie gelangweilt habe. Wir müssen uns jetzt ernsthaft darum bemühen, diesen Gentleman ausfindig zu machen und in Erfahrung zu bringen, was für eine Rolle er in diesem kleinen Rätsel spielt. Um das zu ermitteln, sollten wir zuerst den einfachsten Weg einschlagen: eine Anzeige in allen Abendzeitungen. Sollte das zu nichts führen, werde ich auf andere Methoden zurückgreifen müssen.«

»Wie lautet der Text der Anzeige?«

»Bitte geben Sie mir einen Bleistift und ein Blatt Papier. Also:

›Ecke Goodge Street eine Gans und einen schwarzen Filzhut gefunden. Der Besitzer, Mr. Henry Baker, wird gebeten, heute Abend um 18.30 Uhr in die Baker Street, Nr. 221 B, zu kommen.‹

Das ist klar und deutlich.«

»Ja, aber wird er die Anzeige lesen?«

»Nun, er wird einen Blick auf die Zeitungen werfen, denn für einen armen Mann ist das ein schwerer Verlust. Durch sein Pech mit der zerbrochenen Schaufensterscheibe und das Auftauchen Petersons war er so verstört, dass er nur noch an Flucht dachte. Aber seitdem hat er es sicherlich bitter bereut, seinen Vogel fallen gelassen zu haben. Die Erwähnung seines Namens macht es außerdem noch wahrscheinlicher, dass er die Anzeige sieht, denn jeder, der ihn kennt, wird ihn darauf aufmerksam machen. Peterson, hier ist der Text der Anzeige, bitte gehen Sie damit zur Anzeigen-Agentur und sorgen Sie dafür, dass die Anzeige in den Abendzeitungen erscheint.«

»In welchen, Sir?«

»Oh, im *Globe, Star, Pall Mall, St. James's Gazette, Evening News, Standard, Echo* und allen anderen, die Ihnen noch einfallen.«

»Gern, Sir. Und was passiert mit dem Stein?«

»Ach ja, den werde ich verwahren. Vielen Dank! Und Peterson, ich meine, Sie sollten auf Ihrem Rückweg eine Gans kaufen und sie bei mir deponieren. Wir müssen doch dem Herrn die Gans ersetzen, die Sie jetzt mit Ihrer Familie verzehren.«

Als der Hotelportier gegangen war, nahm Holmes den Stein in die Hand und hielt ihn gegen das Licht. »Ein schönes Stück«, sagte er. »Schauen Sie nur, wie der Stein glitzert und funkelt. Natürlich ist er ein Quell des Verbrechens, das ist jeder schöne Edelstein. Juwelen sind die Lieblingsköder des Teufels. Bei größeren, älteren Steinen könnte jede Facette für eine Bluttat stehen. Dieser hier ist nicht älter als zwanzig Jahre. Er wurde am Ufer des Amoy-Flusses in Südchina gefunden und ist insofern bemerkenswert, als er jede der typischen Eigenschaften eines Karfunkels aufweist außer der Farbe: blau statt rubinrot. Obwohl er noch nicht sehr alt ist, besitzt er schon eine bewegte Lebensgeschichte. Zweieinhalb Gramm kristallisierter Kohlenstoff gaben Anlass zu zwei Morden, einer Vitriolverätzung, einem Selbstmord und verschiedenen Raubüberfällen. Wer kann sich vorstellen, dass ein so schönes Spielzeug ein Lieferant für Galgen und Gefängnisse ist? Ich schließe ihn jetzt in meinem Geldschrank ein und benachrichtige die Gräfin, dass wir den Stein haben.«

»Glauben Sie, dass dieser Horner unschuldig ist?«

»Ich weiß es nicht.«

»Oder meinen Sie eher, dass dieser andere Mann, Henry Baker, etwas mit der Sache zu tun hat?«

»Höchstwahrscheinlich ist Henry Baker ein absolut unschuldiger Mann, der nicht die leiseste Ahnung gehabt hat, dass die Gans, die er mit sich trug, beträchtlich wertvoller war, als wenn sie aus purem Gold bestanden hätte. Das werde ich allerdings mit Hilfe eines ganz einfachen Tests feststellen können, sobald wir eine Antwort auf unsere Anzeige haben.«

»Und bis dahin können Sie nichts unternehmen?«

»Nichts.«

»In diesem Fall werde ich jetzt meinen beruflichen Verpflichtungen nachgehen und meine Krankenbesuche machen. Aber ich werde abends zu der von Ihnen angegebenen Zeit zurückkehren, denn ich möchte doch die Lösung dieser ausgesprochen verwickelten Angelegenheit erfahren.«

»Ich freue mich, wenn Sie kommen. Ich esse um sieben zu Abend. Es stehen Waldschnepfen auf dem Speiseplan. In Anbetracht der letzten Ereignisse sollte ich Mrs. Hudson vielleicht bitten, vorher den Kropf zu überprüfen.«

Durch einen Krankheitsfall verspätete ich mich etwas und gelangte erst nach halb sieben in die Baker Street. Als ich mich dem Haus näherte, sah ich im hellen Schein der Lünette einen großen Mann davor stehen, der eine Schottenmütze und einen bis zum Kinn zugeknöpften Mantel trug. Just in dem Moment, da ich dort eintraf, öffnete sich die Tür, und wir wurden beide in Holmes' Zimmer geführt.

»Ich nehme an, Sie sind Mr. Henry Baker.« Holmes erhob sich aus einem Lehnsessel und begrüßte seinen Besucher mit jener lockeren, jovialen Art, die er so leicht annehmen konnte. »Bitte nehmen Sie doch am Feuer Platz, Mr. Baker. Es ist ein kalter Abend, und ich stelle fest, dass Ihr Kreislauf eher dem Sommer als dem Winter angepasst ist. Ah, Watson, Sie kommen gerade zur rechten Zeit. Mr. Baker, ist das Ihr Hut?«

»Ja, Sir, das ist zweifellos mein Hut.«

Er war ein großer Mann mit runden Schultern, einem voluminösen Kopf und einem breiten intelligenten Gesicht, das von einem grau-braunen Spitzbart abgeschlossen wurde. Die leicht geröteten Nase und Wangen, das leichte Zittern der ausgestreckten Hand riefen in mir Holmes' Vermutungen in Bezug auf seine Gewohnheiten ins Gedächtnis zurück. Sein verschossener, schwarzer Gehrock war bis oben hin zugeknöpft, der Kragen hochgeschlagen, und seine mageren Handgelenke ragten ohne Anzeichen für Manschetten oder Hemd aus den Ärmeln hervor. Er sprach mit einer leisen, stakkatoartigen Stimme, wählte seine Worte sorgfältig und machte insgesamt den Eindruck eines gebildeten und belesenen Mannes, dem das Schicksal übel mitgespielt hat.

»Wir haben diese Dinge ein paar Tage für Sie aufbewahrt«, sagte Holmes, »weil wir erwarteten, eine Annonce mit Adressenangabe von Ihnen in der Zeitung zu finden. Ich verstehe eigentlich nicht, warum Sie keine Verlustanzeige aufgegeben haben.«

Unser Besucher lachte etwas beschämt. »Geld ist bei mir nicht mehr in dem Maße vorhanden wie früher einmal«, erwiderte er. »Ich bezweifelte nicht, dass die Bande Raufbolde, die mich angriffen, beides, Gans und Hut, mitgenommen hatten. Ich wollte nicht noch gutes Geld in einen

hoffnungslosen Versuch stecken, Hut und Vogel wiederzu-
erhalten.«

»Sehr verständlich. Übrigens, was die Gans betrifft: Wir
waren gezwungen, sie zu verspeisen.«

»Zu verspeisen!« Aufgeregt sprang unser Besucher von
seinem Stuhl auf.

»Ja, es wäre niemandem damit gedient gewesen, wenn
wir sie hätten verderben lassen. Aber ich vermute, dass diese
Gans dort auf der Anrichte etwa dem Gewicht der anderen
entspricht; sie ist ganz frisch und wird hoffentlich ebenso
nützlich für Sie sein.«

»Oh, gewiss, gewiss«, antwortete Mr. Baker mit einem
Seufzer der Erleichterung.

»Wir haben natürlich noch die Federn, Beine und den
Kropf Ihres Vogels, wenn Sie wünschen –«

Der Mann brach in aufrichtiges Gelächter aus. »Sie könnten mir höchstens als Erinnerungsstücke dienen«, sagte er,
»aber abgesehen davon fällt mir wirklich kein sinnvoller Ver-
wendungszweck für die *disjecta membra* meiner verstorbe-
nen Bekannten ein. Nein, Sir, ich werde mit Ihrer Erlaubnis
mein Interesse auf den prachtvollen Vogel beschränken, den
ich auf der Anrichte erspähe.«

Sherlock Holmes warf mir einen bedeutsamen Blick zu
und zuckte leicht mit den Schultern.

»Hier haben Sie Ihren Hut und Ihre Gans«, sagte er.
»Übrigens, würde es Ihnen etwas ausmachen, mir zu verraten, wo Sie die andere Gans gekauft haben? Ich interessiere
mich für Geflügelzucht, und ich meine, selten eine so gut
gemästete Gans gesehen zu haben.«

»Selbstverständlich, Sir«, antwortete Baker. Er war aufgestanden und klemmte sich sein neu erworbenes Eigentum unter den Arm. »Einige von uns sind regelmäßig im Alpha Inn zu Gast, einem Pub in der Nähe des Museums – wir arbeiten im Museum, wissen Sie. Nun hat dieses Jahr unser Wirt, ein Mann namens Windigate, einen Gänseklub gegründet: Durch Einzahlung von ein paar Pence pro Woche in die Klubkasse sollten wir zu Weihnachten eine Gans erhalten. Ich habe meinen Anteil brav bezahlt; der Rest ist Ihnen bekannt. Sir, ich bin Ihnen sehr zu Dank verpflichtet, denn diese Schottenmütze entspricht weder meinem Alter noch meinem Status.« Er verbeugte sich mit komischer Würde vor uns und ging seines Wegs.

»Soweit Mr. Henry Baker«, meinte Holmes, als der Besucher die Tür hinter sich geschlossen hatte. »Es ist ziemlich sicher, dass er nichts von dieser Sache weiß. Sind Sie hungrig, Watson?«

»Nicht sehr.«

»Dann schlage ich vor, dass wir zu späterer Stunde essen und diese heiße Spur jetzt weiterverfolgen.«

»Auf alle Fälle!«

Es herrschte klirrende Kälte, so dass wir unsere Ulster überzogen und uns unsere Schals um den Hals schlangen. Draußen funkelten die Sterne kalt vom wolkenlosen Himmel herab, und der Atem der Passanten stieg auf wie Rauchwölkchen aus Pistolenmündungen. Unsere Schritte hallten laut und deutlich auf dem Pflaster wider; über meine Wohngegend, über die Wimpole Street, Harley Street und die Wigmore Street gelangten wir schließlich in die Oxford Street. Eine Viertelstunde später waren wir in Bloomsbury im Alpha Inn, einem kleinen Pub an der Ecke einer der Stra-

ßen, die nach Holborn führen. Holmes stieß die Eingangstür auf. Wir setzten uns an einen Tisch, und mein Freund
bestellte zwei Gläser Bier beim rotgesichtigen Wirt, der
eine weiße Schürze trug.

»Ihr Bier muss hervorragend sein, wenn es so gut ist wie
Ihre Gänse«, bemerkte Holmes.

»Meine Gänse!« Der Mann schien überrascht.

»Ja. Ich habe etwa vor einer halben Stunde mit Henry
Baker gesprochen, der ein Mitglied Ihres Gänseklubs ist.«

»Ach so, ich verstehe. Aber wissen Sie, Sir, das sind nicht
unsere Gänse.«

»Tatsächlich? Woher kommen sie denn?«

»Nun, ich erhielt zwei Dutzend Gänse von einem Händler in Covent Garden.«

»Wirklich! Ich kenne einige von ihnen. Welcher war es?«

»Er heißt Breckinridge.«

»Oh, der ist mir kein Begriff. So, auf Ihre Gesund-
heit, Herr Wirt, und viel Glück für Ihr Geschäft. Gute
Nacht!«

»Auf zu Mr. Breckinridge«, sagte Holmes und knöpfte
seinen Mantel zu, als wir wieder in die frostige Nacht hinaus-
traten. »Vergessen Sie nicht, Watson, dass zwar so ein harm-
loses Ding wie eine Gans am einen Ende der Kette hängt,
aber am anderen Ende ein Mann, der sicherlich zu sieben
Jahren Zuchthaus verurteilt wird, wenn wir seine Unschuld
nicht beweisen können. Es ist natürlich auch möglich, dass
unsere Ermittlungen seine Schuld bestätigen. Aber auf jeden Fall befinden wir uns auf einer Fährte, die der Polizei
unbekannt ist und uns nur durch einen einzigartigen Zufall
in die Hände gespielt wurde. Lassen Sie sie uns bis zum bit-

teren Ende verfolgen. Also, Richtung Süden und vorwärts marsch!«

Wir gingen durch Holborn, die Endell Street entlang und dann durch ein Gewirr von schmutzigen Hintergassen zum Markt von Covent Garden. Auf einem der größten Verkaufsstände stand der Name Breckinridge. Der Inhaber, dem Aussehen nach ein Pferdenarr, mit scharfen Gesichtszügen und einem gepflegten Backenbart, war gerade dabei, einem Jungen beim Schließen der Rollläden zu helfen.

»Guten Abend. Kalt heute«, begann Holmes.

Der Händler nickte und sah meinen Freund fragend an.

»Ich stelle fest, dass die Gänse ausverkauft sind«, fuhr Holmes fort und zeigte auf die leere Marmorplatte.

»Morgen früh können Sie fünfhundert Stück haben.«

»Das hilft mir nicht weiter.«

»Nun, es gibt noch welche dort an dem Stand mit der Gasbeleuchtung.«

»Oh, Sie sind mir aber empfohlen worden.«

»Wer hat mich empfohlen?«

»Der Wirt des Alpha Inn.«

»O ja, ich schickte ihm zwei Dutzend zu.«

»Wirklich prächtige Vögel. Von wem beziehen Sie sie denn?«

Zu meinem Erstaunen löste diese Frage einen Wutausbruch des Händlers aus.

»So, Mister«, schnaubte er, legte den Kopf schräg und stemmte die Arme in die Seiten, »worauf wollen Sie hinaus? Kommen Sie zur Sache, sofort.«

»Ganz einfach: Ich möchte gerne wissen, wer Ihnen die Gänse verkauft hat, die Sie ans Alpha Inn geliefert haben.«

»So, aber das verrate ich Ihnen nicht. Punktum.«

»Nun gut, es ist nichts von Bedeutung. Aber ich verstehe nicht, warum Sie sich über eine so belanglose Frage so aufregen können.«

»Aufregen! Sie würden sich auch aufregen, wenn Sie so belästigt würden wie ich. Wenn ich für gute Ware gutes Geld bezahle, sollte damit das Geschäft beendet sein. Aber nein, andauernd die Fragen ›Wo sind die Gänse?‹ und ›An wen haben Sie die Gänse verkauft?‹ und ›Was wollen Sie für die Gänse?‹. Man könnte glauben, es gäbe nur diese Gänse auf der Welt, wenn man sieht, was für ein Aufhebens um diese Gänse gemacht wird.«

»Ich stehe in keinerlei Verbindung zu den anderen Leuten, die Ihnen diese Fragen gestellt haben«, erwiderte Holmes unbekümmert. »Wenn Sie es uns nicht verraten wollen, gilt die Wette eben nicht, das ist alles. Aber ich verstehe etwas von Geflügel, und deshalb habe ich einen Fünfer gewettet, daß die Gans, die ich gegessen habe, auf dem Land gezüchtet worden ist.«

»Nun, dann haben Sie Ihren Fünfer verloren, die Gans stammt aus einer Zucht in der Stadt«, schnauzte der Händler.

»Das kann nicht sein.«

»Wenn ich es aber sage.«

»Ich glaube Ihnen nicht.«

»Bilden Sie sich etwa ein, mehr von Geflügel zu verstehen als ich, der seit seiner frühesten Jugend damit handelt? Ich sage Ihnen, alle Gänse, die ans Alpha Inn geliefert wurden, kamen aus einer Zucht in der Stadt.«

»Sie werden mich nicht überzeugen. Ich glaube es nicht.«

»Wollen wir wetten?«

»Damit würde ich Ihnen nur das Geld aus der Tasche ziehen, denn ich weiß, daß ich recht habe. Aber ich werde einen Sovereign setzen, um Ihnen zu zeigen, dass man nicht so halsstarrig sein soll.«

Der Händler lachte grimmig. »Bill, bring mir die Bücher!«, rief er.

Der Bursche brachte ein kleines, dünnes Heft und ein großes Buch voller Fettflecke und legte beides unter die Lampe.

»So, Sie Besserwisser«, begann der Händler, »ich dachte, ich hätte alle Gänse verkauft, aber es scheint noch eine im Laden zu sein. Sehen Sie dieses kleine Heft?«

»Ja?«

»Das ist das Verzeichnis meiner Lieferanten. Sehen Sie? Hier, auf dieser Seite, stehen die Züchter auf dem Land, und die Zahlen hinter ihren Namen geben an, wo sich ihre Konten in dem Kassabuch finden lassen. Gut. Sehen Sie diese andere Seite, mit der roten Tinte? Das ist die Liste der Züchter in der Stadt. Jetzt achten Sie auf den dritten Namen von oben. Lesen Sie ihn mir vor.«

»Mrs. Oakshott, 117 Brixton Road – 249«, las Holmes vor.

»Richtig! Jetzt schlagen Sie das im Kassabuch auf.«

Holmes schlug die angegebene Seite auf. »Hier, Mrs. Oakshott, 117 Brixton Road, Eier- und Geflügellieferantin.«

»Wann war die letzte Eintragung?«

»Am 22. Dezember. 24 Gänse zu sieben Shilling und sechs Pence das Stück.«

»Richtig. Und was steht darunter?«

»Verkauft an Mr. Windigate, Wirt vom Alpha Inn, zu je zwölf Shilling.«

»Und was sagen Sie jetzt?«

Sherlock Holmes schaute äußerst zerknirscht drein. Er zog einen Sovereign aus seiner Tasche, warf ihn auf die Marmorplatte und wandte sich mit dem Gesicht eines Mannes ab, dessen tiefer Widerwillen sich nicht in Worte fassen lässt. Nach ein paar Schritten blieb er lautlos in sich hineinlachend unter einer Laterne stehen.

»Wenn Sie einen Mann mit einem so geschnittenen Backenbart sehen, dem ein Rennprogramm aus der Tasche ragt, können Sie ihn immer mit seiner Wettlust erwischen«, sagte er. »Wenn ich hundert Pfund vor diesen Mann hingelegt hätte, hätte ich keine so umfassende Information von ihm erhalten wie dadurch, dass ich ihn glauben ließ, er könne gegen mich eine Wette gewinnen. Nun, Watson, ich glaube, wir nähern uns dem Ende unserer Ermittlungen; im Moment müssen wir uns nur entscheiden, ob wir noch heute Abend zu Mrs. Oakshott gehen oder ob wir es uns bis morgen aufsparen sollen. Nach dem, was dieser mürrische Herr sagte, sind offenbar noch andere außer uns an der Sache interessiert, und ich möchte –«

Seine Überlegungen wurden plötzlich von lautem Geschrei unterbrochen, das aus dem Verkaufsstand ertönte, den wir gerade verlassen hatten. Wir drehten uns um und sahen im Lichtkegel der schaukelnden Lampe einen kleinen Mann mit einem Rattengesicht; vor ihm stand Breckinridge, der Händler, und schüttelte wütend seine Fäuste gegen die sich duckende Gestalt.

»Jetzt habe ich aber genug von Ihnen und Ihren Gänsen«,

brüllte er. »Ich wünsche euch alle zusammen zum Teufel! Wenn Sie mich noch einmal mit Ihrem dummen Gerede belästigen, hetze ich den Hund auf Sie. Bringen Sie mir Mrs. Oakshott hierher, und ich werde ihr Rede und Antwort stehen. Aber was haben Sie damit zu tun? Habe ich die Gänse etwa von Ihnen gekauft?«

»Nein, aber eine von ihnen gehörte mir«, jammerte der kleine Mann.

»Dann fragen Sie Mrs. Oakshott nach der Gans.«

»Sie sagte mir, ich solle Sie fragen.«

»Sie können meinetwegen den Kaiser von China fragen. Ich habe genug von Ihnen. Scheren Sie sich zum Teufel!« Er machte wütend einen Schritt nach vorn, und der Mann floh in die Dunkelheit.

»Ha, das könnte uns den Besuch in der Brixton Road ersparen«, flüsterte Holmes. »Kommen Sie mit, wir wollen einmal nachsehen, was es mit diesem Burschen auf sich hat.« Mit großen Schritten bahnte er sich einen Weg durch die verschiedenen Menschengrüppchen, die noch vor den beleuchteten Verkaufsständen herumlungerten, holte den kleinen Mann rasch ein und klopfte ihm auf die Schulter. Der drehte sich erschrocken um, und im Gaslicht sah ich, dass er kreidebleich wurde.

»Wer sind Sie? Was wollen Sie?«, fragte er mit zitternder Stimme.

»Entschuldigen Sie bitte«, antwortete Holmes freundlich, »ich konnte nicht umhin, Ihre Fragen an den Händler mit anzuhören. Ich glaube, ich könnte Ihnen behilflich sein.«

»Sie? Wer sind Sie? Was können Sie von der Angelegenheit wissen?«

»Mein Name ist Sherlock Holmes. Es ist mein Beruf zu wissen, was andere Leute nicht wissen.«

»Aber von dieser Angelegenheit wissen Sie doch nichts?«

»Entschuldigen Sie, aber ich weiß alles darüber. Sie bemühen sich, einige Gänse aufzuspüren, die von Mrs. Oakshott in der Brixton Road an einen Händler namens Breckinridge verkauft worden sind, der sie wiederum an Mr. Windigate, den Wirt vom Alpha Inn, lieferte. Mr. Windigate schließlich händigte sie seinem Gänseklub aus, dessen Mitglied Henry Baker ist.«

»Oh, Sir, Sie sind genau der Mann, nach dem ich gesucht habe«, rief der kleine Mann mit ausgestreckten Händen und zitternden Fingern. »Ich kann Ihnen gar nicht sagen, wie interessiert ich an der Sache bin.«

Sherlock Holmes winkte eine an uns vorüberfahrende Droschke heran. »In diesem Fall sollten wir uns besser in einem gemütlichen Raum als auf einem windigen Marktplatz unterhalten. Aber bitte, bevor wir gehen, wem habe ich das Vergnügen helfen zu können?«

Der Mann zögerte einen Augenblick. »Mein Name ist John Robinson«, antwortete er mit einem Seitenblick.

»Nein, nein, bitte Ihren richtigen Namen«, sagte Holmes betont freundlich. »Es ist immer so unangenehm, mit einem Alias Geschäfte zu tätigen.«

Die aschfahlen Wangen des Fremden röteten sich leicht. »Mein richtiger Name ist James Ryder.«

»Richtig, der Angestellte aus dem Hotel Cosmopolitan. Steigen Sie doch bitte in die Droschke ein. Ich werde Ihnen bald alles erzählen können, was Sie wissen möchten.«

Der kleine Mann blickte vom einen zum anderen mit einem halb erschrockenen, halb hoffnungsvollen Blick, wie jemand, der nicht weiß, ob er sich am Rand eines unerwarteten Glücksfalls oder am Rand einer Katastrophe befindet. Er stieg in den Wagen, und eine halbe Stunde später saßen wir im Wohnzimmer in der Baker Street. Während der Fahrt wurde nicht gesprochen, aber die schnelle, flache Atmung unseres neuen Gefährten und die unruhigen Hände sprachen für seine Nervosität.

»So, da wären wir!«, erklärte Holmes fröhlich, als wir den Raum betraten. »Ein Kaminfeuer ist in dieser Jahreszeit wirklich sehr angebracht. Mr. Ryder, Sie sehen so verfroren aus. Nehmen Sie doch bitte im Korbstuhl Platz. Ich ziehe mir nur noch meine Hausschuhe an, bevor wir zu Ihrem kleinen Anliegen kommen. So! Sie möchten gerne wissen, was aus den Gänsen geworden ist?«

»Ja, Sir.«

»Oder vielleicht aus der einen Gans. Ich glaube, es ist nur ein Vogel, an dem Sie besonders interessiert sind – weiß, mit einem schwarzen Streifen auf dem Schwanz.«

Ryder zitterte vor Erregung. »Oh, Sir«, rief er, »wissen Sie etwa, wohin sie gelangte?«

»Ja, hierher.«

»Hierher?«

»Ja, und es zeigte sich, dass sie eine äußerst beachtliche Gans war. Es wundert mich nicht, dass Sie an ihr interessiert sind. Sie legte noch ein Ei, als sie schon tot war – das schönste, leuchtendste kleine blaue Ei, das ich je gesehen habe. Ich habe es hier in meine Sammlung aufgenommen.«

Unser Besucher erhob sich schwankend und ergriff mit seiner rechten Hand den Kaminsims. Holmes schloss seinen

Safe auf und hielt den blauen Karfunkel in die Höhe, der sein kaltes, funkelndes Licht wie ein Stern rundum erstrahlen ließ. Ryder stierte ihn mit einem verzerrten Gesichtsausdruck an, unsicher, ob er seinen Anspruch darauf geltend machen sollte oder nicht.

»Das Spiel ist aus, Ryder«, sagte Holmes ruhig. »Halten Sie sich fest, oder Sie werden ins Feuer fallen. Watson, helfen Sie ihm in seinen Stuhl zurück. Er ist nicht kaltblütig genug, um ein schweres Kapitalverbrechen straffrei verüben zu können. Geben Sie ihm einen Schluck Brandy! So, nun sieht er schon etwas menschlicher aus. Was für ein Schwächling, wirklich!«

Einen Moment lang taumelte Ryder und wäre beinahe hingefallen, aber der Brandy brachte wieder etwas Farbe in seine Wangen, und er saß mit starrem und erschrockenem Blick seinem Ankläger gegenüber.

»Ich habe fast den lückenlosen Ablauf der Ereignisse beisammen und alle Beweise, die ich benötige. Es gibt also nur wenig, was Sie mir noch erzählen müssen. Aber dieses wenige könnten wir auch noch klären, um den Fall abzurunden. Sie hatten vom blauen Stein der Gräfin Morcar gehört, Ryder?«

»Catherine Cusack hatte mir davon erzählt«, antwortete er mit gebrochener Stimme.

»Aha, die Zofe der Gräfin? Nun, der Versuchung, so leicht in einen plötzlichen Wohlstand zu gelangen, konnten Sie nicht widerstehen; schon bessere Männer als Sie sind dieser Versuchung erlegen. Aber Sie waren nicht skrupellos genug. Trotzdem scheint es mir, Ryder, dass in Ihnen ein großer Schuft steckt. Sie wussten, dass dieser Mann, Horner, der

Klempner, schon einmal in eine ähnliche Angelegenheit verwickelt war und dass der Verdacht sofort auf ihn fallen würde. Was taten Sie? Sie verursachten einen kleinen Schaden im Ankleidezimmer der Gräfin – Sie und Ihre Komplizin Cusack – und arrangierten es so, dass ausgerechnet Horner zum Reparieren geholt wurde. Dann, nachdem Horner gegangen war, plünderten Sie den Schmuckkasten, schlugen Alarm, und dieser unglückselige Mann wurde festgenommen. Sie haben dann –«

Ryder warf sich plötzlich auf den Teppich nieder und umfasste die Beine meines Freundes. »Um Himmels willen, lassen Sie Gnade walten!«, stieß er schrill hervor. »Denken Sie an meinen Vater! An meine Mutter! Es würde ihnen das Herz brechen. Ich habe bisher noch nie in meinem Leben etwas Unrechtes getan! Ich will es nicht wieder tun. Ich schwöre es. Ich schwöre es bei Gott. Oh, bringen Sie den Fall nicht vor Gericht! Um Gottes willen, bitte nicht!«

»Setzen Sie sich wieder auf Ihren Stuhl!«, befahl Holmes streng. »Es ist sehr einfach, jetzt zu flehen und auf dem Boden zu kriechen, aber Sie haben kaum einen Gedanken an diesen armen Horner verschwendet, der für ein Verbrechen auf der Anklagebank sitzt, von dem er nichts weiß.«

»Ich werde fliehen, Mr. Holmes. Ich werde das Land verlassen, Sir. Damit würde der Verdacht von ihm genommen.«

»Hm! Wir werden noch darauf zurückkommen. Und jetzt lassen Sie uns den wahren Sachverhalt im nächsten Akt des Dramas wissen. Wie gelangte der Stein in den Schlund der Gans? Und wie kam es dazu, dass die Gans zum Verkauf feilgeboten wurde? Sagen Sie uns die Wahrheit, darin liegt Ihre einzige Chance.«

Ryder befeuchtete seine trockenen Lippen. »Ich werde Ihnen genau berichten, wie es geschehen ist, Sir«, sagte er. »Als Horner verhaftet wurde, dachte ich, dass es das Beste wäre, den Stein verschwinden zu lassen. Denn ich wusste ja nicht, in welchem Moment es der Polizei nicht doch einfallen könnte, mich und mein Zimmer zu durchsuchen. Im Hotel existierte kein sicheres Versteck. So verließ ich das Hotel, als ob ich etwas Berufliches zu erledigen hätte, und begab mich direkt zu meiner Schwester. Sie hat einen Mann namens Oakshott geheiratet und lebt in der Brixton Road, wo sie Geflügel für den Verkauf mästet. Auf dem Weg dorthin meinte ich, dass jeder, dem ich begegnete, ein Polizist oder ein Detektiv wäre. Obwohl es ein kalter Abend war, brach mir der Schweiß aus, bevor ich noch in die Brixton Road kam. Meine Schwester fragte mich, warum ich so blass wäre. Ich erzählte ihr, dass ich so aufgeregt wäre wegen eines Juwelenraubs im Hotel. Dann betrat ich den Hinterhof, rauchte eine Pfeife und überlegte, was am besten zu tun wäre.

Ich hatte einmal einen Freund namens Maudsley, der auf die schiefe Bahn geraten war und seine Zeit im Gefängnis von Pentonville gerade abgesessen hatte. Eines Tages war ich ihm zufällig begegnet, und wir kamen auf die Methoden von Dieben zu sprechen, wie sie ihr Diebesgut loswerden können. Ich wusste, dass ich mich auf ihn verlassen konnte, weil ich ein, zwei Geheimnisse von ihm kannte. So entschloss ich mich, sofort zu ihm nach Kilburn zu fahren und ihn ins Vertrauen zu ziehen. Er würde mir den Weg zeigen, wie man diesen Stein zu Geld macht. Aber wie konnte ich den Stein sicher zu ihm nach Kilburn bringen? Ich erinnerte mich an die Ängste, die ich durchgestanden hatte, als ich vom Hotel zu meiner Schwester lief. Jeden Moment könnte ich gefasst und durchsucht werden, und dann wäre der Stein in meiner Westentasche! Ich lehnte mich gegen die Mauer und schaute auf die vor mir herumwatschelnden Gänse. Plötzlich schoss mir eine Idee durch den Kopf, mit der ich den besten Detektiv der Welt überlisten konnte.

Meine Schwester hatte mir vor einigen Wochen angeboten, dass ich mir als Weihnachtsgeschenk eine ihrer Gänse auswählen dürfte. Ich wusste, dass sie Wort halten würde. Ich beschloss, die Gans jetzt zu nehmen und den Stein in ihr nach Kilburn zu transportieren. Auf dem Hof stand ein kleiner Schuppen. Hinter diesen trieb ich eine der Gänse, ein prachtvolles, großes, weißes Tier mit einem schwarzen Streifen auf dem Schwanz. Ich schnappte sie mir, zwängte ihren Schnabel auf und steckte ihr den Stein so weit in den Hals hinunter, wie ich nur mit den Fingern reichen konnte. Der Vogel schluckte den Stein, und ich fühlte ihn die Speiseröhre bis zum Kropf hinabrutschen. Aber das Tier wehrte sich und schlug mit den Flügeln, so dass meine Schwester herauskam, um sich nach dem Anlass der Unruhe zu erkundigen. Als ich mich umdrehte, um mit ihr zu reden, befreite sich das Vieh und flatterte eiligst zu den anderen zurück.

›Was hast du mit dem Vogel gemacht, Jem?‹, fragte sie.

›Nun‹, antwortete ich, ›du hast mir eine Gans zu Weihnachten versprochen, und ich fühlte jetzt, welches die fetteste sei.‹

›Oh‹, erwiderte sie, ›wir haben dir schon eine reserviert.

Wir nennen sie immer Jems Vogel. Es ist die große, weiße Gans dort drüben. Wir haben sechsundzwanzig Stück; eine für dich, eine für uns und zwei Dutzend für den Markt.‹

›Vielen Dank, Maggi‹, sagte ich, ›aber wenn es dir recht ist, würde ich gern die haben, die ich grade in der Hand hatte.‹

›Die andere ist aber um gut drei Pfund schwerer‹, meinte sie, ›und wir haben sie extra für dich gemästet.‹

›Macht nichts! Ich möchte die andere haben und sie jetzt mitnehmen.‹

›Wie du meinst‹, sagte sie etwas beleidigt. ›Welche willst du denn?‹

›Die weiße mit dem schwarzen Streifen auf dem Schwanz, da rechts mitten in der Schar.‹

›In Ordnung! Schlachte sie und nimm sie mit.‹

Nun, ich tat, wie mir geheißen wurde, Mr. Holmes, und trug den Vogel nach Kilburn. Ich erzählte meinem Freund, was ich getan hatte, denn ihm gegenüber brauchte ich mich nicht zu genieren. Er lachte sich halbtot. Wir griffen nach einem Messer und nahmen die Gans aus. Mein Herz blieb stehen, als wir keinen Stein fanden und mir klarwurde, dass mir ein schrecklicher Fehler unterlaufen war. Ich ließ die Gans Gans sein, rannte eiligst zu meiner Schwester zurück und stürzte auf den Hinterhof. Dort war keine Gans mehr zu sehen.

›Wo sind denn die Gänse, Maggi?‹, schrie ich.

›Beim Händler.‹

›Bei welchem Händler?‹

›Breckinridge, in Covent Garden.‹

›Gab es noch eine andere Gans mit einem schwarzen Streifen auf dem Schwanz?‹, fragte ich. ›Das heißt, eine ähnliche wie die, die ich ausgewählt habe?‹

›Ja, Jem, es gab zwei Gänse mit gestreiften Schwänzen, und ich konnte sie auch nie auseinanderhalten.‹

Natürlich erklärte diese Auskunft alles, und ich rannte, so schnell ich konnte, zu diesem Händler Breckinridge. Aber er hatte die ganze Lieferung auf einmal verkauft, und mit keinem einzigen Wort wollte er mir verraten, wo sie hingewandert waren. Sie haben ihn heute Abend selbst gehört. In dieser Art hat er mir jedesmal geantwortet. Meine Schwester glaubt, dass ich langsam verrückt werde. Manchmal glaube ich das selbst. Und jetzt – jetzt bin ich als Dieb gezeichnet, ohne je etwas von dem Reichtum gehabt zu haben, für den ich meinen Charakter verkauft habe. Gott, hilf mir! Gott, hilf mir!« Er brach in heftiges Schluchzen aus und schlug die Hände vors Gesicht.

Es folgte eine lange Pause, in der nur sein schwerer Atem und das Trommeln von Sherlock Holmes' Fingerspitzen auf der Tischplatte zu hören waren. Dann erhob sich mein Freund und riss die Tür auf.

»Hinaus!«, sagte er.

»Was, Sir! Der Himmel segne Sie!«

»Kein Wort mehr! Raus!«

Es waren keine Worte mehr nötig. Er eilte hinaus, polterte die Treppe hinunter, schlug die Tür hinter sich zu und rannte schnellen Fußes auf der Straße davon.

»Schließlich, Watson«, meinte Holmes, während er nach seiner Tonpfeife griff, »bin ich nicht verpflichtet, die Fehler der Polizei auszubügeln. Wenn Horner Gefahr gedroht hätte, wäre es eine andere Sache, aber dieser Bursche wird nicht gegen ihn aussagen, und so muss der Fall ad acta gelegt werden. Ich vermute, dass ich gesetzwidrig handle, aber es ist möglich, dass ich damit eine Seele rette. Dieser Mann wird nie mehr vom rechten Pfad abkommen. Er ist zu erschrocken. Schicken Sie ihn jetzt ins Gefängnis, und er bleibt für immer ein Krimineller. Außerdem haben wir gerade die Zeit der Vergebung. Der Zufall hat uns ein einzigartiges, wunderliches Rätsel aufgegeben, und die Lösung ist unsere schönste Belohnung. Seien Sie so freundlich und klingeln Sie, Doktor, wir werden mit einer anderen Ermittlung beginnen, in der ebenfalls ein Vogel die Hauptrolle spielen wird.«

Daphne du Maurier

»...denn sie hatten keinen Raum in der Herberge«

Familie Lawrence bewohnte ein großes Haus unmittelbar vor der Stadt. Mr Lawrence war ein großer, beleibter Mann mit einem runden, stets lächelnden Gesicht. Er fuhr jeden Tag mit dem Wagen zur Stadt in sein Büro, wo er einen Diplomatenschreibtisch und zwei Sekretärinnen hatte. Er telefonierte den ganzen Tag, aß zwischendurch mit Geschäftsfreunden zu Mittag und telefonierte dann weiter. Er verdiente viel Geld.

Mrs Lawrence hatte blondes Haar und meerblaue Augen. Mr Lawrence nannte sie Kätzchen, aber sie war keineswegs unselbständig. Sie hatte eine entzückende Figur und lange Fingernägel und spielte fast jeden Nachmittag Bridge. Bob Lawrence war zehn. Er sah genau wie Mr Lawrence aus, nur kleiner. Seine ganze Leidenschaft waren elektrische Eisenbahnen, und sein Vater hatte für ihn im Garten eine Miniatureisenbahn anlegen lassen. Marigold Lawrence war sieben. Sie sah genau wie ihre Mutter aus, nur runder. Sie hatte fünfzehn Puppen, die sie fortwährend entzweibrach.

Es gab eigentlich nichts, wodurch man die Familie Lawrence von irgendeiner anderen hätte unterscheiden können. Und gerade daran lag es vielleicht. Sie waren eben ein wenig zu sehr wie alle anderen auch. Das Leben war eine bequeme und einfache Sache, und das war natürlich sehr erfreulich.

Am Weihnachtsabend tat Familie Lawrence ungefähr dasselbe wie jede andere Familie auch. Mr Lawrence war früh aus der Stadt gekommen und passte auf, dass im Hause alles richtig für den kommenden Tag vorbereitet wurde. Er lächelte mehr als gewöhnlich, hatte die Hände in den Hosentaschen, und wenn er über den Hund stolperte, der sich hinter einigen Mistelzweigen versteckt hatte, schimpfte er: »Sieh dich doch vor, du dummes Vieh!« Mrs Lawrence hatte ausnahmsweise ihren Bridgenachmittag abgesagt und spannte eine lange Schnur mit Lampions durch das Esszimmer. Eigentlich reihte der Gärtnerjunge die Lampions auf die Schnur, aber Mrs Lawrence versah sie mit kleinen bunten Papierkrausen und reichte sie ihm dann. Da sie fortwährend dabei rauchte, bekam der Gärtnerjunge den Rauch in die Augen, aber er war zu höflich, um ihn abzuwehren. Bob Lawrence und Marigold Lawrence rannten unablässig durchs Esszimmer, sprangen auf Sofas und Sesseln herum und riefen: »Was bekomme ich morgen? Kriege ich eine Eisenbahn? Kriege ich eine Puppe?«, bis Mr Lawrence genug hatte und sagte: »Wenn ihr nicht bald aufhört, bekommt ihr gar nichts.« Aber er sagte es in einem Ton, der nicht ganz ernst zu nehmen war, und die Kinder waren keineswegs enttäuscht.

Gerade als die Kinder ins Bett sollten, wurde Mrs Lawrence ans Telefon gerufen. Sie sagte: »Ausgerechnet jetzt!«, und der Gärtnerjunge bekam noch etwas mehr Rauch in die Augen. Mr Lawrence nahm einen Mistelzweig und steckte ihn hinter ein Bild. Er pfiff fröhlich vor sich hin.

Mrs Lawrence war fünf Minuten fort, und als sie zurückkam, blickte sie unruhig mit ihren blauen Augen um sich und war völlig aufgelöst. Sie sah jetzt wirklich wie ein Kätzchen aus, das man aufhebt und streichelt und dann gleich wieder hinsetzt.

»Das ist tatsächlich ein starkes Stück«, sagte sie, und einen Augenblick dachten die Kinder, sie würde zu weinen anfangen.

»Was zum Teufel ist denn los?«, fragte Mr Lawrence.

»Es war der Flüchtlingsbeauftragte vom Bezirk«, sagte Mrs Lawrence, »du weißt – ich hab' dir erzählt, dass die Gegend mit Flüchtlingen überfüllt ist. Und wie alle anderen auch, die Platz hatten, musste ich unseren Namen in eine Liste eintragen, gleich zu Anfang, als die Sache losging. Ich hab' nie ernstlich angenommen, dass man darauf zurückkommen würde. Und nun ist es so weit. Wir müssen ein Ehepaar aufnehmen, heute Abend.«

Mr Lawrence hörte auf zu lächeln. »Na, hör mal«, sagte er, »der Flüchtlingsbeamte kann einem doch so etwas nicht ohne Ankündigung zumuten. Weshalb hast du ihm nicht gesagt, er soll sich zum Teufel scheren?«

»Das hab' ich«, entgegnete Mrs Lawrence entrüstet, »aber er konnte mir auch nur sagen, dass er es sehr bedaure. Es ginge leider allen anderen auch so, und er sagte etwas von einer ›Zwangsmaßnahme‹, was ich nicht verstand, aber es hörte sich scheußlich an.«

»Das kann man nicht von uns verlangen«, sagte Mr Lawrence und schob den Unterkiefer vor. »Ich werde die maßgebliche Stelle anrufen und dafür sorgen, dass dieser Beamte entlassen wird, ich werde sofort in die Stadt fahren, ich werde –«

»Das hat doch gar keinen Sinn«, sagte Mrs Lawrence. »Weshalb sollen wir uns auch noch darüber aufregen. Du vergisst, dass heute Weihnachtsabend ist und du jetzt keinen Menschen mehr in der Stadt antriffst. Außerdem sind die Leute schon zu uns unterwegs, und wir können nicht gut die Türen verriegeln. Ich glaube, ich überlasse es den Dienstboten.«

»Was wollen die Flüchtlinge?«, schrien die Kinder aufgeregt. »Wollen sie unsere Sachen wegnehmen? Wollen sie in unseren Betten schlafen?«

»Selbstverständlich nicht«, sagte Mrs Lawrence streng, »seid doch nicht so idiotisch!«

»Wo bringen wir sie unter?«, fragte Mr Lawrence. »Wir werden alle Zimmer voll haben, da ja Dalys und Collins' morgen kommen. Du willst doch wohl nicht, dass wir ihnen jetzt absagen?«

»Keine Angst«, sagte Mrs Lawrence. Ihre blauen Augen blitzten. »Es hat jedenfalls den Vorteil, dass wir mit gutem Gewissen sagen können, das Haus ist voll. Nein, die Flüchtlinge können das Zimmer über der Garage haben. Das Wetter war in der letzten Zeit ja gut, deshalb wird es nicht allzu feucht dort sein. Es ist ein Bett vorhanden, das wir vor einigen Monaten aus dem Haus gesetzt haben, weil die Sprungfedern nicht mehr taugen. Aber es ist sonst ganz in Ordnung. Und ich glaube, die Dienstboten haben einen Petroleumofen, den sie nicht gebrauchen.«

Mr Lawrence lächelte. »Du hast schon alles überlegt, nicht wahr?«, sagte er. »Du weißt doch immer alles am besten, Kätzchen. Also gut, solange sie uns nicht stören, ist es mir gleich.« Er ließ sich mit plötzlicher Erleichterung in die Knie nieder und hob Marigold auf. »Wir wollen uns jedenfalls nicht unser Weihnachten dadurch verderben lassen, nicht wahr, Süße?«, sagte er. Dann warf er Marigold in die Luft, und sie kreischte vor Vergnügen.

»Das ist ungerecht«, sagte Bob Lawrence mit rotem Gesicht. »Marigold ist jünger als ich und will genau so einen großen Strumpf aufhängen wie ich. Ich bin der älteste und muss doch den größten haben, nicht wahr?«

Mr Lawrence zauste die Haare seines Sohnes. »Sei ein Mann, Bob«, sagte er, »und ärgere deine Schwester nicht. Ich habe morgen etwas viel Schöneres für dich als irgendeinen Spielkram, den du in deinem Strumpf finden wirst.«

Bobs finsteres Gesicht hellte sich auf. »Ist es etwas für meine Eisenbahn?«, fragte er neugierig.

Mr Lawrence blinzelte ihm zu und wollte nicht antworten.

Bob begann in seinem Bett auf und nieder zu springen. »Mein Geschenk ist viel größer als Marigolds«, rief er triumphierend, »viel, viel größer.«

»Stimmt ja gar nicht, stimmt ja gar nicht«, schrie Marigold mit Tränen in den Augen. »Meins ist ebenso schön, nicht wahr, Dad?«

Mr Lawrence rief das Kindermädchen: »Kommen Sie und beruhigen Sie die Kinder! Ich glaube, sie werden sonst zu aufgeregt.«

Er lachte und ging die Treppe hinunter.

Auf halber Höhe kam ihm Mrs Lawrence entgegen. »Sie sind eben angekommen«, sagte sie. In ihrer Stimme lag eine Warnung.

Mr Lawrence sagte irgendetwas, zog dann seine Krawatte zurecht und nahm einen Gesichtsausdruck an, den er Flüchtlingen gegenüber als angemessen betrachtete. Es war eine Mischung von Ernst und Großmut. Er ging die Auffahrt entlang zur Garage und kletterte die verfallene Treppe hinauf.

»Oh, guten Abend«, sagte er laut und jovial, als er ins Zimmer trat. »Haben Sie alles, was Sie brauchen?«

Der Raum war nur spärlich beleuchtet, denn die einzige elektrische Glühbirne war monatelang nicht abgestaubt worden und hing weit von Bett, Tisch und Ofen entfernt in einer Ecke. Die Frau saß am Tisch und packte einen Korb aus, dem sie einen Laib Brot und zwei Tassen entnahm. Der Mann breitete eine Wolldecke über das Bett. Als Mr Lawrence zu sprechen begann, richtete er sich auf und drehte sich zu ihm um.

»Wir sind Ihnen so dankbar«, sagte er, »so sehr dankbar!«

Mr Lawrence hustete und lachte ein wenig. »Schon gut, schon gut«, sagte er, »es macht uns gar keine Mühe.«

Die Frau hatte große, dunkle Augen mit tiefen Schatten darunter. Sie sah kränklich aus.

»Haben Sie sonst irgendwelche Wünsche?«, fragte Mr Lawrence.

Die Frau antwortete diesmal. Sie schüttelte den Kopf. »Wir benötigen nichts«, sagte sie. »Wir sind sehr müde.«

»Überall war es voll«, sagte der Mann. »Niemand konnte uns aufnehmen. Es ist sehr freundlich von Ihnen.«

»Keine Ursache, keine Ursache«, sagte Mr Lawrence abwinkend. »Es ist gut, dass wir dieses Zimmer leer hatten. Sie müssen Schweres durchgemacht haben in Ihrer Heimat.«

Sie antwortete nichts darauf.

»Nun«, sagte Mr Lawrence, »wenn ich also nichts mehr für Sie tun kann, will ich Ihnen gute Nacht sagen. Vergessen

Sie nicht, den Ofen kleiner zu drehen, falls er rauchen sollte. Und – hm – falls Sie noch etwas zu essen oder mehr Wolldecken haben möchten oder sonst irgendetwas, so klopfen Sie nur an die Hintertür und sagen Sie es den Dienstboten. Gute Nacht.«

»Gute Nacht«, wiederholten sie, und dann fügte die Frau hinzu: »Und ein frohes Weihnachtsfest!«

Mr Lawrence blickte sie erstaunt an. »O ja«, sagte er. »Ja, natürlich. Recht vielen Dank!«

Er schlug den Kragen hoch, als er zur Vordertür zurückging. Es war kalt. Es würde sicher heftigen Frost geben. Der Gong rief gerade zum Abendessen, als er in die Halle trat. Der Gärtnerjunge war mit dem Laternenaufziehen fertig, und sie hingen nun, im Luftzug pendelnd, von der Decke herunter. Mrs Lawrence stand am Tisch neben dem Kamin und mischte einen Cocktail.

»Beeil dich«, rief sie über die Schulter, »das Essen wird kalt, und wenn ich etwas verabscheue, dann ist es lauwarmer Entenbraten.«

»Schlafen die Kinder?«, fragte Mr Lawrence.

»Ich glaube nicht«, sagte Mrs Lawrence. »Es ist so schwierig, sie am Weihnachtsabend zur Ruhe zu bringen. Ich habe ihnen beiden etwas Schokolade gegeben und ihnen gesagt, dass sie still sein sollen. Möchtest du etwas trinken?«

Später, bevor sie zu Bett gingen, steckte Mr Lawrence den Kopf aus der Badezimmertür, eine Zahnbürste in der Hand.

»Komisch«, sagte er, »die Frau hat mir frohe Weihnachten gewünscht. Ich habe nie gewusst, dass solche Leute sich um Weihnachten kümmern.«

»Ich glaube, sie wird nicht wissen, was es bedeutet«, sagte Mrs Lawrence und klopfte sich ein wenig Hautcreme in ihre runden, weichen Backen.

Nach und nach verlosch im Hause das Licht, Familie Lawrence schlief. Der Himmel draußen war sternenklar. Nur in dem Raum über der Garage brannte eine einzige Lampe.

»Nun guck doch mal, ich hab' ein Flugzeug gekriegt und auch eine neue Lokomotive für meine Eisenbahn«, schrie Bob. »Sieh, es funktioniert genau wie ein richtiges. Guck mal die Propeller an!«

»Hab' ich auch zwei Sachen von Dad bekommen?«, fragte Marigold und durchwühlte fieberhaft das auf ihrem Bett herumliegende Einwickelpapier. Dabei warf sie die große Puppe beiseite, die sie gerade ausgepackt hatte. »Schwester«, kreischte sie, »wo ist mein anderes Geschenk von Dad?« Sie hatte heiße, rote Backen.

»Das kommt davon, wenn man nie genug kriegen kann«, höhnte Bob. »Sieh, was ich bekommen habe!«

»Ich mache dein albernes Flugzeug kaputt«, sagte Marigold. Und Tränen liefen über ihre Backen.

»Du musst am Weihnachtstag nicht streiten«, sagte die Schwester und zog triumphierend eine kleine Schachtel aus dem Berg von Einwickelpapier hervor. »Sieh, Marigold, was mag wohl hier drin sein?«

Marigold riss das Papier herunter. Dann hielt sie eine glitzernde Halskette in der Hand. »Ich bin eine Prinzessin!«, rief sie. »Ich bin eine Prinzessin!«

Bob warf ihr einen verachtungsvollen Blick zu. »Sie ist nicht sehr groß«, sagte er.

Im Erdgeschoss bekamen Mr und Mrs Lawrence den

Morgentee gebracht. Der elektrische Ofen war eingeschaltet, die Vorhänge zurückgezogen und das Zimmer vom Schein der Morgensonne durchflutet. Die Briefe und Pakete waren jedoch noch ungeöffnet, denn beide, Mr und Mrs Lawrence, hörten mit Entsetzen, was Anna, das Dienstmädchen, zu erzählen hatte.

»Ich kann es nicht glauben, es ist Unsinn«, sagte Mr Lawrence.

»Ich schon. Es ist eben typisch für diese Leute«, sagte Mrs Lawrence.

»Habe ich nicht gesagt, man sollte diesen Flüchtlings-beamten zum Teufel jagen?«, sagte Mr Lawrence.

»Ich glaube nicht, dass er es gewusst hat«, sagte Mrs Lawrence. »Sie haben verdammt gut aufgepasst, dass keiner etwas merkte. Aber wir können sie jetzt nicht hierbehalten, so viel ist gewiss. Es ist niemand da, der für die Frau sorgen kann.«

»Wir müssen nach einem Krankenwagen telefonieren und sie fortschaffen lassen«, sagte Mr Lawrence. »Ich fand gleich, dass die Frau schlecht aussah. Sie muss ziemlich ro-bust sein, wenn sie das alles allein überstanden hat.«

»Oh, diese Art Leute bekommt ihre Kinder fast mühe-los«, sagte Mrs Lawrence. »Sie merken es kaum. Gott sei Dank, dass sie in dem Garagenzimmer waren und nicht im Haus. Sie können dort nicht viel Schaden angerichtet ha-ben. – Und, Anna«, rief sie, als das Mädchen aus dem Zim-mer ging, »sagen Sie auf jeden Fall der Schwester, dass die Kinder nicht in die Nähe der Garage gehen, bevor der Krankenwagen da gewesen ist.«

Dann wandten sie sich den Briefen und Paketen zu.

»Jedenfalls werden sich über die Geschichte alle köstlich amüsieren«, sagte Mr Lawrence. »Sie lässt sich so schön beim Puter und Plumpudding erzählen.«

Sie frühstückten und kleideten sich an. Und nachdem die Kinder ihre Geschenke gezeigt und auf den Betten herumgetobt hatten, gingen Mr und Mrs Lawrence zur Garage hinüber, um zu sehen, was man mit den Flüchtlingen machen könnte. Die Kinder waren in ihr Zimmer hinaufgeschickt worden, um mit ihren neuen Sachen zu spielen, denn schließlich war das, was geschehen war, nicht gerade angenehm, wie Mrs Lawrence gemeint und die Schwester ihr beigepflichtet hatte. Und außerdem konnte man nie wissen.

Als sie zur Garage kamen, fanden sie einen Teil der Dienerschaft auf dem Hof versammelt. Der Koch war da, der Hausdiener und eins der Dienstmädchen, der Chauffeur und sogar der Gärtnerjunge.

»Was ist denn hier los?«, fragte Mr Lawrence.

»Sie sind ausgezogen«, sagte der Chauffeur.

»Was heißt ausgezogen?«

»Der Mann ging fort, als wir beim Frühstück waren, und besorgte ein Taxi«, sagte der Chauffeur. »Er muss zu dem Stand am Ende der Straße gegangen sein. Er hat keinem von uns ein Wort gesagt.«

»Und wir hörten beim hinteren Tor einen Wagen vorfahren«, berichtete der Koch weiter, »und er und der Taxichauffeur haben die Frau in den Wagen getragen.«

»Der Mann hat sich nach einem Krankenhaus erkundigt, und wir haben ihm gesagt, dass auf dem Weg zur Stadt ein Hospital ist«, sagte der Chauffeur. »Er sagte, es täte ihm leid, dass er uns so viel Mühe gemacht hätte. Ziemlich sturer Kerl, den hat nichts erschüttert.«

»Und das Baby! Wir haben das Baby gesehen«, kicherte das Dienstmädchen und wurde dann plötzlich ohne Grund über und über rot.

Und dann lachten sie alle und blickten fast närrisch einander an.

»Nun«, sagte Mr Lawrence, »dann bleibt wohl für keinen von uns mehr etwas zu tun.«

Die Diener verschwanden. Die Aufregung war augenblicklich vorüber. Man musste Anstalten für die Weihnachtsgesellschaft treffen, und manchen von ihnen waren die Beine schon müde, obgleich es erst zehn Uhr war.

»Wir sehen doch besser einmal nach«, sagte Mr Lawrence und deutete mit dem Kopf zur Garage. Mrs Lawrence verzog das Gesicht und folgte ihm.

Sie kletterten die verfallene Treppe zu dem kleinen dunklen Zimmer im Dachboden hinauf. Es war kein Zeichen von Unordnung wahrzunehmen. Das Bett stand wieder an der Wand, und die Wolldecke lag sauber zusammengefaltet am Fußende. Stuhl und Tisch waren am üblichen Platz. Das Fenster stand offen, damit die frische Morgenluft hereinkommen konnte. Der Ofen war ausgedreht. Nur ein Umstand deutete darauf, dass der Raum benutzt worden war: Auf dem Boden, neben dem Bett, stand ein Glas kaltes Wasser.

Mr Lawrence sagte nichts. Auch Mrs Lawrence sagte nichts. Sie gingen zum Haus zurück und begaben sich ins Esszimmer. Mr Lawrence trat ans Fenster und blickte in den Garten. Hinten in der Ecke konnte er Bobs Miniatureisenbahn sehen. Mrs Lawrence öffnete ein Paket, das sie beim Frühstück nicht bemerkt hatte. Über ihnen ließen Rufe und Schreie darauf schließen, dass die Kinder sich freuten oder miteinander zankten.

»Was ist mit deinem Golf? Wolltest du die anderen nicht um elf treffen?«, fragte Mrs Lawrence.

Mr Lawrence setzte sich in den Sessel am Fenster. »Ich habe keine große Lust«, sagte er.

Mrs Lawrence stellte das Frisierkästchen hin, das sie gerade aus unzähligen Bogen von Seidenpapier ausgewickelt hatte.

»Komisch«, sagte sie, »ich fühle mich auch ein bisschen erschöpft, nicht ein bisschen weihnachtlich.«

Durch die offene Tür konnten sie sehen, wie im Esszimmer der Tisch zum Mittagessen vorbereitet wurde. Die Dekoration mit den kleinen Blumensträußen zwischen dem Tafelsilber wirkte sehr gut. In der Mitte lag ein großer Haufen von Knallbonbons.

»Ich weiß wirklich nicht, was wir noch hätten tun können«, sagte Mrs Lawrence plötzlich.

Mr Lawrence antwortete nicht. Er erhob sich und begann im Zimmer auf und ab zu gehen. Mrs Lawrence steckte den Mistelzweig hinter einem Bild zurecht.

»Schließlich haben sie ja um nichts gebeten«, sagte Mrs Lawrence. »Der Mann hätte sicher etwas gesagt, wenn es der Frau sehr schlecht gegangen wäre oder dem Baby. Ich glaube bestimmt, dass sie beide wohlauf sind. Diese Sorte Leute ist ziemlich zäh.«

Mr Lawrence nahm eine Zigarre aus der Westentasche und steckte sie wieder ein.

»Sie werden es im jüdischen Hospital viel besser haben, als sie es hier hätten haben können«, sagte Mrs Lawrence. »Erstklassige Pflege – und überhaupt alles. Abgesehen davon: Da sie so plötzlich und ohne ein Wort zu sagen fortgefahren sind, hatten wir ja auch gar keine Gelegenheit, irgendetwas anzubieten.« –

Mr Lawrence nahm ein Buch in die Hand und schloss es wieder. Mrs Lawrence verdrehte fortwährend den Gürtel ihres Kleides und zog ihn wieder zurecht.

»Natürlich«, sagte sie eifrig, »werde ich mich erkundigen, wie es ihnen geht, und Obst und Sachen mitnehmen und vielleicht ein paar warme Wollsachen und fragen, ob sie sonst irgendetwas wünschen. Ich würde gleich heute Morgen gehen, aber ich muss ja mit den Kindern in die Kirche…«

Und dann ging die Tür auf, und die Kinder kamen ins Zimmer.

»Ich hab' meine neue Kette um«, sagte Marigold, »Bob hat überhaupt nichts Neues, was er tragen kann.« Sie tänzelte auf den Zehenspitzen. »Beeil dich, Mummy, es wird sonst zu spät, und wir können dann gar nicht sehen, wie all die Leute in die Kirche kommen.«

»Hoffentlich singen sie ›Kommet ihr Hirten‹!«, sagte Bob. »Wir haben den Text in der Schule gelernt, und ich brauche dann nicht ins Buch zu sehen. Weshalb wurde Jesus in einem Stall geboren, Dad?«

»Es war für sie kein Raum in der Herberge«, sagte Mr Lawrence.

»Warum waren sie Flüchtlinge?«, sagte Marigold.

Einen Augenblick antwortete niemand, und dann stand Mrs Lawrence auf und ordnete ihr Haar vor dem Spiegel.

»Stell nicht solche albernen Fragen, Liebling«, sagte sie.

Mr Lawrence stieß das Fenster auf. Durch den Garten her war der Klang der Kirchenglocken zu hören. Die Sonne schien auf den weißen Rauhreif und ließ ihn wie Silber glitzern. Mr Lawrence hatte einen verlegenen Ausdruck im Gesicht.

»Ich wünschte …«, begann er, »ich wünschte …« Aber er kam nicht so weit zu beenden, was er sagen wollte, denn zwei Wagen, die die Familien Daly und Collins brachten, fuhren ins Tor ein und die Auffahrt hinauf. Und die Kinder rannten mit Freudenrufen nach draußen auf die Freitreppe und riefen: »Fröhliche Weihnachten, fröhliche Weihnachten!«

Rafik Schami

König der Herrlichkeit

Der Winter 1945 in Ulania war besonders kalt. Zum ersten Mal seit einem Jahrhundert hatte es tagelang geschneit. Die Temperatur sank auf minus fünf Grad, was im Orient einer Katastrophe gleichkommt. Die ungeschützten Wasserleitungen platzten, und viele Orangenbäume erfroren. Der neue Pfarrer nun war in allem streng, puritanisch und vor allem geizig. Er erwischte den alten Kirchendiener beim Messweintrinken und zog ihm am Ende des Monats den doppelten Preis für die angebrochene Flasche ab. Und immer, wenn der Kirchendiener den Pfarrer fragte, warum er Geld für zwei Flaschen abgezogen habe, erwiderte der: »Ich bin auf diesem Ohr schwerhörig.« Das nahm der Diener dem Pfarrer übel.

Zu Weihnachten, während der feierlichen Darstellung der Geburt Christi, pflegte der Pfarrer um Mitternacht eine Runde unter den Arkaden zu drehen und dann laut ans Kirchenportal zu klopfen. Der Kirchendiener stand hinter der Tür und sollte fragen: »Wer klopft an die Tür?«

»Hier ist der König der Herrlichkeit, öffnet die Tür!«, war die Antwort; dann sollte die Tür aufgehen und der Pfarrer feierlich einziehen, während der Kirchenchor ein Lied über die Freude der Erde bei der Geburt Christi anstimmte und ihn willkommen hieß.

In der Regel war es zu Weihnachten in Ulania immer etwas regnerisch, aber selten kalt, und unter den Arkaden störte der Regen nicht. Doch wie gesagt, in jenem Winter herrschte eine klirrende Kälte. Der Pfarrer wollte gern auf den Rundgang verzichten, doch der Kirchendiener warnte ihn vor dem Zorn der Gläubigen, die diese herrliche Zeremonie liebten, und gab zu bedenken, dass die Verwandten des Bischofs in eben dieser Kirche beteten und sich womöglich bei ihm beschweren würden. Also ging der Pfarrer zur gegebenen Zeit mit zwei Ministranten, die zitternd ihre Weihrauchfässer schwenkten, schnellen Schrittes um die Kirche. Als er das geschlossene Tor der Kirche erreichte, klopfte er hastig.

»Wer klopft an die Tür?«, rief der Kirchendiener übertrieben laut.

»Der König der Herrlichkeit!«, antwortete der Pfarrer etwas verärgert, weil ihm gerade wieder eine Böe die Kälte in die Knochen trieb.

»Wer? Ich höre nicht! Wer klopft da?«, rief der Kirchendiener, und ein teuflisches Lächeln lag dabei auf seinem Gesicht.

Einige der Messebesucher grinsten schon.

»Der König der Herrlichkeit! Öffne die Tür!«, brüllte der Pfarrer und warf sich gegen die Tür, doch der Kirchendiener hatte sie mit einem Balken verriegelt.

»Warum hast du Geld für zwei Flaschen abgezogen? Wer klopft da? Ich höre schlecht auf diesem Ohr.«

Die Geschichte mit dem Wein hatte schon lange die Runde gemacht, und die meisten Gläubigen konnten sich vor Lachen kaum noch auf den Beinen halten.

»Mach endlich auf. Du kriegst dein verdammtes Geld«, flüsterte der Pfarrer.

»Wunderbar!«, erwiderte der Kirchendiener und öffnete die Tür.

Da stürmte der Pfarrer in die Kirche und krallte sich am Kragen des Kirchendieners fest. »Verfluchter Hurensohn, bist du schwerhörig? Der König der Herrlichkeit! Herrrr-lichkeit!«

Er warf den Kirchendiener auf eine der Sitzbänke und stürmte zum Altar. Auch der Chor konnte sich jetzt kaum noch beruhigen. Der Chorleiter schimpfte laut, und als der Pfarrer mit roter Nase und aus heiserer Kehle: »O Jesu Christi, König der Herrlichkeit, sei willkommen!«, schrie, erhob sich ein Gelächter, dass er vor Zorn endgültig explodierte. »Ihr Schweine, wir feiern hier die Geburt Jesu Christi, eures Retters!«, rief er, aber die Leute lachten. Selbst meine Tante Jasmin, die so fromm war, dass sie jeden Tag in der Kirche betete und sich ihr Leben lang vorm Jüngsten Gericht fürchtete, lachte Tränen.

Der Pfarrer bat noch vor Neujahr um seine Versetzung, und so konnte sich der Kirchendiener wieder ohne Gehaltsabzüge an den guten Messwein halten.

Machado de Assis

Die Weihnachtsmesse

Nie ist mir die Unterhaltung verständlich geworden, die ich vor vielen Jahren mit einer jungen Frau geführt habe, als ich siebzehn Jahre alt war und sie dreißig. Es war am Weihnachtsabend. Da ich mit einem Nachbarn vereinbart hatte, gemeinsam mit ihm zur Mitternachtsmesse zu gehen, beschloss ich, mich nicht schlafen zu legen; er hatte mich gebeten, ihn kurz vor zwölf Uhr zu wecken.

Das Haus, in dem ich wohnte, gehörte dem Notar Meneses, der in erster Ehe mit einer meiner Kusinen verheiratet gewesen war. Seine zweite Frau, Conceição, und ihre Mutter hatten mich gastfreundlich aufgenommen, als ich vor einigen Monaten aus Mangaratiba nach Rio de Janeiro gekommen war, um mich für die Aufnahmeprüfungen der Universität vorzubereiten. In jenem zweistöckigen Haus der Rua do Senado lebte ich in den Tag hinein, ich hatte meine Bücher, kannte nur wenige Menschen und machte gelegentlich einen Spaziergang. Die Familie war klein; sie bestand aus dem Notar, seiner Frau, der Schwiegermutter und zwei Sklavinnen. Es war ein altmodischer Haushalt. Gegen zehn Uhr abends gingen alle zu Bett, um halb elf Uhr lag das Haus in tiefem Schlaf. Ich war noch nie im Theater gewesen, und mehr als einmal, wenn ich Meneses sagen hörte, er ginge abends ins Theater, bat ich ihn, mich doch mitzunehmen. Bei derartigen Gelegenheiten schnitt die Schwiegermutter eine Grimasse, und die Sklavinnen grinsten verstohlen; er aber antwortete nicht, zog sich an und kam erst gegen Morgen heim. Später erfuhr ich, dass das Theater eine Ausrede war. Meneses hatte nämlich eine Affäre mit einer geschiedenen Frau und schlief einmal in der Woche außer Haus. Anfangs hatte Conceição darunter gelitten, dass ihr Mann ein Verhältnis hatte, sich dann aber mit diesem Zustand abgefunden, sich sogar an ihn gewöhnt und zwar so weit, dass sie ihn zu guter Letzt als völlig normal empfand.

Die gute Conceição! Man nannte sie eine Heilige, eine Bezeichnung, die sie zu Recht verdiente, so leicht ertrug sie es, von ihrem Mann vernachlässigt zu werden. Tatsächlich hatte sie ein gemäßigtes Naturell, sie kannte keine Höhen und auch keine Tiefen, weder Freudenausbrüche noch Tränenströme. Zu der Zeit, als ich sie kannte, hätte sie sogar eine Mohammedanerin abgeben können, so willig hätte sie sich mit einem Harem abgefunden, sofern der Schein gewahrt geblieben wäre. Gott verzeih mir, wenn ich sie falsch beurteile. Alles an ihr war leblos und blass, selbst ihr Gesicht war mittelmäßig, weder hübsch noch hässlich. Sie war das, was man eine sympathische Frau nennt. Sie sprach über niemanden ein böses Wort und verzieh alles. Hass war ihr fremd; vielleicht wusste sie nicht einmal, was Liebe war.

An jenem Weihnachtsabend ging der Notar ins Theater. Es war im Jahre 1861 oder 1862. Ich hätte für die Weihnachtsferien schon wieder in Mangaratiba sein sollen, blieb jedoch während der Feiertage in der Stadt, um »die Weihnachtsmesse am Hof« mitzuerleben. Die Familie meiner Gastgeber ging zur üblichen Stunde schlafen; ich setzte mich fertig angezogen ins Wohnzimmer, das zur Straße hin lag. Von dort aus konnte ich später durch die Diele hinausgelangen, ohne dabei jemanden im Schlaf zu stören. Es waren drei Hausschlüssel vorhanden; den einen hatte der Notar, den anderen würde ich mitnehmen, der dritte blieb am Nagel hängen.

»Aber Senhor Nogueira, was werden Sie die ganze Zeit tun?«, fragte mich Conceiçãos Mutter.

»Ich werde lesen, Dona Inácia.«

Ich hatte einen Roman mitgebracht, *Die drei Musketiere*, ich glaube in einer alten Übersetzung des *Jornal do Comércia*. Ich setzte mich an den Tisch, der in der Mitte des Zimmers stand, und während das Haus schlief, bestieg ich beim Schein der Petroleumlampe wieder einmal den mageren Klepper D'Artagnans und zog auf Abenteuer aus. Bald hatte Dumas mich völlig berauscht. Im Gegensatz zu sonstigen Wartezeiten verflogen die Minuten. Kaum hörte ich die Uhr elf Uhr schlagen. Dann aber riss mich ein schwaches Geräusch von drinnen aus meiner Lektüre, es waren Schritte, die aus dem Besuchssalon ins Esszimmer gingen. Ich hob den Kopf; gleich darauf sah ich Conceição auf der Schwelle der Wohnzimmertür stehen.

»Sind Sie noch nicht fort?«, fragte sie.

»Nein, ich glaube, es ist noch nicht Mitternacht.«

»Wie geduldig Sie sind!«

Conceição trat ein, die Schlafzimmerpantöffelchen nachschleifend. Sie trug einen weißen Morgenrock, der um die Taille lose geknüpft war. Da sie sehr schlank war, wirkte sie romantisch, was gut zu meinem Abenteuerroman passte. Ich schloss das Buch; sie nahm auf einem Stuhl mir gegenüber Platz, nahe am Kanapee. Als ich sie fragte, ob ich sie durch ein unbeabsichtigtes Geräusch geweckt hätte, antwortete sie sogleich:

»Keineswegs! Ich bin von allein aufgewacht.«

Ich warf ihr einen prüfenden Blick zu und bezweifelte ihre Behauptung. Ihre Augen sahen nicht nach Schlaf aus, vielmehr schien es, als habe sie sie noch keine Minute geschlossen. Diese Möglichkeit wies ich jedoch rasch von mir, ohne dabei zu überlegen, dass sie vielleicht gerade meinetwegen nicht geschlafen und nur gelogen hatte, um mich nicht zu bekümmern oder zu langweilen. Ich sagte bereits, dass sie gut, herzensgut war.

»Es muss bald so weit sein«, sagte ich.

»Wie viel Geduld Sie haben, zu wachen und zu warten, während der Freund aus der Nachbarschaft schläft! Und dabei allein zu warten! Fürchten Sie sich nicht vor den Geistern des Jenseits? Ich hatte Sorge, Sie könnten erschrecken, als Sie mich sahen.«

»Als ich Schritte hörte, war ich zunächst verwundert, aber dann waren Sie auch schon da.«

»Was lesen Sie da? Sagen Sie's nicht, ich weiß, es ist der Roman von den Musketieren.«

»Sie haben's erraten. Er ist wundervoll.«

»Lieben Sie Romane?«

»Sehr.«

»Haben Sie schon die *Moreninha* gelesen?«

»Von Dr. Macedo? Ja. Ich besitze das Buch in Mangaratiba.«

»Ich schwärme für Romane, lese aber wenig, aus Zeitmangel. Welche Romane haben Sie gelesen?«

Ich begann einige Namen aufzuzählen. Conceição hörte

zu, den Kopf zurückgelehnt, und blickte mich durch halbgeschlossene Lider unverwandt an. Von Zeit zu Zeit befeuchtete sie die Lippen. Als ich zu Ende gesprochen hatte, sagte sie nichts; so verharrten wir einige Sekunden. Dann richtete sie den Kopf auf, verschränkte die Hände, lehnte das Kinn darauf und stützte die Ellbogen auf die Armlehnen, ohne ihre großen, forschenden Augen von mir abzuwenden.

Vielleicht langweilt sie sich, dachte ich.

Und schon sagte ich laut:

»Dona Conceição, ich glaube, es ist an der Zeit, dass ich...«

»Nein, nein, es ist noch früh. Ich habe erst vorhin auf die Uhr geschaut. Es ist halb zwölf. Sie haben noch Zeit. Wenn Sie die ganze Nacht auf sind, werden Sie dann nicht morgen todmüde sein?«

»Ich bin's schon gewöhnt.«

»Ich nicht. Wenn ich eine Nacht durchwache, bin ich am nächsten Tag zu nichts zu gebrauchen und muss unbedingt ein Schläfchen machen, und wenn's nur eine halbe Stunde ist. Aber ich bin ja auch schon alt.«

»Sagen Sie das nicht, Dona Conceição!«

Ich hatte mit so viel Wärme gesprochen, dass sie unwillkürlich lächelte. Gewöhnlich waren ihre Gebärden träge, ihr Gebaren ruhig; nun aber stand sie rasch auf, ging zum anderen Ende des Wohnzimmers und machte ein paar Schritte zwischen dem Fenster, das zur Straße führte, und dem Arbeitszimmer ihres Mannes hin und her. In ihrer sittsamen Unordentlichkeit wirkte sie sehr eigenartig auf mich. Wenngleich schlank, hatte sie einen wiegenden Gang, als fiele es ihr schwer, ihr Gewicht zu tragen, ein Zug, der mir an jenem Abend besonders auffiel. Sie blieb mehrmals stehen, prüfte ein Stück des Vorhangs oder rückte einen Gegenstand auf der Etagere zurecht. Schließlich machte sie vor dem Tisch, der uns trennte, halt. Ihr Horizont war beschränkt; wieder sprach sie ihre Verwunderung darüber aus, dass ich die Nacht durchwachte. Ich wiederholte das, was sie bereits wusste, das heißt, dass ich noch nie eine Weihnachtsmesse am Hof gehört hätte und sie diesmal um keinen Preis missen wollte.

»Es ist die gleiche Messe wie auf dem Land, alle Messen sind gleich.«

»Das mag sein, aber hier wird sie sicherlich mit mehr Pomp gefeiert, auch werden viel mehr Menschen zugegen sein. Hören Sie, die Karwoche am Hof ist doch auch viel schöner als auf dem Land. Von Sankt Johannis will ich nicht reden, auch nicht von Sankt Anton…«

Sie lehnte sich vor, stützte die Ellbogen auf die Marmorplatte des Tisches und bettete das Gesicht zwischen die Handflächen. Da ihre Ärmel nicht zugeknöpft waren, fielen sie zurück, so dass ich ihre Unterarme sehen konnte, die hellhäutig und nicht so mager waren, wie man hätte vermuten können. Ihr Anblick war für mich zwar nicht neu, aber auch nicht gerade alltäglich; in jenem Augenblick jedoch war der Eindruck überwältigend. Die Adern waren so blau, dass ich sie trotz der schwachen Beleuchtung von meinem Platz aus zählen konnte. Conceiçãos Gegenwart machte mich noch wacher als das Buch. Ich fuhr fort, mich darüber zu verbreiten, was ich von den Kirchenfesten auf dem Lande und in der Stadt hielt sowie von anderen Dingen, die mir gerade einfielen. Ich sprach und sprach, sprang von einem Thema zum anderen, kehrte willkürlich zum Ausgangspunkt zurück und lachte, um ihr ein Lächeln zu entlocken und ihre schneeweißen, ebenmäßigen Zähne zu sehen. Ihre Augen waren nicht gerade schwarz, aber dunkel; ihre Nase, dünn und lang und leicht gebogen, verlieh dem Gesicht einen fragenden Ausdruck. Als ich die Stimme ein wenig hob, wies sie mich zurecht:

»Leiser! Sonst wacht Mama auf.«

Dabei gab sie aber ihre Stellung nicht auf, die mir ausnehmend gut gefiel, weil unsere Gesichter ganz nahe beieinander waren. Tatsächlich war es nicht nötig, laut zu sprechen, um sich verständlich zu machen. So flüsterten wir beide, ich noch mehr als sie, weil ich mehr redete. Dann und wann wurde sie ernst, tiefernst und runzelte die Stirn. Endlich wurde sie müde und änderte Stellung und Haltung. Sie stand auf, umschritt den Tisch und setzte sich neben mich aufs Kanapee. Ich wandte mich zu ihr und konnte einen verstohlenen Blick auf ihre Pantoffelspitzen werfen; aber kaum hatte sie sich gesetzt, verschwanden sie sofort unter ihrem langen Negligé. Ich erinnere mich daran, dass sie schwarz waren. Conceição sagte leise:

»Mama schläft zwar weit weg, hat aber einen federleichten Schlaf. Wenn sie jetzt aufwachte, würde sie so bald nicht wieder einschlafen.«

»Mir würde es ähnlich gehen.«

»Was?«, fragte sie, sich vorbeugend, um besser hören zu können. Ich setzte mich auf den Stuhl neben dem Kanapee und wiederholte meine Worte. Sie lachte über die Zufälligkeit, auch sie hatte einen leichten Schlaf; somit hatten wir alle drei einen leichten Schlaf.

»Es kommt vor, dass es mir wie Mama geht. Ich wache auf, kann nicht wieder einschlafen, wälze mich erst im Bett herum, stehe dann auf, zünde eine Kerze an, gehe spazieren, lege mich wieder hin – alles umsonst.«

»Und so ist es Ihnen heute ergangen.«

»Nein, nein«, warf sie ein.

Ich verstand ihr Verneinen nicht, vielleicht verstand sie es selber kaum. Sie ergriff die beiden Enden ihres Gürtels und schlug mit ihnen gegen die Knie, das heißt, gegen das rechte Knie, da sie gerade die Beine übereinandergeschlagen hatte. Dann erzählte sie von einem Traum und berichtete, sie habe nur einen einzigen Alptraum in ihrem Leben gehabt, und zwar als Kind. Sie wollte wissen, ob ich auch Alpträume erlebt hätte. So kam die Unterhaltung wieder in Fluss und schleppte sich geruhsam, gemächlich hin, so dass ich die Uhrzeit und die Mitternachtsmesse völlig vergaß. Sobald ich eine Erzählung oder eine Erklärung beendete, erfand sie sofort eine neue Frage oder einen neuen Stoff, und wieder ergriff ich das Wort. Von Zeit zu Zeit mahnte sie:

»Leiser, leiser …!«

Es entstanden auch Pausen. Zweimal schien es mir, als wolle sie einschlafen; aber schon öffnete sie ihre Augen, die sekundenlang geschlossen gewesen waren, ohne den geringsten Anschein von Müdigkeit, als hätte sie sie nur zugemacht, um besser sehen zu können. Bei einer dieser Gelegenheiten schien sie zu merken, dass ich völlig von ihr eingenommen war; ich erinnere mich daran, dass sie sie von neuem schloss, ich weiß nur nicht mehr, ob hastig oder langsam. Einige Bilder jener Nacht sind vertauscht oder verschwommen. Ich fühle, dass ich mir widerspreche und ins

Faseln gerate. Einer jener Eindrücke, die mir frisch im Gedächtnis haften geblieben sind, ist der, dass sie, die im Grunde nur sympathisch war, mit einem Mal schön, wunderschön wurde.

Jetzt stand sie mit verschränkten Armen da, aus Höflichkeit wollte ich aufspringen, vermochte es aber nicht, weil sie eine Hand auf meine Schulter legte und mich zwang, sitzen zu bleiben. Ich mühte mich, etwas zu sagen; sie aber erbebte, als liefe ihr ein kalter Schauer über den Rücken, wandte sich ab und setzte sich wieder auf den Stuhl, auf dem ich lesend gesessen hatte, als sie mich überraschte. Dann warf sie einen Blick in den Spiegel, der über dem Kanapee hing, und sprach von den Bildern, die die Wände schmückten.

»Diese Bilder sind schon alt. Ich habe Chiquinho schon gebeten, neue zu kaufen.«

Chiquinho war ihr Mann. Die Bilder sprachen für seinen Geschmack. Eines stellte Cleopatra dar, an die Darstellung auf dem anderen erinnere ich mich nicht mehr, jedenfalls waren Frauen darauf abgebildet. Beide Drucke waren alltäglich, zu jener Zeit schienen sie mir jedoch nicht unschön zu sein.

»Sie sind schön«, sagte ich.

»Das sind sie, aber sie sind schon fleckig. Außerdem möchte ich lieber Heiligenbilder haben, Bilder von zwei Heiligen. Diese hier passen besser in ein Junggesellenzimmer oder in einen Friseursalon.«

»In einen Friseursalon? Sicherlich sind Sie noch nie bei einem Herrenfriseur gewesen.«

»Ich kann mir aber vorstellen, dass die Kunden beim Warten über Weiber und Liebschaften reden und dass der Friseur sie mit gefälligen Abbildungen erheitern will. Für ein anständiges Heim finde ich diese Bilder höchst unpassend. So denke ich wenigstens, aber ich denke oft mancherlei Absonderliches, ich weiß. Wie dem auch sei, ich mag sie nicht. Ich habe eine Mutter Gottes von der Unbefleckten Empfängnis, die meine Schutzheilige ist, ein wunderschönes Stück, aber es ist ein Schnitzwerk, das sich nicht an die Wand hängen lässt, abgesehen davon, dass ich es ungern hier aufstellen würde. Es steht in meinem Gebetsschrein.«

Das Wort Gebetsschrein rief mir die Messe ins Gedächtnis zurück, ich dachte, es könne vielleicht schon zu spät sein, und wollte es sagen. Ich glaube, ich brachte sogar den Mund auf, schloss ihn jedoch sofort wieder, um zu hören, was sie zu erzählen hatte, und sie tat es mit so viel Zauber, Anmut und Sanftheit, dass meine Seele träg wurde und ich Messe und Kirche vollständig vergaß. Sie sprach von ihrer Frömmigkeit als Kind und junges Mädchen. Dann gab sie längst verjährten Ballklatsch zum Besten, erzählte von Ausflügen, kramte Erinnerungen von der Insel Paquetá aus, alles durcheinander und ohne abzusetzen. Als sie genug von der Vergangenheit hatte, ging sie auf die Gegenwart über; nun kam ihr Haushalt an die Reihe, häusliche Sorgen, die man ihr vor ihrer Heirat als unüberwindlich dargestellt hatte, die aber nach ihrer Erfahrung ganz geringfügig seien. Dass sie mit siebenundzwanzig geheiratet hatte, wusste ich, aber sie erwähnte es nicht.

Nun wechselte sie nicht mehr ihren Platz wie anfangs und veränderte auch nicht mehr die Stellung. Nun machte sie auch nicht mehr große Augen, sondern ließ den Blick ruhig über die Wände gleiten …

»Wir müssen das Wohnzimmer neu tapezieren lassen«, sagte sie bald darauf, als spräche sie mit sich selbst.

Ich stimmte zu, um etwas zu sagen, um jene magnetische Benommenheit abzuschütteln oder was sonst mir Sprache und Sinne lähmen mochte. Ich wollte die Unterhaltung beenden und wollte es auch nicht; ich mühte mich, den Blick von ihr loszureißen, aus einem Gefühl der Achtung heraus. Aber die Furcht, sie könne glauben, ich langweile mich, was nicht der Fall war, führte mich dazu, den Blick wieder auf Conceição zu heften. Allmählich schlief die Unterhaltung ein. Auf der Straße war es totenstill.

Eine Weile noch – wie lange weiß ich nicht – verharrten wir in völligem Schweigen. Das einzige Geräusch war ein rattenähnliches Nagen im Arbeitszimmer, das mich aus jener Betäubung riss; ich wollte es erwähnen, wusste aber nicht, wie. Conceição schien in Gedanken versunken zu sein. Plötzlich hörte ich, wie von außen ans Fenster geklopft wurde, hörte eine Stimme, die brüllte: »Weihnachtsmesse! Weihnachtsmesse!«

»Da ist Ihr Freund«, sagte sie und stand auf. »Das ist wirklich komisch. Sie wollten ihn wecken, und nun muss er Sie hier wachrütteln. Laufen Sie, es muss schon spät sein. Adieu.«

»Ob es schon an der Zeit ist?«, fragte ich.

»Natürlich.«

»Weihnachtsmesse!«, ertönte es draußen wieder, und wieder wurde gegen die Fensterscheibe getrommelt.

»Los, los, lassen Sie nicht auf sich warten! Es war meine Schuld. Leben Sie wohl, auf Wiedersehen bis morgen.«

Und mit ihrem wiegenden Gang verschwand Conceição

leise im Hausflur. Ich trat auf die Straße hinaus und fand den Freund, der auf mich wartete. Schnurstracks eilten wir zur Kirche. Während der Messe schob sich Conceiçãos Gestalt mehrmals vor den Priester – was auf Rechnung meiner damaligen siebzehn Jahre gehen mochte. Am darauffolgenden Morgen berichtete ich beim Frühstück von der Mitternachtsmesse und den Leuten, die in der Kirche gewesen waren, ohne damit Conceiçãos Neugierde zu entfachen. Im Verlauf des Tages fand ich sie wieder wie immer, natürlich und liebevoll, ohne dass irgendetwas in ihrem Benehmen an unsere Unterhaltung vom Vorabend erinnert hätte. Über Neujahr fuhr ich nach Mangaratiba. Als ich im März wieder nach Rio de Janeiro kam, war der Notar an einem Gehirnschlag gestorben. Conceição wohnte jetzt in Engenho Novo, aber ich besuchte sie nicht und begegnete ihr auch anderswo nicht. Später hörte ich, dass sie den Schreiber ihres Mannes geheiratet hatte.

O'Henry

Die Weihnachtsansprache

Es gibt keine Weihnachtsgeschichten mehr. Die Phantasie ist erschöpft; und Zeitungsnotizen, die zweitbeste Quelle, werden von klugen, jungen Journalisten geschrieben, die frühzeitig geheiratet haben und mit einer pessimistischen Lebensauffassung kokettieren. Deshalb bleiben uns für die Zerstreuung an Festtagen zwei sehr merkwürdige Quellen – Tatsachen und Philosophie. Wir werden beginnen mit – nun, der Name tut nichts zur Sache.

Kinder sind verteufelte kleine Geschöpfe, und wir müssen mit ihnen in verwirrend vielen Situationen fertig werden. Besonders wenn sie von kindlichem Schmerz überwältigt werden, stehen wir am Ende unserer Kunst. Wir erschöpfen unseren armseligen Vorrat an Trost und beschwindeln dann die schluchzenden Geschöpfe, bis sie einschlafen. Danach wühlen wir im Staub von Millionen Jahren und fragen Gott, warum. So versuchen wir das Pferd von hinten aufzuzäumen. Was die Kinder betrifft, so werden sie nur von alten Kindermädchen, Buckligen und Schäferhunden verstanden.

Jetzt komme ich zu den Tatsachen des Falles der Stoffpuppe, des Landstreichers und des fünfundzwanzigsten Dezembers.

Am Zehnten dieses Monats verlor das Kind des Millionärs seine Stoffpuppe. Zahlreiche Diener lebten in dem Millionärspalast am Hudson, und sie alle durchsuchten das Haus und das Grundstück, ohne aber den verlorenen Schatz zu finden. Das Kind, ein fünfjähriges Mädchen, war eines dieser verdrehten kleinen Biester, die oft die Gefühle ihrer reichen Eltern verletzen, weil sie ihre Zuneigung einem gewöhnlichen, billigen Spielzeug schenken anstatt brillantenbesetzten Autos und Ponywagen.

Das Kind trauerte tief und echt, was dem Millionär völlig unverständlich war, da ihn die Stoffpuppenindustrie ebenso wenig wie eine Benzinmarke aus Massachusetts interessierte; und was die Dame des Hauses, die Mutter des Kindes, betraf, so bestand sie nur aus guten Manieren – das heißt, beinahe nur aus guten Manieren, wie Sie sehen werden.

Das Kind weinte untröstlich, bekam tiefliegende Augen und X-Beine, wurde dürr und auch sonst sehr schwierig. Der Millionär lächelte und tastete vertrauensvoll seinen Geldschrank ab. Die Spitzenerzeugnisse der französischen und deutschen Spielwarenindustrie wurden von Spezialboten an den Millionär geliefert; aber Rachel war weit entfernt davon, sich beruhigen zu lassen. Sie weinte ihrer Stoffpuppe nach und umgab sich gegen allen ausländischen Unsinn mit einer hohen Schutzmauer. Dann wurden Ärzte mit feinsten Krankenbesuchsmanieren und Stoppuhren zu Rate gezogen. Einer nach dem anderen hielt nutzlose Vorträge über eisenhaltiges Peptomanganat, über Seereisen und Hypophosphite, bis ihnen ihre Stoppuhr zeigte, dass die zu stellende Rechnung ihr Mindestsoll erreicht hatte. Da sie Männer waren, empfahlen sie das Auffinden der Stoffpuppe und möglichst schnelle Rückgabe an die trauernde Mutter. Das Kind rümpfte die Nase über die Mediziner, lutschte am Daumen und jammerte nach seiner Betsy. Dauernd kamen Telegramme vom Weihnachtsmann, in denen stand, dass er bald eintreffen werde und allen empfehle, eine wahre Weihnachtsstimmung aufkommen zu lassen und sich wenigstens eine Zeitlang nicht mit Spielsälen, Versicherungspolicen und Aufrüstung zu befassen, damit man ihn gebührend empfangen könne. Überall begann sich Weihnachtsstimmung auszubreiten. Die Banken gaben keine Kredite, die Pfandleiher hatten ihre Angestelltenzahl verdoppelt, auf den Straßen zerstießen sich die Leute gegenseitig mit roten Schlitten die Schienbeine, auf den Schanktischen brodelten die heißen Getränke, während man, in die Menge eingekeilt, auf einem Fuß stehend wartete, in den Schaufenstern hingen die Stechpalmenkränze der Gastfreundschaft, und die Leute holten ihre Pelze hervor, wenn sie welche besaßen. Man wusste gar nicht, was für Kugeln man nehmen sollte: Christbaum-, Motten- oder Marzipankugeln. Es war nicht der richtige Zeitpunkt, die heißgeliebte Stoffpuppe zu verlieren.

Wenn man Sherlock Holmes hinzugezogen hätte, um das geheimnisvolle Verschwinden aufzuklären, dann wäre ihm sehr bald im Zimmer des Millionärs das Bild »Der Vampir« aufgefallen. Daraus hätte er sehr schnell einen seiner berühmten Schlüsse gezogen. »Ein Stück Stoff, Knochen und eine Haarsträhne.« Flip, der Scotchterrier, nach der Stoffpuppe der liebste Spielgefährte des Kindes, sprang durch die Zimmer. Die Haarsträhne! Aha! Gesucht ist X, X ist die Stoffpuppe. Aber der Knochen? Na ja, wenn Hunde Knochen finden, tragen sie – das ist die Lösung! Es war ein einfacher und erfolgreicher Einfall, Flips Vorderpfoten zu untersuchen. Sehen Sie, Watson! Erde – getrocknete Erde zwischen den Krallen. Natürlich, der Hund – aber Sherlock war nicht hier. Deshalb kam niemand auf diesen Gedanken. Ortskenntnis und Architektur müssen jetzt zu Hilfe kommen.

Der Palast des Millionärs hatte fürstliche Ausmaße. Vor dem Haus lag ein Rasenteppich, so kurz geschnitten wie der zwei Tage alte Bart eines Südirländers. An einer Seite des Hauses stand eine beschnittene Heckenlaube, außerdem lagen dort die Garagen und Ställe. Der kleine Scotch hatte die Stoffpuppe aus dem Kinderzimmer entführt, sie zu einer Ecke des Rasens geschleift und sie wie ein unordentlicher Leichengräber in ein Loch verscharrt. Jetzt haben Sie das Geheimnis gelöst und brauchen keine Schecks für medizinischen Zauber auszuschreiben oder lange, unnütze Gespräche mit Polizeiwachtmeistern zu führen. Aber lasst uns jetzt zu dem Kernpunkt der Sache kommen, ungeduldige Leser – dem weihnachtlichen Kernpunkt.

Fuzzy war betrunken – nicht lärmend, hilflos oder geschwätzig, wie es Ihnen oder mir vielleicht in so einem Falle geht, sondern still, gemessen und harmlos, wie ein Gentleman, den das Glück verlassen hat.

Fuzzy war vom Unglück verfolgt. Die Landstraße, der Heuschober, die Bank im Park, die Küchentüre, der Rundgang nach einem Bett mit Duschzwang im Obdachlosenasyl, kleine Diebereien, die mangelnde Freigebigkeit in den großen Städten – das alles waren die Stationen seines Lebens.

Fuzzy ging die Straße zum Fluss hinunter, die an dem Haus und dem Grundstück des Millionärs entlangführte.

Er sah ein Bein von Betsy, der verlorenen Stoffpuppe, das aus ihrem unwürdigen Grab an der Ecke des Zaunes wie der Zeuge eines geheimnisvollen Liliputanermordfalles hervorragte. Er zog die misshandelte Puppe hervor, klemmte sie unter den Arm und setzte seinen Weg fort, wobei er ein Landstreicherlied brummte, das nicht für die Ohren einer Puppe bestimmt war, die aus einem wohlbehüteten Haus stammte. Wie gut für Betsy, dass sie keine Ohren hatte! Und gut, dass sie auch keine Augen hatte, außer runden schwarzen Flecken; denn Fuzzy und der Scotchterrier glichen sich wie Brüder, und kein Herz einer Stoffpuppe hätte es zum zweiten Mal ertragen, die Beute solcher furchterregender Ungeheuer zu werden.

Wahrscheinlich werden Sie nie in diese Gegend kommen, aber am Flussufer in der Nähe der Straße, die Fuzzy hinunterging, lag Grogans Kneipe. Bei Grogan herrschte bereits eine ausgelassene Weihnachtsstimmung.

Fuzzy trat mit seiner Puppe ein. Er fragte sich, ob er nicht als Possenreißer bei einem Trinkgelage ein paar Tropfen aus dem Humpen erben könne.

Er setzte Betsy auf den Bartisch, unterhielt sich laut und witzig mit ihr und schmückte seine Rede mit übertriebenen Komplimenten und Zärtlichkeiten, wie einer, der seine Freundin unterhält. Den herumstehenden Landstreichern und Säufern gefiel die Posse, und sie brüllten vor Lachen. Der Barkellner gab Fuzzy etwas zu trinken. Oh, viele von uns tragen eine Stoffpuppe mit sich.

»Einen für die Dame?«, schlug Fuzzy etwas frech vor und schüttete sich einen weiteren Lohn für seine Darbietung hinter die Binde.

Er erkannte Betsys Möglichkeiten. Der erste Abend war ein voller Erfolg. Visionen einer Gastspieltournee stiegen in ihm auf.

In einer Gruppe am Ofen saßen »Pigeon« McCarthy, Black Riley und »Einohr« Mike, berühmt und berüchtigt in dem rauhen Armenviertel, das wie ein schwarzer Fleck das linke Flussufer verunzierte. Sie tauschten eine Zeitung untereinander aus. Die Anzeige, auf die jeder mit seinen plumpen Zeigefinger deutete, trug die Überschrift: »Hundert Dollar Belohnung«. Um sie zu erlangen, musste man eine verlorene Stoffpuppe zurückbringen, die in dem Haus des Millionärs verlorengegangen oder gestohlen worden war. Es schien, als tobte der Schmerz noch immer unvermindert in der Brust des allzu anhänglichen Kindes. Flip, der Scotchterrier, machte Kapriolen und schüttelte seinen komischen Schnurrbart vor ihr, aber er konnte sie nicht zerstreuen. Sie suchte weinend in den Gesichtern der laufenden, sprechenden, mamaschreienden und augenschließenden französischen Puppen nach ihrer Betsy. Das Inserat war die letzte Rettung. Black Riley kam hinter dem Ofen hervor und schlenderte geradewegs auf Fuzzy zu.

Der weihnachtliche Possenreißer, vom Erfolg geschwellt, hatte Betsy wieder unter den Arm geklemmt und wollte gerade weggehen, um seine Stegreifvorstellung woanders zu geben.

»Hör mal, Strolch«, fragte Fuzzy und berührte Betsy mit dem Zeigefinger, als wolle er sichergehen, dass sich die Frage auf Betsy bezog. »Wieso? Diese Puppe hat mir der Kaiser von Belutschistan geschenkt. In meiner Heimat in Newport habe ich siebenhundert Puppen. Diese Puppe –«

»Lass diesen Quatsch«, sagte Riley. »Die hast du organisiert oder gefunden, da oben in dem Haus, wo – aber das is egal. Ich biete dir fünfzig Cents für den Lumpen, aber nimm's schnell. Das Kind meines Bruders zu Hause möchte vielleicht damit spielen. Also – was is?«

Er zog die Münze hervor.

Fuzzy lachte ihm eine gurgelnde, unverschämte Schnapsfahne ins Gesicht. Gehen Sie in das Büro von Sarah Bernhardts Manager und bitten Sie ihn, dass sie an einem Abend anstatt im Theater in der Volkshochschule und dem literarischen Zirkel einer Kleinstadt auftreten möchte. Sie würden genau so ein Lachen zu hören bekommen.

Black Riley schätzte Fuzzy schnell mit seinen Heidelbeeraugen ab, wie es Ringkämpfer zu tun pflegen. In seiner Hand zuckte es, ihm einen Doppelnelson anzusetzen und die Stoffpuppe Betsy dem improvisierten Hanswurst zu entwinden, der, ohne es zu wissen, einen Engel mit sich führte. Aber er hielt sich zurück. Fuzzy war wohlgenährt, kräftig und groß. Ein acht Zentimeter dicker, wohlgenährter Schmerbauch, nur mit schmutzigem Leinen gegen die winterliche Luft geschützt, füllte seine Weste und die Hose. Zahlreiche kleine Querfalten an seinem Jackenärmeln und an den Knien bürgten für die Qualität seiner Knochen und Muskeln. Seine kleinen, blauen Augen, voller Selbstlosigkeit und Schnapsseligkeit, blickten freundlich und ohne Verlegenheit. Er hatte einen Schnurrbart, trank gern Whiskey und war gut im Fleisch. Deshalb zögerte Black Riley.

»Was willste denn dafür?«, fragte er. – »Für Geld«, sagte Fuzzy mit heiserer Entschlossenheit, »is sie gar nich zu hab'n.«

Er war bereits von den ersten süßen Triumphgefühlen eines Künstlers berauscht. Eine blassblaue, erdverschmierte Stoffpuppe vor sich auf der Theke, mit der man eine Unterhaltung vorführte, wobei das Herz mit dem ersten lauten Beifall höher schlug und seine Kehle von den ihr zur Ehre gestifteten Getränken brannte – konnte man ihm seine Leistungen mit einer solchen lächerlichen Münze bezahlen? Wie Sie bemerkt haben werden, hatte Fuzzy Temperament.

Fuzzy ging mit der Haltung eines dressierten Seelöwen hinaus, um sich auf die Suche nach weiteren Cafés zu begeben.

Obwohl die Dämmerung noch kaum zu spüren war, flammten überall in der Stadt Lichter auf, wie Maiskörner, die in einem tiefen Tiegel aufplatzen. Der ungeduldig erwartete Heilige Abend blinzelte bereits durch das Schlüsselloch. Millionen hatten sich für die Feier vorbereitet. Die Städte standen vor Freude kopf. Auch Sie persönlich werden bereits Weihnachtschoräle gehört und sich einen Magenbitter bestellt haben.

»Pigeon« McCarthy, Black Riley und »Einohr« Mike hielten vor Grogans Kneipe einen kurzen Kriegsrat. Sie waren schmalbrüstig, blasse Bürschchen, die den offenen Kampf scheuten, aber in ihrer Kriegsführung gefährlicher als die blutrünstigen Türken. In einer offenen Schlacht hätte Fuzzy alle drei aufgefressen. In einem heimtückischen Kampf war er von vornherein zum Untergang verdammt.

Gerade als er Costigans Kasino betreten wollte, überholten sie ihn. Sie hielten ihn zurück und schoben ihm die Zeitung unter die Nase. Fuzzy konnte lesen – und mehr als das.

»Jungens«, sagte er, »ihr seid wirklich verdammt gute Freunde. Gebt mir eine Woche zum Überlegen.«

Die Seele eines wahren Künstlers wird nur mit Mühe zum Schweigen gebracht.

Die Kerle wiesen darauf hin, dass Anzeigen ruchlos seien und die Versprechungen des heutigen Tages morgen ungültig sein könnten.

»Ein glatter Hunderter«, sagte Fuzzy gedankenverloren.

»Jungens«, sagte er, »ihr seid wahre Freunde. Ich werde hingehen und die Belohnung einkassieren. Der Schauspieler ist nicht mehr so gefragt wie früher.«

Allmählich wurde es Nacht. Die drei blieben an seiner Seite bis zum Fuße des Hügels, auf dem das Haus des Millionärs stand. Hier wandte sich Fuzzy brüsk den dreien zu.

»Ihr seid nichts weiter als eine Meute blassgesichtiger Spürhunde«, brüllte er. »Haut ab!«

Sie hauten ab, aber nur ein kurzes Stück.

In »Pigeon« McCarthys Tasche befand sich ein zweieinhalb Zentimeter dicker und zwanzig Zentimeter langer Gummischlauch. Im unteren Ende und in der Mitte steckte je eine Bleikugel, und die Hälfte des Schlauches war mit Zink angefüllt. Als geborener Rohling besaß Riley einen Schlagring. »Einohr« Mike verließ sich ebenfalls auf ein paar Schlagringe – ein altes Erbstück der Familie.

»Warum selber hingehen und sich abschleppen«, sagte Black Riley, »wenn ein anderer es für einen tut? Er soll's uns bringen. He – was?«

»Wir könnten ihn in 'n Fluss schmeißen«, sagte »Pigeon« McCarthy, »mit einem Stein an den Füßen.«

»Ihr langweilt mich«, sagte »Einohr« Mike traurig. »Werdet

ihr denn nie mit der Zeit gehen? Wir werden ihn mit etwas Benzin bespritzen und mitten auf die Straße legen – nicht wahr?«

Fuzzy betrat das Millionärsgrundstück und zickzackte auf die schwach erleuchtete Eingangstür des Hauses zu. Die drei Wichte kamen auf das Tor zu und postierten sich je einer rechts und links des Tores und der dritte auf der anderen Straßenseite. Voller Vertrauen hielten sie das kalte Metall und den Gummi umklammert.

Fuzzy läutete mit einem törichten und verträumten Lächeln. In Erinnerung an seine Vorväter griff er instinktiv nach dem Knopf seines rechten Handschuhs. Aber er trug keine Handschuhe; deshalb ließ er erstaunt die linke Hand wieder fallen.

Der Diener, der speziell dafür da war, dass er die Tür für Seide und Spitzen öffnete, fuhr bei Fuzzys Anblick zuerst zurück. Aber dann gewahrte er Fuzzys Pass, seine Zulassungskarte, die Gewissheit, willkommen zu sein – durch die verlorene Stoffpuppe der Tochter des Hauses, die unter seinem Arm hervorbaumelte.

Fuzzy durfte in die große Diele eintreten, die von indirektem Licht schwach beleuchtet war. Der Diener entfernte sich und kam mit einem Mädchen und dem Kind zurück. Die Puppe wurde der Trauernden zurückgegeben. Sie drückte ihren verlorenen Liebling an die Brust; und dann, in dem unberechenbaren Egoismus und der Ehrlichkeit eines Kindes, stampfte sie mit dem Fuß auf und überschüttete das abstoßende Wesen, das sie aus der Tiefe ihres Kummers und ihrer Verzweiflung errettet hatte, mit weinerlichem Hass und mit Furcht. Fuzzy versuchte mit einem blöden Lächeln und dummem Kleinkindergeschwätz, das angeblich den erwachenden Verstand des Kindes erfreuen soll, die Gunst der Kleinen zu gewinnen. Das Kind plärrte, drückte ihre Betsy fest an sich und wurde entfernt.

Dann kam der Sekretär, ein blasser, vornehmer, geschniegelter Herr in Pumps, angeschwebt, der Pomp und Zeremonie liebte. Er zählte Fuzzy zehn Zehndollarscheine in die Hand; dann fiel sein Blick auf die Türe, von da auf James, den Türhüter, und schließlich auf den verachtungswürdigen Empfänger der Belohnung, worauf er seinen Pumps gestattete, ihn wieder in die Regionen seines Sekretariats zu tragen.

Jetzt übernahm James das Kommando mit seinen Augen und wischte Fuzzy sozusagen bis zur Türe.

Als das Geld Fuzzys schmutzige Handfläche berührt hatte, war sein erster Impuls gewesen, augenblicklich abzuhauen; aber eine weitere Überlegung hatte ihn von diesem Verstoß gegen die Etikette abgehalten. Es gehörte ihm; man hatte es ihm überreicht. Es – oh, was für ein Paradies zauberte das Geld vor seinen Augen hervor! Er war bis an das Ende der Leiter getaumelt; er war hungrig, ohne ein Zuhause, ohne Freunde, zerlumpt, ihn fror, und er wurde hin und her gestoßen; und jetzt hielt er in seiner Hand den Schlüssel zu dem Paradies, in dem Milch und Honig fließt und nach dem er sich so gesehnt hatte. Die Zauberpuppe hatte in ihrer Lumpenhand einen Zauberstab geschwungen; und jetzt, wo immer er auch hingehen mochte, standen die fröhlichen Paläste mit den glitzernden Fußleisten und den anziehenden Flüssigkeiten in funkelnden Gläsern für ihn offen.

Er folgte James zur Türe.

Hier blieb er stehen, während der Livrierte das schwere Mahagoniportal öffnete, um ihn in die Vorhalle hinauszulassen.

Hinter dem schmiedeeisernen Gitter auf der dunklen Straße schlenderten Black Riley und seine beiden Kumpane beiläufig auf und ab, während sie in ihren Taschen mit den unvermeidlich tödlichen Waffen spielten, mit deren Hilfe sie sich die Lumpenpuppenbelohnung verschaffen wollten.

Fuzzy hielt an der Eingangstür des Millionärs an und dachte nach. Wie junge Triebe an einem abgestorbenen Mistelzweig begannen bestimmte lebendige törichte Gedanken und Erinnerungen in seinem verwirrten Verstand zu sprießen. Wissen Sie, er war ziemlich betrunken, und die Gegenwart begann sich zu verflüchtigen. Diese Kränze und Girlanden aus Stechpalmen mit den roten Beeren, die die große Diele so fröhlich machten – wo hatte er diese Dinge nur schon einmal gesehen? Irgendwo hatte er auch polierte Fußböden und den Duft frischer Blumen mitten im Winter gekannt, und – irgendjemand im Haus sang ein Lied, das er seiner Meinung nach schon einmal früher gehört hatte. Jemand sang und spielte Harfe. Natürlich, es war Weihnachten – Fuzzy sagte sich, dass er sehr betrunken gewesen sein musste, um das zu überhören.

Dann verließ er die Gegenwart, und aus einer unmöglichen, entschwundenen und unwiederbringlichen Vergangenheit tauchte ein kleiner, schneeweißer, durchscheinender, vergessener Geist auf – der Geist des »noblesse oblige«. Jeder Gentleman hatte gewisse Verpflichtungen.

James öffnete die Außentür. Ein Lichtschein flutete über

den Kiesweg bis zum Eisentor. Das sahen Black Riley, McCarthy und »Einohr« Mike und schlossen ihre finstere Absperrkette dichter um das Tor.

Mit einer gebieterischen Gebärde, wie sie James' Herr anwandte, gebot Fuzzy dem Diener, die Tür zu schließen. Jeder Gentleman hat Verpflichtungen. Besonders zu Weihnachten.

»Es ist ein alter Brauch«, sagte er zu dem verwirrten James, »dass ein Gentleman, der am Heiligen Abend einen Besuch macht, mit der Hausfrau die Glückwünsche zum Fest auswechselt. V'stehn Sie? Ich rühre mich nicht von der Stelle, bevor ich nicht der Hausfrau die Wünsche zum Fest überbracht habe. V'stehn Sie?«

Sie fingen zu streiten an. James verlor. Fuzzy erhob seine Stimme, und es schallte unfreundlich durch das Haus. Ich sagte nicht, dass er ein Gentleman sei. Er war nur ein Landstreicher, über den ein Geist gekommen war.

Eine echte Silberglocke ertönte. James verschwand, um dem Ruf der Glocke zu folgen, und ließ Fuzzy allein in der Halle zurück. Irgendwo erklärte James jemandem etwas.

Dann kam er wieder und geleitete Fuzzy in die Bibliothek.

Einen Augenblick später trat die Dame des Hauses ein. Sie war schöner und verklärter als jedes Bild, das Fuzzy jemals gesehen hatte. Sie lächelte und sagte etwas von einer Puppe. Fuzzy verstand nichts; er konnte sich an keine Puppe erinnern.

Ein Diener brachte auf einem gehämmerten, echten Silbertablett zwei kleine Gläser mit funkelndem Wein. Die Dame nahm eins der Gläser. Das andere wurde Fuzzy gereicht.

Als sich seine Finger um den schlanken Stiel schlossen, verschwand seine Verwirrung für einen Augenblick. Er richtete sich auf; und die Zeit, zu den meisten von uns unfreundlich, drehte sich zurück, um Fuzzy einen Gefallen zu erweisen.

Wie vergessene Geister aus der Weihnachtszeit, weißer als der falsche Bart des meist fülligen Knecht Ruprechts, neigten sich die Alkoholdünste von Grogans Whiskey herein. Was hatte der Herrensitz des Millionärs mit einer getäfelten Halle in Virginia zu tun, wo sich die Reiter um eine silberne Punschschale versammelten, um den uralten Trinkspruch des Hauses zu sagen? Und wieso sollte das Hufgeklapper eines Droschkengauls auf der gefrorenen Straße mit dem Gestampfe der gesattelten Renner unter dem Schutzdach einer westlichen Veranda in irgendeiner Verbindung stehen? Und was hatte Fuzzy mit diesen Sachen zu tun?

Als ihn die Dame über das Glas hinweg anschaute, verschwand ihr herablassendes Lächeln wie ein künstlicher Sonnenuntergang. Ihre Augen wurden ernst. Sie sah etwas unter den Lumpen und dem Scotchterrierbart, was sie nicht verstand. Aber das machte nichts.

Fuzzy erhob sein Glas und lächelte leer.

»Ver-, Verzeihung, meine Dame«, sagte er, »aber konnte nich weggehn, bevor ich nicht Glückwünsche zum Fest der Dame d's Hauses überbracht hab'. Is gegn Prinzipien eines Gentl'man so su handln.«

Und dann begann er mit der uralten Grußformel, die zu der Tradition eines Hauses gehört hatte, als die Herren noch Spitzenkrausen und Puderperücken trugen.

»Der Segen des neuen Jahres –«

Das Gedächtnis ließ Fuzzy im Stich. Die Dame sprang ein: »– komme über dieses Herz.«

»– der Gast –«, stammelte Fuzzy.

»– und über sie, die –«, fuhr die Dame fort und lächelte aufmunternd.

»Oh, hören Sie auf«, sagte Fuzzy ungezogen. »Ich kann mich nicht erinnern. Sehr zum Wohle.«

Fuzzy hatte seinen Pfeil verschossen. Sie tranken. Die Dame hatte wieder das Lächeln ihrer Gesellschaft aufgesetzt. James nahm Fuzzy wieder in seine Obhut und begleitete ihn zur Eingangstür zurück. Noch immer tönte die Harfenmusik durch das Haus.

Draußen blies Black Riley in seine kalten Hände und umarmte das Gittertor.

»Ich möchte gern wissen«, sagte die Dame nachdenklich, »wer – aber es ist schon so vielen so gegangen. Ob die Erinnerung für sie ein Fluch oder ein Segen ist, wenn sie so tief gefallen sind?«

Fuzzy war mit seiner Eskorte fast an der Tür. Die Dame rief: »James!«

James marschierte unterwürfig zurück und ließ Fuzzy unsicher wartend zurück, unsicher, da ihn der kurze Funke einer göttlichen Eingebung wieder verlassen hatte.

Draußen vertrat sich Black Riley seine kalten Füße und umklammerte den Gummischlauch mit festerem Griff.

»Sie werden diesen Gentleman hinunterbegleiten«, sagte die Dame. »Dann sagen Sie Louis, er soll den Mercedes vorfahren und diesen Herrn hinbringen, wohin immer er wünscht.«

Truman Capote

Weihnachten mit Miss Holiday Golightly

Dieser Montag im Oktober 1943. Ein schöner Tag mit der Schwungkraft eines Vogels. Zu Beginn tranken wir Manhattans bei Joe Bell und, als er von meinem Glück hörte, Champagnercocktails aufs Haus. Danach schlenderten wir zur Fifth Avenue, wo eine Parade stattfand.

Die Fahnen im Wind, das Stampfen der Militärkapellen und der militärischen Füße schienen nichts mit dem Krieg zu tun zu haben, sondern vielmehr eine mir zu Ehren veranstaltete Feier zu sein. Wir aßen in dem Restaurant im Central Park zu Mittag. Hinterher, unter Umgehung des Zoos (Holly sagte, sie könne nicht ertragen, irgendetwas in einem Käfig zu sehen), rannten wir auf den Wegen lachend und singend zu dem alten, hölzernen Bootshaus, das inzwischen verschwunden ist. Blätter schwammen auf dem See; am Ufer fachte ein Parkwächter ein Feuer aus welkem Laub an, und der Rauch, der aufstieg wie Indianersignale, war die einzige Trübung in der zitternden Luft. Der April hat mir nie viel bedeutet, der Herbst scheint die Jahreszeit des Neubeginns, des Frühlings zu sein; dieses Gefühl hatte ich, als ich mit Holly auf dem Geländer der Bootshausveranda saß. Ich dachte an die Zukunft und sprach von der Vergangenheit. Denn Holly hatte mich nach meiner Kindheit gefragt. Sie erzählte auch von ihrer eigenen; aber verschwommen, ohne Namens- oder Ortsangaben, eine impressionistische Schilderung, wenn auch von ganz anderer Art, als man erwartete, denn es war darin nahezu lustvoll vom Baden und vom Sommer, von Weihnachtsbäumen, hübschen Vettern und Festen die Rede: kurzum, glücklich auf eine Weise, wie Holly es nicht war, und nie und nimmer das Umfeld eines Kindes, das von zu Hause fortgelaufen war. Oder, fragte ich, stimmte es etwa nicht, dass sie sich seit ihrem vierzehnten Lebensjahr allein durchgeschlagen hatte? Sie rieb sich die Nase. »Doch, das stimmt. Das andere nicht. Aber im Ernst, Herzchen, du hast aus deiner Kindheit solch eine *Tragödie* gemacht, dass ich damit nicht wetteifern wollte.« Sie sprang vom Geländer herunter. »Jedenfalls erinnert mich das daran: Ich muss Fred Erdnussbutter schicken.« Den Rest des Nachmittags über pendelten wir hin und her und schwatzten widerwilligen Lebensmittelhändlern Dosen mit Erdnussbutter ab, einer kriegsbedingten Mangelware; die Dunkelheit brach herein, bevor wir ein halbes Dutzend Dosen zusammenhatten, die letzte aus einem Feinkostgeschäft in der Third Avenue. Es befand sich ganz in der Nähe von dem Antiquitätenladen mit dem palastartigen Vogelkäfig im Schaufenster, also führte ich sie dorthin, um ihn ihr zu zeigen, und ihr gefiel seine Eigenart, seine phantasievolle Pracht. »Aber trotzdem, es ist und bleibt ein Käfig.« Als wir bei einem Woolworth vorbeikamen, packte sie meinen Arm: »Komm, wir stehlen was«, sagte sie und zog mich in das Warenhaus, wo sich sofort Augen auf uns zu richten schienen, als stünden wir schon unter Verdacht. »Los, sei kein Feigling.« Sie umstrich einen Ladentisch voller Pappmachékürbisse und Halloween-Masken. Die Verkäuferin war gerade mit einer

Gruppe von Nonnen beschäftigt, die Masken aufprobierten. Holly nahm eine Maske und setzte sie sich auf; sie wählte eine andere aus und setzte sie mir auf; dann ergriff sie meine Hand, und wir gingen hinaus. So einfach war das. Draußen rannten wir ein ganzes Stück, ich glaube, um es dramatischer zu machen; aber auch, weil, wie ich entdeckt hatte, erfolgreicher Diebstahl in Hochstimmung versetzt. Ich fragte sie, ob sie schon oft gestohlen hatte. »Früher ja«, sagte sie. »Ich meine, ich musste einfach. Wenn ich was haben wollte. Aber hin und wieder tu ich's immer noch, um in Übung zu bleiben.«

Wir trugen die Masken, bis wir zu Hause waren.

In meiner Erinnerung habe ich viele Hierhin-und-dorthin-Tage mit Holly verbracht: Und es ist wahr, gelegentlich unternahmen wir etwas; aber im Großen und Ganzen ist die Erinnerung falsch. Denn gegen Ende des Monats fand ich Arbeit – was gibt es da hinzuzufügen? Je weniger, desto besser, außer vielleicht, dass sie notwendig war und von neun bis fünf dauerte. Was unseren Tagesablauf, Hollys und meinen, extrem verschieden machte. Außer am Donnerstag, ihrem Sing-Sing-Tag, oder wenn sie in den Park reiten gegangen war, was sie hin und wieder tat, stand Holly gerade erst auf, wenn ich nach Hause kam. Manchmal schaute ich kurz vorbei und teilte ihren Wachmacherkaffee mit ihr, während sie sich für den Abend zurechtmachte. Sie ging ständig aus, nicht immer mit Rusty Trawler, aber meistens, und meistens gesellten sich auch Mag Wildwood und der schöne Brasilianer dazu, dessen Name José Ybarra-Jaeger lautete; seine Mutter war Deutsche. Als Quartett klangen sie ein wenig unrein, was hauptsächlich an Ybarra-Jaeger lag, der in ihrer Gesellschaft so fehl am Platz wirkte wie eine Geige in einer Jazzkapelle. Er war intelligent, er war ansehnlich, ihm lag offensichtlich viel an seiner Arbeit, die irgendwie irgendwas mit wichtigen Regierungsgeschäften zu tun hatte und ihn an mehreren Tagen in der Woche nach Washington führte. Wie konnte er dann eine Nacht nach der anderen im La Rue, im El Morocco überleben, in den Ohren das Wildwood-G-G-Geschwätz und vor den Augen Rustys aufgedunsenes Babypopo-Gesicht? Vielleicht, wie die meisten von uns in einem fremden Land, war er unfähig, Menschen einzuordnen, sie in den richtigen Rahmen zu stecken, wie er es zu Hause getan hätte; deshalb mussten alle Amerikaner so ziemlich im selben Licht beurteilt werden, und auf dieser Grundlage kamen ihm seine Begleiter wie erträgliche Vertreter des Lokalkolorits und des Nationalcharakters vor. Das würde vieles erklären; Hollys Zielstrebigkeit erklärt den Rest. Spät eines Nachmittags, während ich auf einen Fifth-Avenue-Bus wartete, sah ich ein Taxi auf der anderen Straßenseite halten, um ein Mädchen aussteigen zu lassen, das die Stufen der Stadtbibliothek in der Forty-second Street hinaufrannte. Ich erkannte sie erst, als sie schon die Tür passiert hatte, was verzeihlich war, denn Holly und Bibliotheken waren nicht leicht miteinander in Verbindung zu bringen. Ich ließ mich von der Neugier zwischen den Löwen hindurchführen und überlegte auf dem Weg, ob ich zugeben sollte, dass ich ihr gefolgt war, oder einen Zufall vortäuschen sollte. Am Ende tat ich weder das eine noch das andere, sondern versteckte mich ein paar Tische weiter im Lesesaal, wo sie hinter ihrer Sonnenbrille und einem Wall aus Literatur saß, den sie aufgehäuft hatte. Sie eilte von einem Buch zum nächsten, verweilte zwischendurch auf einer Seite, immer mit gerunzelter Stirn, als sei die Schrift verkehrt herum. Sie hielt einen Bleistift über einem Blatt Papier bereit – doch nichts schien ihr Interesse zu wecken, trotzdem machte sie hin und wieder, wohl der Form halber, eifrig Notizen. Während ich sie beobachtete, musste ich an ein Mädchen denken, das ich in der Schule gekannt hatte, eine Streberin namens Mildred Grossman. Mildred: mit dem feuchten Haar und der fettigen Brille, den fleckigen Fingern, die Frösche sezierten und Streikposten Kaffee brachten, mit den stumpfen Augen, die sich den Sternen zuwandten, um deren spezifisches Gewicht zu schätzen. Erde und Luft konnten nicht gegensätzlicher sein als Mildred und Holly, doch in meinem Kopf wurden sie zu siamesischen Zwillingen. Der Gedankenfaden, der sie zusammengenäht hatte, lief so: Die durchschnittliche Persönlichkeit formt sich des Öfteren um, alle paar Jahre unterzieht sich sogar unser Körper einer Generalüberholung – ob wünschenswert oder nicht, es ist etwas ganz Natürliches, dass wir uns verändern. So, und hier waren zwei Menschen, die sich nie ändern würden. Das hatte Mildred Grossman mit Holly Golightly gemein. Sie würden sich nie ändern, denn ihr Charakter war ihnen zu früh gegeben worden; was, wie plötzlicher Reichtum, zu einem Mangel an Ausgewogenheit führt: Die eine hatte sich zu einer kopflastigen Realistin verfestigt, die andere zu einer schrägen Romantikerin. Ich stellte mir beide in einem Restaurant der Zukunft vor, Mildred, die immer noch die Speisekarte auf die Nährwerte hin studierte, und Holly, die immer noch nach allem gierte, was darauf stand. Es würde nie anders sein. Sie würden mit demselben entschlossenen Schritt, der von jenen Abgründen zur Linken kaum Notiz nimmt, durchs Leben gehen und schließlich auch daraus hinaus. Solche tiefgründigen Betrachtungen ließen mich vergessen, wo ich war; als ich zu mir kam, erschrak ich, weil ich mich im Halbdunkel der Bibliothek wiederfand, und war aufs Neue davon überrascht, Holly dort zu sehen. Es war nach sieben, sie zog sich die Lippen nach und hübschte ihre Erscheinung von dem, was sich ihrer Meinung nach für eine Bibliothek geziemt, mit Hilfe von einem Schal und Ohrringen zu dem auf, was sie fürs Colony passend fand. Als sie gegangen war, schlenderte ich zu ihrem Tisch hinüber, auf dem ihre Bücher verblieben waren; sie entsprachen meinen Vorstellungen. *Mit dem Donnervogel nach Süden. Brasiliens Brauchtum. Die politischen Bewegungen in Lateinamerika.* Und so weiter.

Am Heiligabend gaben Holly und Mag eine Party. Holly bat mich, früher zu kommen und den Baum schmücken zu helfen. Ich weiß immer noch nicht, wie sie diesen Baum in die Wohnung bugsiert haben. Die obersten Zweige wurden von der Zimmerdecke geknickt, die unteren reichten von Wand zu Wand; jedenfalls war er nicht viel anders als der Weihnachtsriese, der auf der Rockefeller Plaza zu sehen ist. Außerdem hätte man ein Rockefeller sein müssen, um ihn zu schmücken, denn er sog Christbaumkugeln und Lametta auf wie schmelzenden Schnee. Holly schlug vor, rasch zu Woolworth zu laufen und Luftballons zu stehlen; was sie tat; und die verwandelten den Baum in ein ansehnliches Schmuckstück. Wir stießen auf unser Werk an, und Holly sagte: »Schau mal im Schlafzimmer nach. Da ist ein Geschenk für dich.« Ich hatte auch eins für sie: ein kleines Päckchen in meiner

Tasche, das sich noch kleiner anfühlte, als ich, mitten auf dem Bett und mit einer roten Schleife drum herum, den schönen Vogelkäfig sah. »Aber Holly! Wie entsetzlich!« – »Ich bin völlig deiner Meinung; aber ich dachte, du willst ihn haben.« – »Das Geld! Dreihundertfünfzig Dollar!« Sie zuckte die Achseln. »Ein paar zusätzliche Gänge zur Damentoilette. Du musst mir aber was versprechen. Versprich mir, dass du nie ein Lebewesen hineintun wirst.« Ich wollte sie küssen, aber sie streckte die Hand aus. »Gib her«, sagte sie und tippte auf die Beule in meiner Tasche. »Ich fürchte, es ist nicht viel«, und das war es auch nicht: ein Sankt-Christophorus-Anhänger. Aber wenigstens war er von Tiffany. Holly war keine Frau, die irgendetwas behalten konnte, und bestimmt hat sie diesen Anhänger inzwischen verloren, in einem Koffer oder einer Hotelschublade zurückgelassen. Aber der Vogelkäfig ist immer noch bei mir. Ich habe ihn nach New Orleans geschleppt, nach Nantucket, durch ganz Europa, nach Marokko und in die Karibik. Doch ich denke selten daran, dass es Holly war, die ihn mir geschenkt hat, denn zu einem bestimmten Zeitpunkt entschied ich mich, das zu vergessen: Wir hatten ein schweres Zerwürfnis, und zu den Dingen, die im Auge unseres Wirbelsturms kreisten, gehörten der Vogelkäfig und O. J. Berman und meine Erzählung, von der ich Holly ein Exemplar gegeben hatte, als sie in der Universitätszeitschrift erschienen war. Irgendwann im Februar hatte Holly mit Rusty, Mag und José Ybarra-Jaeger eine Winterreise angetreten. Unsere Auseinandersetzung ereignete sich bald nach ihrer Rückkehr. Sie war braun wie Jod, das Haar von der Sonne zu einer geisterhaften Farbe gebleicht, und sie hatte sich wunderbar amüsiert: »Zuerst waren wir in Key West, und Rusty hat sich mit ein paar Matrosen angelegt oder die sich mit ihm, jedenfalls wird er für den Rest seines Lebens ein Stützkorsett tragen müssen. Die liebe Mag ist auch im Krankenhaus gelandet. Sonnenbrand. Verbrennungen ersten Grades. Ekelhaft: nichts als Blasen und Zitronenöl. Wir konnten ihren Gestank nicht aushalten. Also haben José und ich die beiden im Krankenhaus gelassen und sind nach Havanna gefahren. Er sagt, warte, bis du Rio siehst; aber was mich anbelangt, setze ich mein Geld schon jetzt auf Havanna. Wir hatten einen unwiderstehlichen Reiseführer, das meiste an ihm Neger und der Rest Chinese, und obwohl ich mir weder aus den einen noch den anderen viel mache, war die Mischung absolut faszinierend: also haben wir unter dem Tisch gefüßelt, weil ich ihn gar nicht unübel fand; aber dann ist er eines Abends mit uns in einen Pornofilm gegangen, und stell dir vor, da *war* er, *auf* der Leinwand. Als wir dann wieder nach Key West kamen, war Mag natürlich überzeugt, dass ich die ganze Zeit mit José geschlafen habe. Rusty auch, aber dem macht das nichts aus, der will nur Einzelheiten hören. Die Situation war ziemlich angespannt, bis ich mich mit Mag ausgesprochen habe.« Wir befanden uns im Wohnzimmer, wo, obwohl es fast schon März war, der riesige Weihnachtsbaum, inzwischen braun und geruchlos, seine Luftballons eingeschrumpelt wie die Euter einer alten Kuh, immer noch den größten Teil des Raumes einnahm. Ein als Möbelstück erkennbarer Gegenstand hatte sich in dem Zimmer eingefunden: ein Feldbett; und Holly, die bemüht war, ihr tropisches Aussehen zu bewahren, hatte sich unter einer Höhensonne darauf ausgestreckt. »Und du hast sie überzeugt?«

»Dass ich nicht mit José geschlafen habe? Ja, klar. Ich hab ihr einfach gesagt – aber weißt du: Ich hab mich angestrengt, dass es klang wie ein verzweifeltes Geständnis – ihr einfach gesagt, dass ich andersrum bin.«

»Das kann sie unmöglich geglaubt haben.«

»Und ob sie das geglaubt hat. Was meinst du wohl, warum sie losgezogen ist und sich dieses Feldbett besorgt hat? Eins musst du mir lassen: Ich bin immer für eine Überraschung gut. Sei ein Schatz, Herzchen, und reib mir den Rücken mit Sonnenöl ein.«

Während ich ihrer Bitte nachkam, sagte sie: »O. J. Berman ist in der Stadt, und hör zu, ich hab ihm deine Geschichte in der Zeitschrift gegeben. Er war ziemlich beeindruckt. Er meint, vielleicht lohnt es sich, dir zu helfen. Aber er sagt, du bist auf dem Holzweg. Neger und kleine Kinder: Wen kümmert das?«

»Mr. Berman offenbar nicht.«

»Und ich bin ganz seiner Meinung. Ich hab die Geschichte zweimal gelesen. Kleine Gören und Nigger. Zitternde Blätter. *Beschreibungen*. Das *bedeutet* einem nichts.« Meine Hand, die Öl auf ihrer Haut verteilte, schien ein Eigenleben zu besitzen: Sie sehnte sich danach, sich zu heben und mit Wucht auf ihrem Hintern zu landen. »Gib mir ein Beispiel«, sagte ich leise. »Von etwas, das was bedeutet. Deiner Meinung nach.«

»*Stürmische Höhen*«, sagte sie, ohne zu zögern. Der Drang in meiner Hand geriet langsam außer Kontrolle.

»Aber das ist kein Vergleich. Du redest von einem Geniestreich.«

»Ja, nicht? *Meine wilde, süße Cathy.* Mein Gott, ich hab geheult wie ein Schlosshund. Ich hab ihn zehnmal gesehen.

»Ach«, sagte ich mit deutlicher Erleichterung, »ach«, mit ironisch ansteigender Stimme, »den *Film*.« Ihre Muskeln verhärteten sich, sie fühlte sich an wie ein von der Sonne erwärmter Stein.

»Jeder muss sich irgendwem überlegen fühlen«, sagte sie. »Aber es ist üblich, einen Beweis dafür zu erbringen, bevor man sich das Recht dazu herausnimmt.«

»Ich vergleiche mich nicht mit dir. Oder mit Berman. Deshalb kann ich mich nicht überlegen fühlen. Wir wollen verschiedene Dinge.«

»Willst du Geld verdienen?«

»So weit geht meine Planung nicht.«

»So hören sich deine Geschichten auch an. Als hättest du sie geschrieben, ohne das Ende zu kennen. Ich will dir mal was sagen: Du solltest lieber Geld verdienen. Du hast eine teure Phantasie. Nicht viele Menschen werden dir Vogelkäfige kaufen.«

»Tut mir leid.«

»Es wird dir leidtun, wenn du mich schlägst. Das wolltest du doch vorhin tun: Ich hab's an deiner Hand gespürt; und jetzt willst du's auch.«

Ja, das wollte ich, sehr; meine Hand, mein Herz zitterten, als ich die Ölflasche wieder zuschraubte. »O nein, das würde mir nicht leidtun. Ich bedauere nur, dass du dein Geld an mich verschwendet hast: Rusty Trawler ist eine zu schwere Art, es zu verdienen.« Sie setzte sich vom Feldbett auf, ihr Gesicht, ihre nackten Brüste waren in dem Höhensonnenlicht von kaltem Blau.

»Man braucht ungefähr vier Sekunden, um von hier zur Tür zu gehen. Dir gebe ich zwei.« Ich marschierte schnurstracks nach oben, holte den Vogelkäfig, brachte ihn hinunter und ließ ihn vor ihrer Wohnungstür stehen. Das war das. Dachte ich jedenfalls, bis ich am nächsten Morgen auf dem Weg zur Arbeit den Käfig auf einer Mülltonne hocken sah, die am Rande des Bürgersteigs die Müllabfuhr erwartete. Ziemlich kleinlaut rettete ich ihn und trug ihn in mein Zimmer zurück, eine Kapitulation, die nichts an meiner Entschlossenheit änderte, Holly Golightly gänzlich aus meinem Leben zu verbannen. Sie war, entschied ich, »eine ungebildete Angeberin, die ihr Leben vergeudete, eine Blenderin mit nichts dahinter« – jemand, an den ich nie wieder das Wort richten würde. Und ich tat es auch nicht. Jedenfalls eine ganze Weile lang.

Ernest Hemingway

Weihnachten in Paris

P aris im fallenden Schnee. Vor den Cafés die großen, rot-
glühenden Holzkohlepfannen. An den Cafétischen dicht
vermummte Männer mit hochgeschlagenem Mantelkragen,
Gläser mit Grog *Americain* betastend. Zeitungsjungen, die
die Abendzeitungen ausrufen.

Die Busse poltern wie grüne Moloche durch den in der
Dämmerung rieselnden Schnee. Aus dem Gestöber erheben sich weiße Hausfassaden. Schnee ist nie so schön wie in
der Stadt. Es ist herrlich, in Paris auf einer Seinebrücke zu
stehen und durch den weichen Vorhang des Schnees an der
grauen Masse des Louvre vorbei über den von vielen Brü-
cken überspannten und von den grauen Häusern des alten
Paris gesäumten Fluss den Blick bis dorthin schweifen zu
lassen, wo Notre-Dame in der Abenddämmerung kauert.

Es ist sehr schön in Paris und sehr einsam zur Weihnachtszeit.

Der junge Mann und seine Freundin gehen vom Quai im
Schatten der großen Häuser die Rue Bonaparte hoch bis zu
der schmalen, hell erleuchteten Rue Jacob. In einem kleinen
Restaurant im ersten Stock eines Hauses, Dem Echten Restaurant der Dritten Republik, das über zwei Räume, vier
winzige Tische und eine Katze verfügt, wird ein spezielles
Weihnachtsmahl serviert.

»Es schmeckt nicht besonders nach Weihnachten«, sagt das Mädchen.

»Ich vermisse die Preiselbeeren«, sagt der junge Mann.

Sie fallen über das spezielle Weihnachtsessen her. Der Truthahn ist zu einem eigenartigen geometrischen Gebilde geschnitten, das ein wenig Fleischgeschmack, eine Menge Knorpel und einen großen Knochen aufzuweisen hat.

»Erinnerst du dich noch an den Truthahn zu Hause?«, fragt das Mädchen.

»Sprich bloß nicht davon«, sagt der Junge.

Sie fallen über die Kartoffeln her, die mit viel zu viel Fett gebraten sind.

»Was glaubst du, was die jetzt zu Hause machen?«, fragt das Mädchen.

»Ich weiß nicht«, sagt der Junge. »Glaubst du, dass wir jemals wieder nach Hause kommen?«

»Ich weiß nicht«, antwortet das Mädchen. »Glaubst du, dass wir jemals als Künstler Erfolg haben werden?«

Der Inhaber kommt mit dem Dessert und einer kleinen Flasche Rotwein.

»Ich hatte den Wein vergessen«, sagt er auf Französisch.

Das Mädchen beginnt zu weinen.

»Ich hatte mir Paris anders vorgestellt«, sagt sie. »Ich dachte, es sei eine lustige und schöne Stadt und voller Lichter.«

Der Junge legt einen Arm um sie. Zumindest das konnte man in einem Pariser Restaurant tun.

»Macht nichts, Schatz«, sagt er. »Wir sind doch erst drei Tage hier. Es wird sich noch ändern. Wart's nur ab.«

Sie aßen das Dessert, und keiner von beiden erwähnte

die Tatsache, dass es leicht angebrannt war. Dann bezahlten sie die Rechnung, gingen nach unten und traten auf die Straße. Es schneite noch immer. Und sie gingen durch die Straßen des alten Paris, in denen einst Wölfe herumgestrichen und Männer auf Jagd gegangen waren, und all das unter den Augen der hohen alten Häuser, denen Weihnachten nichts bedeutete.

Der Junge und das Mädchen hatten Heimweh. Es war ihr erstes Weihnachten fern der Heimat. Was Weihnachten ist, erfährt man erst, wenn man es in einem fremden Land nicht wiederfindet.

Carl Zuckmayer

Eine Weihnachtsgeschichte

Könnt ihr euch an den Heiligen Abend des vorletzten Jahres erinnern? Den ganzen Tag über hing schon Schnee auf der Stadt, aber vormittags strich die Luft noch aus Nordnordwest, schleppte Frost mit und kalten Dunst, der wie eine Mauer nach oben stand und den Schnee in die Wolken zurückpresste. Man roch ordentlich, wie der Schnee im Himmel stockte und wie der Boden unter dem vielen Stein und in den hartgefrorenen Gärten nach ihm verlangte, und wie die niedrigen Wolken ganz voll Drang waren, ihn zu gebären und ihre schweren Bäuche auszuflocken.

Aber das Licht an diesem Tag blieb streng, kalt, glasig, und die Straßenverkäufer traten von einem Fuß auf den anderen, klapperten mit harten Sohlen auf dem Pflaster wie Tänzer auf einer Rollplatte und schlugen sich mit den Armen unter die Achselhöhlen. Erst gegen Dämmerung flaute die kalte Luft ab; es war, als ob von den vielen Lichtern und Laternen, die im Zwielicht milchig und kugelig erstrahlten, ein dünner Wärmestrom aufzitterte wie von Kastanienöfen an den Straßenecken. Als es dunkel war, rieselte ganz lichter sträliger Schnee herunter, vor den Bogenlampen schien er unbeweglich zu stehen wie ein feinmaschiges weißes Netz, und er blieb auf der Erde wie Sand ohne Feuchtigkeit liegen, klebte an den Sohlen der Fußgänger und polierte die

Reifen der langsam gleitenden Autos gefährlich blank und glatt.

Um diese Zeit, als in den Läden noch die letzten Einkäufe gemacht wurden und die heiseren Straßenverkäufer im Westen das Bündel Lametta, Restbestand, schon um drei Pfennige ausschrien, als man ältere Herren in ihren Privatwagen, mit unförmigen Paketen umstellt, so dass sie sich kaum vorbeugen konnten, um die angelaufene Scheibe zu wischen, in Richtung Dahlem oder Grunewald nach Hause fahren sah, als in den Fenstern der Parterre-Wohnungen da und dort schon die Lichterbäume aufstrahlten und die Glocken der wenigen Kirchtürme, mit unwahrscheinlicher Feierlichkeit inmitten all der kleinen und großen Stadtgeräusche, die Christnacht einläuteten, wälzte sich ein dunkler, sonderbar unförmiger Menschenzug von Osten und Norden her, irgendwo stromartig zusammenmündend – langsam, schwerfällig, in einem müden, aber unbrechbar gleichmäßigen Takt der Schritte, in die westlichen Stadtviertel hinein. Die Trambahnen und Autobusse stauten sich an den großen Kreuzungen, und Schutzleute, die die Spitze des Zuges flankierten, hielten Radfahrer und Passanten auf, die aus Eiligkeit oder Ungeduld den Strom durchbrechen wollten. »Weiterjehn, lasst se nur weiterjehn« –, sagten die Schutzleute mit einem fast väterlichen Ton in der Stimme, denn sie wollten nicht, dass es irgendetwas gäbe, und bangten vor jedem Aufenthalt als vor dem Einfallstor des Unvorhergesehenen. Und der Menschenstrom, von den Fenstern oberer Stockwerke anzusehen wie ein grauer, gekerbter, mühsam kriechender Riesenwurm, aus der Nähe mehr wie ein still geschlossener Ausbruch aus den Geschäftsstraßen der Altkleiderhändler,

wie ein filziger Zopf aus abgeschabten Mänteln, Umschlag-
tüchern, Rockkragen, runden Hüten, Schirmmützen und
Wolljacken, all das fast ohne Gesichter und von Schneege-
riesel und Kältedunst umschwankt, schob sich mit schlur-
fenden Sohlen unaufhaltsam voran. Einzelne Schildträger da
und dort in der freien Straßenmitte schleppten an Stangen
genagelt große Bretter, deren Aufschriften man nicht lesen konnte, nur manchmal im stechenden Strahl eines
Scheinwerfers einzelne Worte wie »… Nieder mit …« oder
»…Volksbetrüger …« oder Ähnliches, was mit dem Schnee
und der Nacht und den vielen feuchten Kleidern zusammen
nur einen dumpfen, bedrückenden Sinn ergab. Von Zeit zu
Zeit drang von sehr weit hinten aus dem Zug – die Vorders-
ten marschierten stumm und gleichsam widerstandslos dahin – eine belegte, knarrende Stimme, die ein Kommando
zu formen suchte, und dann murmelten viele Stimmen,
mit hoffnungsloser Bemühung um Gleichklang, in einem
unsicheren Rhythmus: »Hunger, Hunger, Hunger.« –
   In den Seitenstraßen flatterten die Gerüchte auf, schwirr-
ten wie Dohlenschwärme nach allen Seiten in die stilleren
Stadtviertel hinaus. Dienstmädchen und Portiersleute, etwa
im bayrischen Viertel oder im westlichen Charlottenburg,
schienen in heimlicher Funkverbindung mit den belebten
Hauptstraßen zu stehen, wussten immer Neues, noch bevor das Alte widerlegt worden war. »In Jrunewald steht ne
ganze Villenstraße in Flammen«, hieß's, als irgendwo, eines
Zimmerbrandes wegen, das Läutezeichen des Feuerwehr-
autos gellte. »Am Wittenbergplatz is jeschossen worden«,
hieß es. »Zwanzig Tote liegen am Wittenbergplatz.« Aber
am Wittenbergplatz fiel kein Schuss.

Hingegen stand am Wittenbergplatz, dicht bei einem der geschlossenen Portale des KaDeWe, um diese Zeit ein junger Mensch von etwa dreißig Jahren, der dadurch auffiel, dass er am Kinn ein blondes krauses Bärtchen trug, und hielt unter einer Art Radmantel, wie sie in früheren Zeiten von Droschkenkutschern oder Naturfreunden getragen wurden, eine menschliche Gestalt eng an sich gepresst, von der man nichts sah als das stoßweise Beben des verhüllten Körpers. Es war ungewiss, ob es schmerzhaft atmete, schluchzte oder nur fror.

Der Blick des Mannes folgte mit wachem, etwas erstauntem Ausdruck dem Ende des Hungerzuges, das eben in den Lichtschächten zwischen Gedächtniskirche und Kinopalästen verschwand, von einigen großen offenen Kraftwagen langsam gefolgt, über deren niedrige Seitenwände steif wie Spielzeugpuppen die Uniformen und Helmtöpfe der Schutzpolizisten unbeweglich ragten.

Es standen jetzt außer diesen beiden nur noch wenige Menschen an derselben Ecke, denn die Straßenverkäufer und Zeitungsausrufer hatten Feierabend gemacht; ein Wächter des Kaufhauses, als Weihnachtsmann gekleidet mit weißem Wattebart, stapfte ungehalten hin und her, eine kleine Gruppe von Chauffeuren, deren Droschken drüben an der Trottoirkante des Platzes hielten, hatte sich debattierend an der Straßenecke gesammelt, ein Mädchen in einem zu kurzen, sehr angeschabten Kalbfellmantel und roten Glanzlederstiefeln, die bis zum Knie hinaufreichten, beschrieb in kurzen Schritten einen Kreis von ganz engem Radius, und einige Leute mit hochgeschlagenen Mantelkragen warteten auf den Autobus. Niemand schien das fremdartige Paar zu bemerken, und keiner kümmerte sich um die beiden, bis plötzlich die Gestalt unter dem Radmantel, lautlos und ohne Heftigkeit, am Körper des jungen Mannes herunter aufs Pflaster glitt.

Der Mann beugte sich über sie und versuchte, sie an den Schultern hochzuziehen. Als ihm dies nicht gleich gelang, drehte er sich ohne Hast zur Gruppe der Chauffeure um, die nun alle, zunächst unberührt und ohne besonderes Interesse, zu ihm hinschauten, und lächelte ein wenig. Gleichzeitig war das Mädchen mit den hohen roten Stiefeln hinzugetreten und starrte mit hängender Unterlippe auf die unbeweglich am Boden liegende Frau hinab.

Nun löste sich aus der Chauffeurgruppe ein älterer Mann mit grauem Schnurrbart, kam langsam herbei, von zwei jüngeren gefolgt, schüttelte den Kopf, räusperte sich und spuckte gegen die Glasscheibe des Warenhauses. »Wat hat'n die?«, sagte er dann mit ziemlich klarer Stimme. »Wat wird se haben«, knautschte das Mädchen mit den Stiefeln, das sehr durch die Nase sprach, »Hunger wird se haben!« – »Die's dot«, meinte einer der jüngeren Chauffeure, die dazugekommen waren, »die's dot. Man sieht's an de Lippen. Da kenn ich mir aus mit von Weltkriech.« Der junge Mann im Radmantel lächelte immer noch vor sich hin und antwortete nichts, und in diesem Augenblick richtete sich die Gestalt am Boden halb auf und sagte leise: »Ach« –, und dann lächelte sie auch. »Na pack doch man zu!«, schrie der ältere Chauffeur plötzlich ganz aufgeregt. Er und der Fremde griffen ihr unter die Oberarme, und sie ließ sich ganz leicht emporstützen. Sie lehnten sie an die Glasscheibe, und man sah nun im elektrischen Licht, dass es eine junge Frau war, der rechts und links dunkle Haarsträhnen unter einem kleinen, kecken Hütchen auf die Schläfe fielen und deren zartes, stumpfnäsiges Gesicht, mit leicht umschatteten, weit geöffneten und wie von Belladonna flackrig vergrößerten Augen man lange ansehen musste, um zu merken, dass es sehr schön war. Sie hatte einen losen, cremefarbenen Frühlingsmantel an, der eher auf eine elegante Hotelterrasse im Süden gepasst hätte, um den Hals trug sie einen groben grauen Wollschal, der offenbar von ihrem Begleiter stammte, und an den Beinen hatte sie schwarze Seidenstrümpfe. Auf dem rechten Schienbein war ein kreisrundes Loch, wohl von einem Sturz oder Stoß, unter dem ein wenig geronnenes Blut zu sehen war. Darüber deckte sie jetzt beim Aufstehen rasch die eine Hand. Und ihre Hände, schmal und durchsichtig und trotz der Kälte gar nicht rot, streckte sie wie abwehrend ein kleines Stück vor den Leib.

Inzwischen war der als Weihnachtsmann verkleidete Wächter herangekommen und musterte die Gruppe, die nun etwas verlegen beisammenstand und auch, nachdem die Frau aufgerichtet war, schon gar keine Gruppe mehr darstellte, sondern in lauter fremde Leute zerfiel. »Hier könn'se nich bleiben mit die kranke Frau«, sagte der Wächter nach einer Weile zu dem jungen Mann. Der antwortete nicht und schien den großen Christbaum im Schaufenster zu betrachten, der mit künstlichem Reif bedeckt und mit vielen elektrischen Birnen behaftet war und zu dessen Füßen weiße Wäsche lag. »Ick jeh mal rin«, sagte der Weihnachtsmann nach kurzer Pause, »und telefoniere nach der Rettungswache.« Da aber verzerrte sich das Gesicht der jungen Frau ängstlich, und sie hob wie bittend beide Hände. »Nein«, sagte sie mit etwas zu heller Stimme, »ich geh schon weiter!« Und sie machte eine kurze Bewegung von der Scheibe weg, wankte aber, und der Fremde mit dem Bärtchen, immer noch auf den Christbaum schauend, nahm sie am Arm und stützte sie unter der Achsel. »Lasse man'n Schluck heißen Kaffee trinken«, sagte plötzlich der eine jüngere Chauffeur, ein schwarzhaariger Mensch mit einem übermäßig breiten Mund. Er sagte das zu dem Fremden und bot auch, in einer unbewussten Scheu davor, sich mit der Frau selbst in Verbindung zu setzen, dem Fremden seine Thermosflasche. Der nahm sie, schraubte sie auf, füllte etwas in den Verschlussbecher und setzte es der Frau an die Lippen. Es war so still, dass man sie leise schlürfen hörte, und keiner sagte ein Wort.

Das Mädchen mit den Stiefeln hatte sich geschneuzt und malte sich nun die Lippen nach, und eine andere, die zu ihr getreten war, stierte ihr über die Schultern in den im Innenleder ihrer Tasche angebrachten Spiegel. Dann setzte die Frau den Becher ab, hielt ihn dem schwarzhaarigen Chauffeur hin und sagte – wobei man zum ersten Mal bemerkte, dass sie eine nicht hiesige, eher etwas ausländisch klingende Mundart sprach –: »Dank schön, das war gut!« – »Na, 's jut«, sagte der Chauffeur und schraubte seine Flasche zu. Der Wächter hatte sich den beiden Mädchen zugewandt. »Kein Geschäft heute, wat?«, sagte er brummig. »Kommt noch«, meinte das Stiefelmädchen, »wenn de Lokale schließen. Weihnachtsfeier für Junggesellen, mit Gemüt und Zaster.« Einige lachten, und die Mädchen schlenkerten mit ihren Taschen um die Ecke. Jetzt aber hatte der ältere Chauffeur mit dem grauen Schnurrbart, nach einigem Räuspern und Spucken, etwas überlegt. »Wo wollt ihr denn hin, ihr beide?«, sagte er zu dem fremden jungen Mann. »Hier is nischt los heite, ick bring euch'n Stück.« – »Wo wollen Sie denn hin?«, sagte der Fremde freundlich. »Ich meine, in welche Richtung?« Er schien aber nur aus Höflichkeit zu fragen und ohne eine besondere Absicht. »Ich«, sagte der Chauffeur, »mach in de Standkneipe an Stadtpark. Ick bin unverheiratet«, fügte er hinzu, und gleichsam sich entschuldigend sagte er noch: »Mit Fuhre is nischt mehr los heite.« Nun aber war der schwarzhaarige Chauffeur mit dem breiten Mund, der vorher seine Thermosflasche gegeben hatte, plötzlich sehr lebhaft. »Weißte was, Fritze«, sagte er zu dem älteren, »wir nehmen se mit in de Standkneipe und stiften se ne heiße Wurst«, und dann sagte er mit einer formellen Wendung zu dem Fremden: »Ick lade det Fräulein uff ne Bockwurscht ein.«

»Bockwürschte könne an der Ecke Passauer ooch haben«, sagte der Alte. »Aber nich von mir«, lachte der Schwarzhaarige, der immer munterer wurde. »Bei Jahnke hab ick unbegrenzten Kredit. Kommese, Fräulein«, sagte er und fasste die Frau, die sich noch mit dem einen Arm auf ihren Begleiter stützte, an der freien Hand. Die sah den Blondbärtigen unschlüssig fragend an, aber der nickte nur und sagte zu dem älteren Chauffeur, von dem die ganze Einladung eigentlich angeregt worden war: »Dann fahren wir wohl alle zusammen?« – »Meinetswegen«, erwiderte der und stapfte zu seinem Wagen, während der Schwarzhaarige schon der Frau in den seinen half und den fremden jungen Mann nicht daran hinderte, leichtfüßig hinterherzusteigen und sich an ihrer Seite im Wagen zurückzulehnen. Dann ließ er anspringen und fuhr los, so flott, dass sie auf dem schneeglatten Asphalt bedenklich schleuderten, während der Ältere bedächtiger folgte. Am Stadtpark schlossen sie ihre Wagen an die Reihe der wartenden Droschken an und gingen, die Frau in der Mitte, wie alte Bekannte alle vier in die kleine Kneipe am Eck, unter deren Schild »Schultheiß-Patzenhofer« ein Adventskranz aus Fichtenzweigen mit roter Schleife und niedergebrannten Wachslichtern hing.

Es war sehr warm in Jahnkes kleiner Bierstube, denn das lange Ofenrohr ging mitten durchs Lokal. Drei oder vier Holztische standen teils an der Wand, teils an der nach innen offenen Auslage, die nach der Straße zu durch einen Rollladen verschlossen war und in der man, außer zwei leeren kupferbeschlagenen Bierfässchen und einigen etikettierten Flaschen, mehrere Teller mit kalten Schweineschnitzeln, Sülzkoteletts, Bouletten, Käsebrötchen und sogenannten illustrierten Gurken sah.

Das gefrorene Fett an den kalten Speisen und auf dem Porzellan der Teller sah talgig weiß aus, wie von Stearinkerzen abgetropft, Zigaretten- und Tabakrauch übertäubte nicht ganz den Geruch des Tröpfelbiers und des schlechten Fettes aus der Küche. Aber es roch auch ein wenig nach verschüttetem Grog aus Rumverschnitt und nach den Lederwesten und Schmierstiefeln der Chauffeure. Etwa fünf Chauffeure saßen herum, drei davon spielten Karten, und die anderen tranken kleine Bierschlucke und stierten in die Abendzeitung. Am Büfett, das blank metallisch glänzte und immer von einer schaumigen Wasserflut überspült schien, lehnte ein Mensch, der offenbar kein Chauffeur war, zigarettenrauchend, und beobachtete die Tätigkeit von Jahnkes Schankmamsell. Die trug eine Art weißen Laborkittel über

Rock und Bluse, mit aufgekrempelten Ärmeln, und sah so frisch und glanzbäckig aus, als stünde sie nicht Tag und Nacht in einer rauchigen Bierkneipe, sondern verbringe ihre Zeit mit Freiluftturnen und Wintersport. Sie schenkte wundervoll ein, indem sie die Gläser schräg unter die Siphonkranen hielt, und schnitt mit einem flachen Stück Holz den überstehenden Schaum glatt am Glasrand ab. Jahnke selbst trat gerade aus der Küche ins Lokal und kaute auf beiden Backen. Er trug eine Art Litewka aus graugrünem Sackleinen, die unterhalb seines heftig vorgewölbten Bauches in einem Gürtel steckte, und hielt den grauen Lockenkopf immer etwas vorgeneigt, als wollte er jemanden hirschartig mit der Stirne forkeln. Gewohnt, von seinen Gästen zuerst gegrüßt zu werden, sah er den Neuankömmlingen schweigend entgegen und nickte kaum auf ihr zuvorkommendes Gutenabend. »Lass man vier Paar Heiße anfahren«, rief der Schwarzhaarige, nachdem sie sich alle an einem freien Tisch nahe beim Büfett gesetzt hatten.

»Und vier Mollen vonet jute Dortmunder Union.« – »Dortmunder Union nur gegen bar«, knirschte Jahnke kauend, »für Kreide genügt ooch det schene helle Schultheiß.« – »Dortmunder Union«, wiederholte der Chauffeur und kramte ein Fünfmarkstück aus der Hosentasche. Er legt es hart auf den Tisch und sagte: »Wenn der alle is, können wir immer noch det scheene helle Schultheiß jenießen. Oder wat?« Er sprach dies alles immer halb zu der jungen Frau gewandt, die ihn blass und verschwommen anlächelte. Inzwischen hatte der Fremde mit dem Bärtchen seinen komischen Radmantel abgelegt und sah darunter aus wie ein normaler konfektionsbekleideter Stadtbewohner. Er sah mit dem immer gleichen, stets wachen und etwas erstaunten Blick vor sich hin und schien mit dem Zeigefinger der rechten Hand auf der Tischplatte zu zeichnen. Die Frau weigerte sich trotz der großen Wärme, ihren Mantel abzulegen. Sie öffnete ihn nur obenher, und man sah, dass sie darunter seltsamerweise eine leichte sommerliche Spitzenbluse anhatte, die den Ansatz einer schönen runden Brust freiließ. Der schwarze Chauffeur schaute unablässig dahin und rückte ihr langsam näher, was sie gar nicht zu bemerken schien, aber sie ließ sich gern und dankbar von ihm die Bockwurst, die nun kam, zerschneiden und Senf darauf schmieren und Brot brechen und aß, wie auch ihr Begleiter, der auf ihrer anderen Seite saß, recht heißhungrig und mit Genuss. Fast übersehen hätten wir aber bei der Betrachtung dieses Ausschanks, dass in einer freien Ecke, neben der Telefonzelle, ein sehr kleines Christbäumchen stand, mit etwas Watte als Schnee und einigen Strähnen drahtig glitzernden Engelhaars behangen, von sechs langen farbigen Wachskerzen verziert, die jetzt noch brannten und in die Blumenscherbe, in der das Bäumchen saß, hinuntertropften.

»Soll ja ne Schießerei jewesen sein«, sagte Jahnke und kam leutselig an den Tisch heran, »an Wittenberch.« – »Wir kommen ja von Wittenberch«, antwortete der Älter. »Na und?« – »Na wenn da wat jewesen wäre, dann hätten wa längst schon jeredet von.« – »Kann ich nich wissen«, sagte Jahnke, »ob ihr von redet, wenn da wat war.«

»Nischt war«, sagte nun der Schwarze. »Wie soll'n da wat sind, waren ja mehr Jrüne als bei Proleten.« – »Wat woll'n die'n ooch an Christabend auf'n Wittenberch«, brummte Jahnke. »Jar nichts auf'n Wittenberch«, rief der Schwarze.

»Demonstrieren hamse wolln gegen die Arbeitslosigkeit und de Hungerlöhne, det is et jute Recht von de Proleten.« – »Aber doch nicht an Christabend auf'n Wittenberch«, beharrte Jahnke eigensinnig. »Nee, an Kaisers Jeburtstach auf'n Tempelhofer, wat?«, schnauzte der andere. »Halt die Klappe, Karl!«, sagte der ältere Chauffeur und warf ihm einen Blick zu. »Nee Fritze«, rief Karl aufgeregt, »det willste nich glauben, der Jahnke, det is'n Reaktionär.« – »Ick bin'n Jastwirt«, sagte Jahnke gewichtig, »und wenn's dir nich passt, denn mach deine Rechnung glatt und jeh bein andern.« – »Deswejn noch lange nich«, meinte Karl bedeutend ruhiger. Und dann wandte er sich plötzlich an den fremden jungen Mann mit dem Spitzbärtchen.

»Organisiert?«, sagte er zu ihm. Der schien nicht gleich aus seinem Geschaue zu erwachen, gab sich aber Mühe, sein Gesicht höflich zu konzentrieren. »Wie?«, fragte er. »SPD? KPD?«, drängte Karl in ihn. Der Fremde lächelte. »Ich bin nicht von hier«, sagte er nach einer Weile. »Ach so«, machte Karl und sah ihn verständnislos an.

»Aber Sie, Fräulein«, rückte er der jungen Frau auf den Leib, »ick meine, wat Ihnen betrifft, wenn ick mir heflichst erkundigen dürfte.« – Auf den durchsichtigen Jochbeinen in dem kindhaften Frauengesicht erschienen plötzlich hektische rote Flecke, die Augen verschwärzten sich böse. »Was geht das Sie an?«, sagte sie fast schrill – wobei der fremdländische Akzent in ihrer Aussprache noch stärker zu hören war –, »sind Sie vielleicht von der Polizei?« – »Entschuldigense mal, Fräulein«, stotterte Karl betroffen, »ick wollte ja nur nach Ihren Vornamen jefragt haben –« Da passierte etwas Merkwürdiges. Nämlich die junge Frau ließ ihr Gesicht langsam niedersinken, ganz tief, dass es fast den Hals und die Brust berührte, ihre Hände öffneten und schlossen sich mehrfach, und dann, als sie mit einer plötzlichen, fast wilden Bewegung das Gesicht wieder hob, war es von Tränen überglänzt, die tropften, rannen, liefen, strömten, als könnten sie nie mehr aufhören. Dabei war sie ganz lautlos, und ihr Mund völlig unbewegt. Die Männer saßen eine Weile in tiefer Beklommenheit. Jahnke hatte beide Fäuste auf den Tisch gestützt und starrte der Frau, vornübergebeugt, mit offenem Mund ins Gesicht. Fritz, der ältere Chauffeur, zuckte die Achseln und machte ein Gesicht, als ob er sich vor sich selbst geniere, und die Schankmamsell kam neugierig und mitleidsvoll hinterm Büfett vor. »Was hat se denn? Was hat se denn?«, fragte sie, aber keiner antwortete, bis Karl schließlich zu stammeln begann. »Aber Frollein«, sagte er, »aber Sie, Frollein«, – weiter kam er nicht, denn jetzt passierte etwas noch Merkwürdigeres. Der fremde junge Mann stand nämlich auf und machte Karl ein ziemlich heftiges Schweigezeichen.. Dann trat er an das Christbäumchen neben der Telefonzelle, machte mit den Händen ein paar taktierende Bewegungen in der Luft, schnupperte einen Augenblick in den Duft der wenigen Kerzenstümpfe, die knisternd niederbrannten, legte den Kopf weit zurück und begann zu singen.

Er sang mit einer tiefen und doch recht hellen Stimme und sang so laut und kunstlos und unbekümmert, als ob er ganz allein wäre. Ohne darauf zu achten, dass inzwischen die Tür klingelnd aufging und andere Gäste kamen und dass wieder Bier ausgeschenkt wurde und sogar ein paar laute Stimmen dazwischenquarrten, sang er Weihnachtslieder, die kaum einer von denen in der Kneipe je gehört hatte. *Auf dem Berge, da wehet der Wind,* sang er und *Josef, liebster Josef mein,* und viele andere, und schließlich, in einem fast hüpfenden Takt, rasch, munter, frohlockend, und mit dem Fuß den Rhythmus mitstampfend, sang er: *Kommet ihr Hirten, ihr Männer und Frau'n;* er sang es und tanzte, dass die Gläser klirrend wackelten und das Ofenrohr schepperte und das Deckenlicht im Raum zu schwanken schien – *fürchtet euch nicht* –, und dann hörte er plötzlich auf und setzte sich wieder neben die Frau, die zu weinen abgelassen hatte, und sah alle andern mit lachenden Augen an, während er den Rest seines Bieres austrank und sich den Mund abwischte. »Wat heißt hier Hofsänger, in'n anständiges Lokal«, brüllte ein baumlanger, breiter Mensch in dickem uniformartigem Wintermantel, in dessen Schnurrbart Eiszapfen hingen. Er war gerade während des letzten Liedes eingetreten und stapfte an den Tisch der Fremden heran. – »Der is wohl von de Zeltmission, is der Junge wohl«, schrie er den Fremden an, »'n bisken doof, Junge, wat?« Aber die Chauffeure, die Schankmamsell und sogar Jahnke persönlich nahmen den Fremden sofort einmütig in Schutz. »Du, Parkbulle«, sprach Jahnke mit seiner absolutistischen Stimme, die jeden Widerstand sinnlos machte, »kümmer du dir mal um deine eigenen Angelegenheiten. Wenn hier bei mir eener 'n Jesang riskiert, dann jeht et nur mir an, det is mein Hausrecht und meine private Jeschmacksache.« – »Von mir aus kannst hier'n Cäcilienverein blöken lassen«, sagte der Wächter. »Ich mecht'n Helles.« Er bekam's, verschärfte es durch zwei doppelte Korn und blieb verärgert am Büfett stehen, während am Tisch, von den anderen umsitzenden Chauffeuren durch Zwischenbemerkungen und Zurufe befeuert, ein lebhaftes und sonderbares Gespräch mit dem fremden krausbärtigen Jüngling entstanden war.

»Singe, wem Jesang jejeben«, rief ein Chauffeur namens August Schmöller, ein blonder Mensch mit einer Narbe auf der Stirn, indem er an den Tisch der Fremden herantrat. »Wenn ick zu Hause komme und habe mir unterwejens an ne verstopfte Düse jeärgert oder an de Verkehrsordnung, dann drehck mir'n Radio uff und lass een schmettern. Det hilft.« – »Sag det nich zu dem«, meinte Fritz und deutete mit dem Kopf auf den Fremden. »Bei uns war neulich einer von de Heilsarmee, der hat jesagt, der Radio sei Teufelswerk und gegen de Religion.« – »Das ist Unsinn«, sagte der Fremde vergnügt, »wenn einer so was sagt. Das Radio ist Menschenwerk, wie das Bierglas oder die Schnapsflasche. Es kommt nur auf den Inhalt an!« – Und da Fritz ihn verständnislos ansah, fügte er wie entschuldigend hinzu: »Wir wissen einfach noch nichts damit anzufangen!« – »Na hörnse mal«, ließ Karl sich vernehmen, »bei die technische Höchstleistung! Wir in unsre Zelle ham jeden Abend Moskau janz klar, und wir ham ooch Amerika jekriegt, wie Schmeling jeboxt hat.« – »Wir hören die Stimmen der Welt«, sagte der Fremde, »aber wir verstehen sie nicht.«

Diese Bemerkung ging in einer allgemeinen Radiodebatte unter, in der alle gleichzeitig redeten. »Ich zum Beispiel«, brach sich der alte Chauffeur Fritz allmählich Bahn, »ich interessiere mir für Fußball. Nu kann ick aber nie bei'n Matsch jehn, weil wir sonntags det beste Jeschäft ham. Da flitzick denn immer zwischen zwei Fuhren mal rasch ins Haus

Vaterland rin und hör de Erjebnisse, frisch wie ne Nacht-schrippe. Ich kenn mir da'n bisken aus, wissense, und wenn ick zum Beispiel höre: Concordia Spandau gegen Bohemia Prag zwo Mitteltore drei zu eins« – hierbei ahmte er die Stimme des Lautsprechers nach, ohne es zu merken –, »denn sehck det vor mir, denn sehck det janz jenau vor mir!«, sagte er ganz aufgeregt und wie zu sich selbst. Keiner hörte ihm zu, und er wendete sich an den Fremden. »Und deshalb sage ich, det is'n jesegneter Fortschritt, det war frü-her nich!« – »Da haben Sie recht«, sagte der, »wenn's Ihnen Freude macht!« Aber dann fing er plötzlich an zu reden, und zwar ziemlich leise, aber alle verstummten in ihrem Gespräch und hörten ihm zu. »Ich war einmal, auch an ei-nem Weihnachtsabend«, sagte er, »in Holland. Es war in einer Villa, ziemlich nahe am Meer. Wir saßen zusammen und schraubten am Radio herum. Ich war da auch nur vor-übergehend«, sagte er nebenbei mit einer höflich lächeln-den, schrägen Kopfneigung zu der Frau neben ihm, die ganz lebhaft und mit geröteten Wangen allem lauschte. »Wir wollten die Übertragung des Christmettesingens hören, die im Programm angekündigt war, und hatten vorher viel Punsch getrunken und waren einfach voll Festesfreude, wisst ihr, so, dass alle sehr gern zusammen im Zimmer sind, auch wenn sie sich sonst kaum kennen.« Er sah dabei in den Ge-sichtern herum, und fast alle lachten mit den Augen, obwohl sie ernsthafte Mienen machten.

»Der Radiokundige unter uns suchte nach der richtigen Welle, und einen Moment lang hatte er sie auch schon, die fernen Glocken erklangen, von einem süddeutschen Dom, und man hörte einen hellen Hauch von Knabenstimmen, die gerade einsetzten – sooo –!«, und er sang leise die ersten Töne von dieser Melodie. »Da aber drehte unser Radiobesitzer die Schraube noch einmal kurz zurück, vielleicht, um alles noch besser zu machen, und da gellte plötzlich ein Signal in unser Weihnachtszimmer hinein, es übertrug sich eigentlich nur ganz leise, aber es ging uns allen gellend ins Ohr. So!« Er klopfte den Rhythmus dieses Signals auf den Tisch und pfiff es zwischen den Zähnen – sos – sos – Schiff in Seenot!! Die Brigg Zuidersee bei Ebbe gestrandet, schwerer Flutgang, Leck im Schiff, höchste Gefahr für die Besatzung, 23 Seeleute in Lebensgefahr, zu Hilfe, zu Hilfe!«

Er schwieg. Alle schwiegen. Dann sagte August Schmöller: »Junge, Junge«, und Jahnke schnappte mit einem Laut, wie wenn ein Pinscher Fliegen fängt, die Schaumkappe von seinem frischen Bier.

»Und wat habt'n ihr jemacht?«, fragte Karl nach einer Weile.

»Wir haben dann die süddeutsche Welle gesucht und den Gesang der Regensburger Domspatzen gehört«, sagte der Fremde ernsthaft. »Es war sehr schön.«

Die Frau neben ihm hielt seine Hand in der ihren.

»Na ja«, sagte dann Karl wie zu seinem eigenen proletarischen Gewissen.

»Helfen hätten se ja sowieso nich können.«

»Nein«, lächelte der Fremde. »Aber das waren die Stimmen der Welt.«

Ein Dienstmädchen stürzte plötzlich herein, es hatte einen Mantel mit Pelzkragen über die Schultern geworfen und darunter noch die Serviertracht, schwarzes Kleid mit weißer Trägerschürze, »Raus«, rief sie ins Lokal, »bei Meyers is Schluss. Fünf Taxen werden jebraucht.« Einige Chauffeure sprangen auf und liefen hinaus, während man schon die sonoren und fülligen Motorstimmen abfahrender Privatwagen hörte. Das Mädchen war ans Büfett zur Schänkmamsell getreten und zählte Geldstücke, die sie lose in einer Schürzentasche trug. »Die reichen Kantoreks, mit'n Mercedes-Kompressor«, sagte sie zur Mamsell, »haben mir achtzig Fennje jejeben, und dabei warnse vier Personen hoch. Ihr'n Schofför ham se zu Weihnachten ne Jarnitur Netzhemden jeschenkt, aus'n Ollen sein Engrosgeschäft. Wat sagt man!« Sie stützte sich dabei mit dem Ellbogen auf die Schulter des Mannes, der als einziger Nichtchauffeur schon den ganzen Abend über am Büfett saß, und küsste ihn nun unvermittelt aufs Ohr. »Na, Männe«, sagte sie, »haste dir jelangweilt?« – »Nee«, antwortete ihr Freund. »Langeweile kenn wir nich. Habe immer ne schöne Aussicht jehabt«, sagte er und blinzelte zu der Schänkmamsell, die rot wurde. »Du Schlimmer«, sagte das Dienstmädchen gleichgültig und zwickte ihn in die Backe. Indessen war am Tisch der Fremden wieder etwas Merkwürdiges geschehen.

Der Mann mit dem blonden Krausbärtchen hatte nämlich alle Bierfilze gesammelt, deren er habhaft werden konnte, einige Bleistifte aus der Tasche gezogen, und nun war er damit beschäftigt, während sein Gesicht einen so gedankenlosen und fast blöden Ausdruck zeigte wie das eines mit sich allein spielenden Kindes, die Rückseiten der Bierfilze mit Strichen und Schraffierungen zu bedecken. Seine Hand fuhr so hastig hin und her, dass man sich kaum vorstellen konnte, es werde dabei etwas Erkennbares herauskommen. Plötzlich aber überreichte er Herrn Jahnke einen Bierfilz, auf dem, in groben Zügen zwar, aber deutlich im Ausdruck getroffen, Jahnkes selbstsichere Physiognomie zu sehen war, mit allen menschlichen Reserven und aller heimlichen Helligkeit des Jahnkeschen Eigenwesens. Und schon war er dabei, den Chauffeur Fritz zu porträtieren. Die andern merkten, was los war, schauten ihm über die Schulter und machten Gesichter wie beim Fotografieren, wodurch sich aber der junge Mann nicht stören ließ. Nur Karl interessierte sich wenig für die künstlerischen Ereignisse, die er wohl als den beiläufigen kulturellen Überbau des Abends auffasste. Seine fünf Mark waren längst in Dortmunder Union aufgelöst, und er genoss nun schon das schöne helle Schultheiß auf Pump. Aber weit weg von diesen ökonomischen Tatsachen schlug ihm das Herz grundlos und bang im Halse; die Frau neben ihm, die immer noch den Mantel trug, hatte dessen Kragen oben sehr weit zugeschlagen, und mit zunehmender Scheu starrte Karl auf die Haut an ihren Schlüsselbeinen, die von ganz zarten bläulichen Adern durchzeichnet war. Plötzlich beugte er sich, rabiat vor unbekannter Schüchternheit, weit vor und küsste sie einfach auf die Schulter, dicht neben dem Halsansatz und den Haaren, die ihr vom Ohr herabfielen. Und nun kam das Merkwürdigste, nämlich die Frau nahm ihr Hütchen ab und strich ihr schönes, volles, etwas kupfriges Haar zurück und neigte ihr Gesicht mit einem zauberischen, undurchsichtigen Lächeln sehr nach dem ganz erschreckten Karl zu und wühlte ihm ein wenig in den Haaren und legte ihm ihren Arm um die Schulter. Schon malte sich etwas wie ein törichtes Besitzerlächeln auf Karls einfachem und männlichem

Gesicht, da begann der Fremde, freundlich vorgeneigt, ihn auf den Bierfilz zu zeichnen, und sofort wurden Karls Züge wieder kindlich und leise verstört.

»Wie kannste det aber nu auf der Welt zusammenbringen«, sagte der Chauffeur Fritz plötzlich laut, längst Gesprochenes und Vergessenes aus seinem Kopf wieder aufgreifend. »Wenn auf der einen Welle Amerika is und auf de andren Deutschland, und eener funkt Notsignale und der andere Tanzmusik, so kannste das doch nich alles auf einmal hören, sondern erst det eene und nachher det andre, und wenn man sich det alles zu jleicher Zeit vorstellt, wie will denn'n Mensch da Ordnung reinbringen, wat?« – »Ja, siehst du«, sagte der Fremde, den er hilflos fragend anstarrte, »es lässt sich doch auf der Welt nicht alles in Ordnung bringen. Ordnung ist eine Nebensache. Ordnen lässt sich immer nur ein kleiner Teil! Und wenn du alles das besser und richtiger ordnest, was jetzt falsch geordnet ist« – sagte er zu Karl, der unsicher blinzelte –, »dann fängt doch das Leben und sein Geheimnis überhaupt erst an!« – »Ordnung muss sein«, brüllte da auf einmal der Parkwächter vom Büfett her und kam schwankend und drohend näher. »Ich sage: Ordnung muss sein!«, wiederholte er sichtlich herausfordernd.

Als ihm aber keiner widersprach, fuhr er, scheinbar zusammenhanglos, fort: »Jetzt in Winter, da is ja nischt los in der Beziehung. Aber in Sommer, da könnt ihr wat erleben!« Er lachte blöd und setzte sich dem Fremden gegenüber. »So in de warmen Julinächte«, sagte er, »wenn sich de Liebespaare in Park auf de Bänke rumdrücken, denn pürsch ick mir janz leise von hinten ran, und wennse denn jrade mitten bei sind, denn nehm ich'n Jummiknüppel raus und hau den Herrn Bräutijam von oben runter uffn Kopp. Denn sinse jeheilt, kann ick Ihn'n sa'n.« – Der Fremde sprang auf und hatte plötzlich rote Flecke im Gesicht. »Aber das ist doch nicht wahr, was Sie da erzählen!«, rief er laut. »Das können Sie doch gar nicht tun!« – »Det kann ick nich?«, wiederholte der Parkbulle geringschätzig. »Wenns ne jute Nacht is, komm ick manchmal uff zehn, fuffzehn Stück.« – »Und warum machen Sie denn das?«, fragte der Fremde fassungslos. »Warum?«, schrie der Wächter und schlug auf den Tisch. »Na – Ordnung muss sein, sag ick!!« Der Fremde war wieder ganz ruhig geworden. »Wenn das wahr ist, was Sie da erzählen«, sagte er, »dann sind Sie ein ganz gemeiner Kerl.« Alle waren still und erwarteten eine Katastrophe. »Was bin ick?«, fragte der Parkbulle lauernd. »Ein ganz gemeiner Patron«, bekräftigte der Fremde voll Überzeugung, »und außerdem direkt gottlos! Geheilt!! Haben Sie denn nie bedacht, was Sie da tun? Sie verletzen ja« – und er verstummte kopfschüttelnd. Der Wächter hob den Arm, und die Chauffeure spannten schon die Muskeln, denn jeder glaubte, es käme ein Faustschlag. Es kam aber nichts.

Der Wächter schnaufte, völlig außer Fassung gebracht. Dann drehte er sich auf dem Gesäß um, ohne aufzustehen. »Noch'n Helles!«, rief er, und in diesem Augenblick fing die Frau am Tisch hell und heiter zu lachen an. Plötzlich lachten die andern auch. Irgendeiner sagte was Komisches, Jahnke schlug sich knallend auf den Schenkel, und ehe man sich's versah, hatte der Fremde wieder zu singen begonnen, diesmal am Tisch sitzend; mit seiner tiefen, aber lichten Stimme sang er das Trinklied der Nonnen im Rosenhaag

»Schenket ein den Cypernwein«, und bei der zweiten Strophe schon sangen die Chauffeure die Melodie mit! Der Parkbulle kaute nachdenklich an seinem Bier und schüttelte den Kopf zu alledem, und mitten in der Schlussstrophe sah man auf einmal, dass Karl ganz steif und merkwürdig verkrampft dasaß und vergeblich durch Grimassen die andern zum Schweigen zu bringen suchte. Es wurde allmählich still, der Fremde hatte zuerst aufgehört, und jetzt sahen alle, was los war: Die Frau lag mit dem Kopf seitlich an Karls Schulter, ihre Augen waren geschlossen und ihre Haut ganz weiß, man wusste nicht recht, ob sie schlief oder ob ihr das Herz stillstand. Während nun aber alle zu ihr hinsahen, verzog sich plötzlich der Mund wie von einem grausam reißenden Schmerz, das ganze Gesicht zuckte und flog, ohne dass die Augen sich öffneten, die Wangen fielen jählings ein und bekamen schwarze Löcher, und gleich darauf schlug sie die Augen wieder auf, atmete tief, bekam Farbe ins Gesicht und lächelte ein wenig. Milly, das Dienstmädchen von Meyers, war hinzugetreten und sah ihr mit einem schwimmenden und zärtlichen Blick auf die Hände. »Wat für Hände«, sagte sie dann mehrmals und streichelte vorsichtig die Fingerspitzen der Frau. »Lasst se doch ins Vereinszimmer auf det scheene Sofa liegen«, riet die Schenkmamsell, die auch herzugetreten war und die Ratlosigkeit der Männer spürte. »Nich wahr, Herr Jahnke«, sagte sie, »warum soll se nich in Vereinszimmer auf det Sofa liegen, wenn se müde is.« – »Meintswegen«, sagte Jahnke wie erlöst, »schafft se man rüber, da kann se pennen bis in die Puppen. Jeputzt wird nich an Feiertag!« Der Fremde verbeugte sich dankbar vor Herrn Jahnke und reichte der Frau die Hand. Sie stand zögernd auf, während Karl steif und ein wenig enttäuscht sitzen blieb, und ging mit leicht schwankenden Knien, von dem Fremden geführt und von Milly und dem Schankmädchen gefolgt, in das verdunkelte kleine Hinterzimmer. An der Tür blieb der junge Mann zurück, die beiden Mädchen gingen mit der Frau hinein und schlossen die Tür hinter sich. Eine Zeitlang blieb es still, und von dem Fremden sah man nur den Rücken. Er stand mit etwas gesenktem Kopf und schien ins Leere zu sehen. Kurz darauf kam das Schankmädchen zurück. »Nu jeht's ihr besser«, sagte es. »Sie liegt längelang, de Milly bleibt bei ihr drinnen.« – »Ich danke Ihnen«, sagte der junge Mann und begab sich zum Tisch zurück.

»Sag mal, wer bist denn du eigentlich«, wandte sich Karl plötzlich an ihn. »Ich meine – nichts für ungut –, weil du so'ne komische Kruke bist...«

»Ich bin«, sagte der Fremde in einem Tonfall, von dem man nicht wusste, ob er sich über die anderen oder sich selbst lustig mache oder ob er es vielleicht ganz ernst meine, »ich bin ein seltsamer Mensch. Ich vertrage nämlich kein Eisbein und erst recht kein Sauerkraut. Als ich sehr jung war, hielt ich dies jedoch für das Beste.« Die Chauffeure nickten verständnisvoll. »Da ich aber nicht auf Lebenszeit mit Sodbrennen herumlaufen wollte, machte ich mich auf, das Land zu finden, wo man Nektar und Ambrosia speist.« – »Wat?«, fragte Fritz. »Schlampanjer und Austern«, meinte der Parkbulle verächtlich. »Nein«, sagte der Fremde ernsthaft, »die Götterspeisen, die ja bestimmt leicht verdaulich sind. Und ich kam an die Grenze eines fremden Landes, da stand ein Erzengel Wache, in grüner Uniform, und fragte mich nach meinem Begehr, und als ich es genannt hatte, sagte er zu mir: Was du wirklich suchst, ist ›Jugend ohne Alter und Leben ohne Tod‹. Da ward ich sehr fröhlich, denn genau das war es, was ich suchte, ich hätte es aber selbst nie nennen können. ›Sechs Mal wirst du in die Irre gehen‹, sagte der Engel und hob den Grenzpfahl auf, ›beim siebten Mal magst du dein Ziel erreichen‹. Bei diesen Worten zeigte er auf einen nahgelegenen Friedhof. Ich aber machte mir nichts daraus und zog wohlgemut weiter. Da kam ich in einen finsteren Wald, der war voll von bösen Geistern und Ungeheuern, und da ich bald meinen Weg verloren hatte und auf ihre Gnade angewiesen war, verführten sie mich, böse Dinge zu tun, so böse und so verworfen, wie ihr es euch gar nicht denken könnt. Denn ihr wart ja noch nicht in der Gewalt böser Geister.

Eines Tages hörte ich leises Weinen an einem Felsenquell, und da saß eine verstoßene Prinzessin, die schon lange über Land gelaufen war, und versuchte die Läuse in ihrem seidenen Hemd zu knicken. Und die Stimme des Engels sagte zu mir: ›Hilf ihr, dann hast du den ersten Ausweg gefunden.‹ Da half ich ihr Läuse knicken und wanderte weiter mit ihr, und so sind wir entkommen. Aber noch sind sie hinter uns her.« – »Wer?«, fragte einer. »Die Grünen?« – »Die bösen Geister«, sagte der junge Mensch, »die wird man nicht so leicht los.«

Der Parkbulle hatte ihn die ganze Zeit über höhnisch betrachtet, aber nicht gewagt, die allgemeine Stille des Zuhörens zu unterbrechen. Nun sagte er mit biederem Ton: »Na, Mensch, wenn de wirklich so'n Rübezahl bist, denn tu doch man jefälligst 'n Wunder. Det möchte ick besehn hier, verstehst?« Der Fremde nickte nur und zuckte dabei die Achseln. »Haste verstanden?«, sagte der Parkbulle schon bedeutend angriffslustiger, da Karl leise gelacht hatte. »'n Wunder sollste tun. Kannste det?« – »Jeder kann Wunder tun«, sagte der Fremde ziemlich unbeirrt, »also auch ich.« »Na denn lass man 'ne Runde Schnaps auf'n Tisch erscheinen, für jeden 'n doppelten Korn, det wär'n Wunder«, sagte der Parkbulle, dem trotz einer Pause des Nachdenkens kein ungewöhnlicheres Wunder eingefallen war.

»Das will ick«, sagte der Fremde und strich sich über sein krausblondes Bärtchen. »So«, rief der Bulle, »und wie machst'n det?« – »Indem ich den Wirt bitte, uns eine Runde Schnaps zu schenken«, sagte der junge Mann bescheiden und ohne Spott. Jahnke, der an seinem Schanktisch eingenickt war, sah ihn mit merkwürdig verträumten Augen an, die anderen grinsten. »Ich bitte Sie, Herr Jahnke«, sagte der Fremde mit gleichmütiger Stimme zu ihm, »schenken Sie uns eine Runde Schnaps. Für jeden einen doppelten Korn.« Jahnke glotzte einen Augenblick wie hypnotisiert, und es griff plötzlich eine große Spannung um sich. Auf einmal warf Jahnke gebieterisch den Kopf herum zur Schankmamsell, die in der Ecke beim Ofen mit dem Freund des Dienstmädchens flüsterte. »Lass man anfahren«, befahl er. »Sechs doppelte Korn!« Jetzt aber brach, wie wenn ein Druck von allen Lungen, ein heimlicher Griff von jeder Kehle gewichen wäre, ein allgemeines tobendes Hallo aus, man ließ Jahnke hochleben und noch mehr den Wundertäter, denn dass es sich um ein offensichtliches Wunder handelte, dem Jahnke, der noch nie in seinem Leben einen ausgegeben hatte, zum Opfer gefallen war, lag klar zutage. Der Schnaps kam rasch und wuchs wie von selbst auf den Tisch, denn es waren jetzt alle so mit Lachen, Reden, Schreien beschäftigt, dass kaum einer gemerkt hatte, wie er gebracht und hingestellt wurde. Plötzlich hatte man ihn in der Hand und im Mund und durch Gurgel und Speiseröhre hinab wohlbrennend im Gekröse, und als der Fremde nun wieder zu singen anhub, brauchte er nicht lange um Teilnahme zu werben: Gleich fielen alle in das Lied ein, das er anstimmte und das alle kannten: »Wenn du denkst, der Mond geht unter, er geht nicht unter, er tut nur so.« Es war ein blödsinniges Lied vielleicht, aber es war dieser Stunde voll angemessen, und wer von uns hat nicht einmal so eine Stunde erlebt? Und gerade als das Lied im schönsten Anschwellen war, da kam das Dienstmädchen Milly aus dem Vereinszimmer heraus und sagte Herrn Jahnke ganz aufgeregt etwas ins Ohr. Herr Jahnke stand schweigend auf und ging ohne weiteres sehr rasch zur Telefonzelle. Von dort winkte er nach rückwärts den Fremden herbei, der den Vorgang stumm beobachtet hatte, und zog ihn mit in die Zelle hinein. Und während die Männer vorn eine neue Lage Schnaps ausknobelten, hörte man Herrn Jahnke im Hintergrund laut und erregt eine Telefonnummer verlangen.

Eine halbe Stunde später war der Arzt da. »Wo liegt sie?«, fragte er und winkte dem Dienstmädchen Milly, ihm zu folgen. In der Tür zum Vereinszimmer drehte er sich noch einmal um und befahl der Schenkmamsell, kochendes Wasser vorzubereiten, und nach zehn Minuten kam er wieder aus dem Zimmer hinaus, klappte seinen Handkoffer auf und trug ihn in die Küche, wo er Instrumente abkochte und sich eine Ewigkeit lang die Hände wusch. Dann trat er wieder ins Lokal, er war nun in Hemdsärmeln und hatte Gummihandschuhe an, blinzelte durch seine Goldbrille einen Augenblick misstrauisch zu Jahnke und den Gästen hin und verschwand ins Vereinszimmer. Es wurde fast nichts mehr gesprochen am Tisch, wo alle wie vorher beisammensaßen und sich einander nicht anzuschauen trauten. Der Fremde zeichnete auf die Tischplatte Bäume, die sich im Wind bogen, kahle Bäume, verkrüppelte, niederbrechende Baumstrünke, Schösslinge, Zweige, Blätter und ragende Hochtannen. Es war sehr still, die Uhr tickte laut, und durch die offene Tür zur Küche hörte man das kochende Wasser singen.

Aus dem Vereinszimmer kein Laut. Nach gar nicht langer Zeit aber ging die Tür auf, und Milly lief stolpernd vor Aufregung durchs Lokal, sie hatte hochrote Backen, und alles flog an ihr. »Sie hat«, flüsterte sie unter lautem Atem zu den Männern am Tisch hin, »Krönchen in die Wäsche gestickt, sieben Zacken, det is 'ne Gräfliche oder wenigstens 'n Freifräulein!« – »Selber Fräufreilein«, brummte Fritz ungläubig. »Aber nee doch!«, rief Milly etwas lauter und verschwand in die Küche, »wie se nich bei sich war, da hatse ausländisch jesprochen. Mamma mia, hatse jesagt!« Der Fremde am Tisch barg sein Gesicht in den Händen. »Und man hat ihr so gut wie nischt anjesehn«, sagte Karl verbittert, »ich dachte die is'n bisken mollig, dachte ick, untenrum.«

Als Milly mit einem Topf Wasser langsam aus der Küche zurückkam, räusperte sich Jahnke und wollte sie etwas fragen, aber in diesem Augenblick erscholl aus dem Vereinszimmer, dessen Tür Milly nur angelehnt hatte, ein zarter und doch durchdringender Laut, gleich darauf anschwellend, quäkend, quärrend, plärrend, gellend, und dann in ein stockendes Gemauze übergehend. Kindergeschrei. Milly stolperte wieder und verschüttete etwas Wasser, bevor sie ins Zimmer verschwand. Der Parkbulle stand auf, streckte die Glieder, wollte einen Witz machen, verschluckte ihn, und sagte dann: »Nu jehck mal'n Rundgang. Morjn die Herrn.« – Er machte die Tür auf, blieb einen Moment auf der Schwelle stehen und knöpfte seinen Mantel zu Von draußen fiel schon ein graugrieseliges Morgenlicht herein, in das der viele Rauch sich kräuselnd hinausdrehte. Durch die offene Tür sah man schattenhaft die kahlen Bäume und darunter, vom Licht der Laternen besprengt, das in der Dämmerung wesenlos zerflatterte, mit verhängten Kühlern die Kette der Autodroschken, wie Schafe, Rinder, Maultiere und schlummernd gekauerte Kamele.

Der Arzt trat heraus. Macht mal die Tür zu!«, herrschte er die Männer an. Dann ging er in die Küche, um sich schon wieder die Hände zu waschen. Jahnke trat, von den Männern gefolgt, in die Tür des Vereinszimmers. Er und der Fremde gingen hinein, die andern blieben auf der Schwelle stehen und schauten in einer engen Gruppe einander über die Schulter.

Plötzlich war auch der Parkbulle wieder da und winkte den beiden Chauffeuren Fritz und Karl heimlich mit einem Zeitungsblatt, es war die dicke Feiertagsausgabe, die er mit hereingebracht hatte. Misstrauisch traten sie zu ihm an den Tisch. Die Seite »Aus aller Welt« und »Gerichtsteil!« war aufgeschlagen, und der Parkbulle tippte mit seinem dicken Wollhandschuhfinger auf ein verschwommenes Fotoporträt, unter dem ein fettgedruckter Bericht stand. Fritz, der schwer und langsam las, murmelte halb lautlos vor sich hin, einzelne Worte hoben sich wie Schreckschüsse heraus. »…gesucht…« – »…Großbetrug eines gewerbsmäßigen Kurpfu- Kurpf« – »Kur-pfuschers…«, sagte der Parkbulle. – »Entführungsverdacht und Sittlichkeits-« – »Aber nu man ocke«, sagte Karl, »bei denen, da is doch keene Sittlichkeit –.« Er war ganz weiß, und der Schweiß stand ihm auf der Stirn. »Wat willst'n machen?«, fragte Fritz leise den Parkbullen. »Ick weeß ja nich«, sagte der vor sich hin, »hier drinnen, det is nich mein Revier.« – »Und auf dem Foto, da hat er ooch keen Bart«, sagte Karl. »Den kann er jeklebt haben«, sagte der Parkbulle, »ick hab da nischt mit zu tun.«

Damit drehte er sich auf dem Absatz um und ging so leise hinaus, wie er wohl noch nie im Leben irgendwo hinausgegangen war. Das Blatt blieb auf dem Tisch liegen.

Milly und das Schankmädchen hatten Millys Freund rechts und links untergefasst und standen mit ihm im Vorzimmer neben der Tür, eng an die Wand gepresst. »Is'n Junge«, flüsterte Milly kaum hörbar zu den Chauffeuren hin.

Die Frau lag auf dem Sofa, und man hatte ein weißes Leintuch über sie gedeckt. Neben ihr, auf einem Stuhl, lagen ihre Kleider, am Boden standen zwei Waschbecken und ein Blecheimer, daneben die Tasche des Arztes, aus der Nickel blitzte. Das Kind lag in ihrem rechten Arm und quakte ein wenig. Und die Mutter hatte die Augen weit auf, und man sah, dass es tief schwarzblaue Augen waren in einem bleichen, schönen, irdischen Gesicht.

»Sie sind wohl der Vater von dem Kind?«, sagte der Arzt

zu dem Fremden und klappte ein Notizbuch mit Vordrucken und Registereinteilung auf.

»Ich?«, erwiderte der, mit einem ganz erstaunten Blick. »Wieso?«

»Na«, sagte der Arzt und zog seinen Rock an.

»Ich schicke dann jemanden her, der das aufnimmt«, sagte er. »Es genügt ja zunächst einer vom Revier –«, und dann, während er in seinen Mantel schlüpfte, rief er der Schankmamsell zu: »Fencheltee, aber nicht zu heiß!«

Dann ging er.

Jahnke war ziemlich lange fort gewesen und kam nun zurück, offenbar aus seiner Wohnung im Hochparterre. Er hatte Milly und ihren Freund mit hinaufgenommen, und die trugen nun einen Packen älterer Wäschestücke, windelartigen Kinderzeugs und Decken hinter ihm her. Während sie das alles ins Vereinszimmer schleppten, trat der Fremde zu Jahnke hin. »Verzeihen Sie«, sagte er, »haben Sie vielleicht einen Fahrplan?« Jahnke sah ihn an. »Jewiss«, sagte er dann und nahm ihn aus einer Schublade des Büfetts heraus. »Wollen se wech?«, sagte er nach einer Weile. Aber der Fremde hörte es nicht, er saß mit abwesender Miene über den Fahrplan gebeugt und schrieb sich Züge heraus. Die Chauffeure hatten inzwischen nach ihren Wagen gesehen und kamen allmählich wieder herein. »Mal'n Kaffee kochen«, sagte Jahnke zur Schankmamsell und ging hinter ihr her in die Küche. Auch die Chauffeure gingen im Raum hin und her, denn es schien nicht mehr richtig zu sein, dass man sich wieder hinsetzte: Es war alles aufgelöst, fremd und morgendlich.

Nach einiger Zeit stand der Fremde auf und sprach leise

mit dem alten Chauffeur Fritz. »Ja, wird'n det jehn?«, sagte der. »Natürlich«, antwortete der Fremde. »Von mir aus«, sagte Fritz und dann zu Karl, der hinzutrat: »Zum Schlesischen Bahnhof.« – »So«, sagte Karl und verstand. Der Fremde war ins Vereinszimmer gegangen und packte zusammen.

»Mit de Behörde woll'n die ooch nich aus die gleiche Schüssel essen«, sagte August Schmöller zu den beiden andern. »Det jeht mir nischt an«, sagte Karl. »Jewiss nich«, bekräftigte August. »Ick meinte nur bloß.« Als Jahnke später die Küchentür öffnete, aus der ein dicker warmer Kaffeegeruch drang, sah er nur noch, wie Karl und August die Frau, die in einem Bündel das Kind an sich gepresst hielt, auf gekreuzten Armen hinaustrugen. Fritz ging hinterher und schleppte zwei Decken mit. Um Jahnke kümmerte sich niemand, und der Fremde schien schon im Auto zu sein. Auf dem Tisch, zwischen verschüttetem Schnaps und Aschenresten, lag noch der Bierfilz mit Jahnkes Porträt. Darauf hatte der Fremde das Datum geschrieben, 24.12.1929, und ein Herz und eine Hand daruntergemalt.

Langsam ging Jahnke ins Vereinszimmer. Blieb stehen, schaute ins Lokal zurück. Draußen sprangen Motore an, dann schlurrten die Wagen davon.

Im Vereinszimmer war aufgeräumt worden, das Leintuch lag zusammengefaltet überm Stuhl, und sonst erinnerte nichts mehr an das Geschehene.

Nur ein leiser Geruch von Jodoform und anderen Medikamenten, den der Arzt mit seinen Kleidern und seiner Tasche hereingeschleppt hatte, hing noch in der Luft.

Als aber nun Jahnke gedankenvoll das Fenster öffnete

und die erste Sonnenhelle hereinließ, die draußen auf dem Raureif der Bäume und über der dünnen Eisschicht des Stadtparkteiches flimmerte, ging auch dieser Geruch hinaus, und es blieb von allem gar nichts mehr übrig.

Juan Moreno

Feliz Navidad

Weihnachten ging dieses Jahr so: Mein Bruder Paco spielte Gitarre, mein Bruder Jaime versuchte, mit seiner kleinen Tochter im Arm, dazu zu tanzen. Sie heißt Lara, ist ein halbes Jahr alt, schläft viel und fand es meiner Meinung nach dämlich, von einem stolzen Vater zu Simon & Garfunkel gewippt zu werden. Sie machte ein Gesicht, als wolle sie sagen, pass auf, Knackwurst, dieser Astralkörper groovt zu Pink und zu älteren Stücken der Stones, dein blödes *Cecilia* kannst du dir in die Haare schmieren. So hat Lara geguckt.

Ich las Zaimoglus Briefroman *Liebesmale, scharlachrot* und fragte mich, ob ich auch Freunde habe, die ich mit der Anrede »Hochverehrter Kumpel, mein lieber Hakan, Sammler der heiligen Vorhäute Christi« oder »Lieber Motzsaurier und Bruder im Orden der letzten Spermafäden« anschreiben könnte. Mein Vater schnaufte die meiste Zeit und regte sich über die spanischen Handwerker auf, die bei seinem letzten Besuch im Sommer versprochen hatten, unsere Wohnung bis spätestens September gestrichen zu haben, was sie – leicht verspätet – ja auch erledigt hatten. Am 21., 22. und 23. Dezember waren drei ältere Herren in unser Haus gekommen, denen ich jeden Beruf der Welt abgenommen hätte – außer den des gelernten Malermeisters. Mein Vater erklärte ihnen, wie man Farbe abtönt, wie man Fensterrahmen vorbehandelt, und konnte sie irgendwann sogar davon überzeugen, dass Polstermöbel mit Folie abzudecken sehr sinnvoll sein kann, wenn man vorhat, die Decke zu streichen. In drei Tagen schafften sie zwei Räume, eine Veranda und vier Fenster, darunter auch das im Wohnzimmer, was erklärte, warum unsere Heilige Nacht nicht nach Lebkuchen, sondern nach Lösungsmittel roch. Mein Bruder Paco sah das jedoch gelassen und meinte, dass die Lösungsmitteldämpfe wenigstens dafür sorgen würden, dass meine Mutter, die keinen Alkohol verträgt, diesmal auch ohne ihr Gläschen Baileys strack wie zehn Matrosen sein würde.

Meinem Opa ging es nicht so gut dieses Jahr, weil er sich gerade das Rauchen abgewöhnte. Der Arzt hat ihm gesagt, dass es in Ordnung ist, wenn er sich in der ersten Zeit als Ausgleich für das fehlende Nikotin etwas mehr Schokolade genehmigt. Er isst jetzt eine Tafel Bitterschokolade zu der Packung Filterlose, die er jeden Tag raucht.

Meine Oma kochte. Natürlich keine Gans, das hat keine Tradition in unserer Familie, denn das würde bedeuten, dass man eine Gans kauft, sie ausstopft und dann in den Ofen stellt. Das wäre zu einfach, das hieße, dass meine Oma sich keine Mühe gibt, dass sie faul ist, dass sie ihre Familie nicht liebt. Meine Oma liebt aber ihre Familie. Sie mag keine Gans servieren, dafür macht diese wunderbare Frau jedoch den Rest des Bauernhofs platt. Schweinefleisch, Rindfleisch, Hühnerfleisch, Lammfleisch, Kalbfleisch, Ziegenfleisch, es gibt alles, gebraten, gekocht, gegrillt, eingelegt. Kein Witz. Und weil wir Spanier sind und es bei Spaniern zu Weihnachten immer Meeresgeschnurbse gibt, kochte sie zudem

noch Scampi, Krabben, Garnelen, Muscheln, Pulpo, Cala-
mares, Krebse und was sonst noch bei *Findet Nemo* eine
Rolle spielte. Zu Weihnachten hat in unserer Familie wirklich nur eines Tradition: Fressen. Wir sind die Gulo Gulos,
die Vielfraße unter den Familien, und wenn der *World Wild-
life Fund* wüsste, was wir in drei Tagen weghauen, gäbe
es gegen uns Demonstrationen, an deren Spitze Christian
Ströbele marschieren würde. Aber davon weiß niemand,
und darum war Weihnachten dieses Jahr okay.

Ingrid Noll

Goldene Löffel ◀

Früher, als Josefa noch lebte, sah es in Cala Barca anders aus: Zwischen Felsküste und Kiefernwald standen nur wenige Villen reicher Ausländer. Josefa putzte die Häuser von fünf Franzosen und einer reichen Gräfin aus Frankfurt, stritt mit dem Gärtner, wenn sie fand, dass er zu schlampig gegossen hatte, und hielt Kontakt mit dem Gasprüfer und anderen kommunalen Abgesandten. Kurz gesagt, es war ein Vertrauensposten, denn die Herrschaften waren ja die meiste Zeit des Jahres nicht anwesend.

So umsichtig wie ihre Vorgängerin war Pilar nicht, schließlich hatte sie noch anderes im Kopf, doch wuchs ihre Achtung vor Tante Josefa postum Jahr für Jahr. Wenn die Gräfin Weihnachten auf Mallorca feierte und ihre deutsche Verwandtschaft anrückte, hatte es Stress für ihre Tante gegeben. Nun hätte man erwartet, dass wenigstens die Trinkgelder reichlich flossen, aber davon konnte nicht die Rede sein. Man ließ sich bedienen und es dabei bewenden. Alle fünf Jahre fand im Sommer ein Klassentreffen statt, auf dem sich die zehn eingeladenen Veteraninnen kaum anders benahmen. Schon Tage vor dem Ereignis ließ sich die Gräfin massieren und einölen, um als Schönste unter den alten Krähen zu glänzen.

Irgendwann musste es selbst der fleißigen Josefa zu viel

geworden sein. Als wieder einmal zwölf oder mehr Personen die Feiertage hier verbrachten, als eine deutsche Köchin eine deutsche Gans zu deutschem Rotkohl bereitete, hatte sie sich derartig aufgeregt, dass sie einen Herzinfarkt bekam und starb.

Nach ihrem Tod erbte Pilar nicht nur Josefas Häuschen, sondern übernahm auch ihre Aufgaben und putzte bei denselben Familien. Schon im Voraus hatte sie regelrechte Panik vor dem gräflichen Weihnachtsfest: erstens, weil ihre Tante anlässlich dieser Überforderung gestorben war, zweitens, weil sie nun selbst den gleichen Kraftakt bewältigen musste. Im Gegensatz zu Josefa hatte Pilar einen Mann und Kinder, die ihrerseits Ansprüche stellten. Sollte sie kündigen? Sie beschloss, sich wenigstens im ersten Jahr der schwierigen Aufgabe zu stellen.

Die Gräfin war kinderlos. Früher war sie wohl mehrmals im Jahr hierhergekommen, jetzt waren ihr die häufigen Flüge zu beschwerlich. Wenn Pilar die Franzosenhäuser in der Nähe saubermachte und sah, dass Esteban in der deutschen Villa die Pflanzen sprengte, dann lief sie schnell auf einen Schwatz hinüber. Der Gärtner war fast so alt wie die Gräfin und erzählte, dass sie dreimal Witwe wurde. »In ihrer Jugend war sie eine bildschöne Frau«, sagte er, und seine trüben Augen bekamen einen feurigen Glanz, »bei den ersten beiden Männern ist sie reich, beim dritten adlig geworden.«

Seit ihrer vierten Gesichtsstraffung konnte von Schönheit allerdings nicht mehr die Rede sein. Ähnlich ihrer Villa war sie renovierungsbedürftig, im Gegensatz zu einem Haus jedoch nicht mehr tauglich dafür. Aber wie in jungen Jahren fragte sie jeden Sommer: »Esteban, hast du auch das Meer geprüft?« Wenn er keine Quallen gesichtet hatte, auf die sie allergisch reagierte, schwamm sie eine Viertelstunde im warmen Wasser und gerbte dann ihren Eidechsenbauch auf dem Sonnendach. Von dort aus konnte sie direkt das Schlafzimmer betreten, ein rundes Turmgemach mit sechs Fenstern und neun Spiegeln. Es war wohl einmal eine richtige Liebeslaube gewesen.

Da sie nun alt und reich geworden war, klammerte sich die Gräfin heftiger denn je an ihre weitläufige Familie, deren Mitglieder allerdings nicht ›von‹ und ›zu‹, sondern ›Schulz‹ und ›Schmitt‹ hießen und Hessisch sprachen. Ihre triefäugige Schwester Traudel hatte insgesamt neun Enkel zwischen 15 und 28, die von der Gräfin als Hoffnungsträger und Lichtblick ihres Lebensabends angesehen wurden.

Pilar hatte eine andere Meinung über diese arroganten Herrchen und ihre faulen, aufgetakelten Schwestern. Die Gräfin ging zwar früh ins Bett, aber die jugendlichen Verwandten soffen bis in die Puppen und mussten am anderen Tag zum Nachmittagskaffee geweckt werden. Wenn Pilar saubermachen wollte, wusste sie kaum, wo anfangen. In allen zugänglichen Zimmern stolperte sie über Rucksäcke und Turnschuhe und stieß auf überquellende Aschenbecher und leere Gläser, in die Schlafzimmer traute sie sich erst gar nicht hinein.

Ihr besonderes Missfallen erregte jedoch der gräfliche Liebling und vorgesehene Erbe. Es war ein junger Mann namens Sascha, mit Pferdeschwanz, Schlapphut und Ohrringen, der nie den langen Mantel auszog und von seinen hilflosen Eltern in ein Internat gesteckt werden sollte. Zu allem Überfluss hatte er einen sabbernden Köter angefüttert, der Pilar stets die Beine ablecken wollte. Da die drei Toiletten dem Ansturm nicht immer gewachsen waren, sah sie Hund und Herrn ungeniert gegen Estebans Schubkarre pinkeln. Zwar hielt sich Sascha für einen lustigen Charmeur, erreichte aber durch Süßholzraspeln und distanzlose Frechheiten bei Pilar das Gegenteil. Als stolze Mallorquinerin, die gut und gern doppelt so alt war, fühlte sie sich in ihrer Würde getroffen, wenn er sie herumkommandierte und Witze über ihre Oberweite machte.

Als wieder Ruhe einkehrte, weil die Heuschreckenplage am 2. Januar glücklicherweise abschwirrte, ging es ans große Aufräumen. Doch als die Gräfin die Bestecke in den Schrank schließen wollte, versuchte sie vergeblich, die geliftete Stirn zu runzeln, denn es funkelten nur noch 23 goldene Löffelchen im Kasten. Nicht etwa, dass man wie im Märchen von goldenen Tellern aß, auch Messer und Gabeln waren vom üblichen 800er-Silber, aber die Dessertlöffel – Adel verpflichtet – waren aus reinem Gold. Natürlich befragte sie zuerst Pilar, die eifrig beim Suchen half. Es fanden sich zwar eine vermisste Brille im Zwiebelkorb, Kaugummis unter der Esstischplatte, das Foto eines tätowierten Unbekannten und mehrere Taschentücher, Knöpfe und Sektkorken unter Sofas und Teppichen, aber der Löffel war weg. Der arme Esteban musste den Inhalt eines prallen Müllsacks verlesen, was jedoch auch nichts einbrachte.

Erst als Pilar gute zwei Wochen später Zeit fand, ihren eigenen Haushalt in Ordnung zu bringen, und ihre schmutzige Kittelschürze in die Waschmaschine stopfte, bemerkte sie verblüfft einen harten Gegenstand in der Tasche. Obgleich sie an diesem Tag eigentlich freihatte, schwang sie sich doch unverzüglich aufs Fahrrad, um der Gräfin die gute Nachricht zu überbringen.

Frohgemut betrat sie die Küche, den goldenen Löffel triumphierend in der Hand, als sie hörte, wie im Zimmer nebenan der Name ihrer Tante ausgesprochen wurde. Pilar hatte keine Probleme mit der deutschen Sprache und verharrte lauschend. Die Gräfin telefonierte offensichtlich mit ihrer Schwester: »Leider hat sich Josefa letztes Jahr an unserer Gans überfressen und ist an einer Gallenkolik gestorben«, vernahm die fassungslose Pilar, denn das stimmte nicht. Die Gräfin fuhr fort: »Aber weißt du, Traudel, ehrlich sind hier alle, Esteban besonders. In all den Jahren ist niemals etwas abhandengekommen. Josefas dicke Nichte, ich vergesse immer ihren Namen, ist überdies viel zu dumm zum Klauen.« Grimmig steckte Pilar den Löffel wieder ein und spitzte weiter die Ohren. »Ja, natürlich, Löffel geraten schon mal mitsamt dem Joghurtbecher in den Mülleimer, aber ich habe einen ganz anderen Verdacht. Nächstes Jahr werde ich Kusine Martha nicht mehr einladen.« Ohne dass sie bemerkt wurde, verzog sich Pilar.

Eigentlich wollte sie dem ganzen Ärger durch eine Kündigung entgehen, wurde aber erstaunlicherweise vom eigenen Mann zum Aushalten überredet. Immerhin hatte sie zwischen Heiligabend und Neujahr täglich mehrere unvollständig geleerte Schnapsflaschen mit nach Hause gebracht. Inzwischen war auch ein Plan in ihr herangereift.

Im nächsten Jahr war Sascha zwar älter, aber noch aufdringlicher geworden, machte einer 15-jährigen Nervensäge namens Mandy den Hof und schickte Pilar zum Zigarettenholen ins Dorf. Selbst die Gräfin betrachtete ihren Favoriten mit leichter Ernüchterung. Diesmal war es kein Zufall, dass zwei goldene Löffel verschwanden. Pilar bemerkte mit Genugtuung, wie die Gräfin auf einem Notizblock die Namen ihrer senilen und infantilen Verwandten auflistete und mit Haken oder Fragezeichen versah.

Ihr rotnasiger Schwager Benno war der Zweite, den sie im Visier hatte; schon vor Jahren war er durch betrügerischen Bankrott unangenehm aufgefallen, danach durch permanentes und zudringliches Schnorren. Jetzt, wo er gänzlich unbrauchbar und läppisch geworden war, grapschte er nach halbwüchsigen Nichten. Die Gräfin beschloss, ein für allemal mit Benno zu brechen. Allerdings hatte das zur Folge, dass ihre Schwester Traudel, beleidigt über diesen Ausschluss, nun auch nicht mehr kommen mochte.

Es war schon eine gewisse Erleichterung für Pilar, drei Personen weniger bedienen zu müssen. Trotzdem waren es noch zu viele, wie sie fand, und ein Grund zum beherzten Handeln lag vor.

Zwar musste sich die Gräfin beim Fehlen von vier weiteren Löffeln eingestehen, dass sie die Falschen verdächtigt hatte, aber da sie den wahren Grund für die abgebrochenen Beziehungen nie ausgesprochen hatte, konnte sie nichts zurücknehmen. Sie kam nicht umhin, auch Sascha zu verstoßen, obgleich es ihr selbst sehr weh tat. Da sich der Junge aber stets im Glanz ihrer Zuneigung gesonnt hatte, forderte er eine Begründung für den Bannfluch. »Du stiehlst seit Jahren meine goldenen Löffel!«, bekam er, außer einigen ihm unverständlichen Ausdrücken wie *defraudant* und *cochonnerie*, zu hören. Sascha beteuerte vergeblich seine Unschuld. Auch seine bisher erfolgreichen Schmeicheleien stießen auf taube Ohren, die »beste aller Großtanten« änderte ihr Testament und enterbte ihn.

Pilar überlegte, wie viel man ihr in Barcelona für die Löffel auszahlen und ob die Summe für ein gebrauchtes Auto reichen würde. Die Gräfin hatte sich mit ihrer gesamten Verwandtschaft heillos überworfen und kam fortan nur noch im Sommer nach Mallorca. Sie hatte immer noch genug Goldlöffel, um in diesen vierzehn Tagen jeden Mittag mit einem anderen ihren Zitronensaft umzurühren.

Eines Tages, als Pilar die Einfahrt des Nachbarhauses kehrte, wurde sie von Esteban herbeigewinkt. »Gestern musste ich sie nach Palma fahren«, erzählte er mit schadenfrohem Grinsen, »und zwar zu einem Antiquitätenhändler, der auf Edelmetalle spezialisiert ist. Um zu wissen, was sie – auf Heller und Pfennig genau – durch den Diebstahl verloren hat, wollte sie ihre Löffel schätzen lassen. Ich stand selbst daneben, als der Fachmann die Lupe nahm, wog und kratzte. Du wirst es kaum glauben, Pilar, die Löffel sind nur mit einer dünnen Goldschicht überzogen und nicht viel wert.« Pilar fühlte sich betrogen.

Doch als kurz vor dem geplanten Klassentreffen eine forcierte Schönheitspflege auf dem Programm stand, wusste Pilar plötzlich, was zu tun war.

Eine glibberig-glasige Qualle wurde mit einem Rest Bodylotion in der Küchenmaschine zu einer perfekten Emulsion verarbeitet. Mit goldenem Löffel füllte Pilar das teuflische Elixier in ein kostbares blaues Glasfläschchen, aus dem sie die allergengetestete Schönheitsmilch entfernt hatte; am Abend vor dem Eintreffen ihrer Freundinnen würde die Gräfin zweifellos ihre überempfindliche Haut mit einer großzügigen Dosis Quallenmixtur verwöhnen. Es war damit zu rechnen, dass sie ihren Gästen nur verschleiert entgegentreten konnte, falls es nicht weitaus schlimmer kam.

Joseph von Westphalen

Die große Glaubensfrage
Eine wahre Weihnachtsgeschichte

Es war ein November- oder Dezembertag vor langer, langer Zeit, als das E-Mailen noch nicht erfunden und das Faxen noch nicht geläufig und der Euro als Währung noch nicht einmal geplant war.

Da klingelte das Telefon. Die Redaktion der *Bunten Illustrierten,* kurz *Bunte* genannt. »Sie haben sich verwählt«, sagte ich so streng und zugleich nachsichtig wie möglich. Nein, man hatte sich nicht verwählt: Für die Weihnachtsausgabe der Illustrierten suche man Schriftsteller, die kurz, bündig und kindgerecht eine Frage von Klein-Sandra beantworten sollten. Ob es einen Weihnachtsmann gäbe, habe die siebenjährige Sandra von der Redaktion wissen wollen. Nun habe man sich einfallen lassen, verschiedene »berühmte und namhafte« Schriftsteller um eine Antwort auf diese brennende Frage zu bitten.

Der »namhafte Schriftsteller« schmeckte mir selbst aus dem Mund dieser illustrierten Redaktion. Zu meinem Ärger merkte ich, dass meine Stimme schon nicht mehr ganz so unwirsch war, als ich weiter standhaft ablehnte: Ich käme mir nicht namhaft vor, aber ehrlich gesagt zu ernsthaft, um nicht zu sagen zu seriös, erstens für diese Frage, zweitens, wenn Sie erlauben, für Ihr Blatt!

Eine Beleidigung, dachte ich, damit wäre das Ansinnen vom Tisch. Keineswegs. Wir sind nicht die »Zeit«, wir sind nicht der »Spiegel«, hieß es, wir wollen ja auch nur eine halbe Schreibmaschinenseite; ich könne schreiben, was ich wolle, auch dass es den Weihnachtsmann nicht gäbe, könne ich schreiben, aber ich müsse mitmachen, ich könne doch so peppige Texte schreiben. Und dann, nach einer Pause, der Versuch, eine weitere Hemmschwelle abzubauen: Gabriele Wohmann und Wolf Wondratschek seien auch angefragt und würden mitmachen, und über die Gesellschaft könne ich mich ja wohl nicht beklagen.

Zum Glück fiel mir ein Einwurf ein: Ob man nur auf Autoren aus sei, deren Nachname mit dem Buchstaben W beginne? Sähe das nicht ein bisschen seltsam aus, wenn noch ein Autor mit W dazukäme? W wie Weihnachtsmann?

Was für ein komischer Zufall, hieß es, das sei der Redaktion noch gar nicht aufgefallen. Aber das mache doch nichts. Und dann beiläufig: Das Honorar betrage übrigens 1000 Mark. Und gleich großzügig hinterher: Aber ich könne es mir bis Ende der Woche noch überlegen. Und zum Abschied: Ich könne das, ich müsse das. Und abschließend neckisch: Vergessen Sie nicht, Ihre Bankverbindung auf das Manuskript zu schreiben.

Stunde der Selbstbesinnung. Kann man es sich leisten, für eine Klatschillustrierte zu schreiben? Würde ich selbst nicht über jeden Kollegen den Kopf schütteln, der als Autor in so einem Blatt einen Auftritt hätte? Wären nicht ein leichter Grusel und ein pflaumenweicher Schrecken vermischt mit einem boshaften Mitleid die Gefühle, die mich bei der Entdeckung heimsuchten? Vermutlich würde mir der bittere Satz »Hat der das nötig?« durch den Kopf gehen, wenn ich davon erführe – und sehr wahrscheinlich würden auch meine Kollegen eben dies denken, wenn sie von meiner Mitarbeit Wind bekämen: Hat der das nötig?

Andererseits: Ist das nicht ein bisschen albern und hysterisch und kulturetepetete gedacht? Und vor allem: Kann ich es mir leisten, auf 1000 Mark zu verzichten? Aber wenn die mich nicht erreicht hätten, dann wäre ich auch ohne die schöne Summe ausgekommen! Mit 14 Prozent Mehrwertsteuer wären es aber sogar 1140 Mark, die zunächst einmal auf mein Konto flössen. Und das vor Weihnachten! Schließlich hatte ich als freier Autor keine Weihnachtszulage zu erwarten. – Weihnachtszulage, dreizehntes Monatsgehalt, heute Fremdwörter aus den fetten Jahren.

Noch war es Adventszeit 1987 und nicht Spätsommer 1988, Franz Xaver Kroetz schrieb noch nicht aus der Olympiastadt Seoul exklusiv für Springers *Welt* und hatte damit eine weitere Hemmschwelle niedergerissen, die von ehemals hochherzigen linken Beschlüssen übriggeblieben waren, nicht für fragwürdige Publikationen zu schreiben. Die Berliner Mauer stand noch felsenfest, Axel Springer hatte mit seinem deutschen Wiedervereinigungsverlangen im Nachhinein noch nicht recht bekommen und war in diesem Punkt posthum vom penetranten Schmuddelreaktionär zum seriösen politischen Propheten geworden. Allerdings gehörte die *Bunte Illustrierte* nicht zu Springer, sondern zum Burda-Verlag, also halb so schlimm, oder?

Im Übrigen war meine Entscheidung weniger politischer Natur als eine Frage des Stils. Damals hatten Stilfragen noch ein ideologisches Fundament und bewegten sich nicht belanglos zwischen cool und uncool hin und her.

Von einer kaum zu ertragenden Peinlichkeit würde das Umfeld sein, trotz Wohmann und Wondratschek und wem auch immer. Aber war es nicht auch ein Experiment? Sollte es nicht möglich sein, einen Text zu verfassen, zu dem ich stehen konnte, der nicht völlig blödsinnig war und der in dem klatschillustrierten Umfeld standhalten würde?

Den »namhaften Autor« noch im Ohr und die 1140 Mark vor Augen erschien es mir plötzlich geradezu als eine Aufgabe, ob ich einen Text zuwege bringen könnte, in dem ich einem siebenjährigen Kind tatsächlich eine Antwort auf die Frage nach der Weihnachtsmann-Existenz geben würde, ohne mich selbst dabei zu verraten.

Ich holte tief Luft, setzte mich an die Schreibmaschine, donnerte los, konnte bei einer halben Seite gar nicht bremsen, und schon war in zehn Minuten eine ganze Seite fertig. Der Gedanke, dass Luxusnutten in so kurzer Zeit einen Tausender verdienen, erheiterte mich.

Ob es einen Weihnachtsmann gibt? Ich bin nicht sicher, ob Du an Deine eigene Frage glaubst. Vermutlich willst Du gar nicht wirklich wissen, ob es wirklich den Weihnachtsmann gibt, sondern wie Erwachsene auf Deine Frage antworten. Ja, das interessiert Dich: wie die eine Sache erklären, die sie selbst nicht glauben, die sie aber immer wieder erzählen.

»Erzähl mir keine Märchen!«, sagt man und hört man oft, wenn vom Weihnachtsmann oder Christkind, von Osterhasen, Klapperstörchen, von Wölfen und Hexen die Rede ist.

Aber Märchen sind nicht unbedingt zum Glauben da. Man kann sich etwas aus ihnen herauspicken. Es gibt richtige Märchenforscher. Und die behaupten, dass Kinder Märchen brauchen. So ungefähr, wie man Vitamine braucht. Das kann schon sein.

Vor allem aber scheinen die Erwachsenen Märchen zu brauchen. Damit kann man nämlich Kindern gut etwas beibringen: Man kann ihnen zum Beispiel beibringen, dass sie vorsichtig sein sollen. Man kann ihnen kleine Schrecken einjagen. Man kann ihnen Versprechungen machen und sie vor Vorfreude zappeln lassen. Wenn Du brav bist, so heißt es oft, bringt Dir der Weihnachtsmann das gewünschte Geschenk. Solche Sprüche wirst Du kennen.

Wenn Du das albern findest und naseweis herumerzählst, dass es den Weihnachtsmann nicht gibt, dann hast Du davon gar nichts. Und Du hast nicht einmal recht damit. Denn es gibt ihn ja. Zwar nicht in Wirklichkeit, aber in den Köpfen der Menschen. In der Phantasie. Die Menschen haben sich eine Vorstellung vom Weihnachtsmann gemacht, Sie haben Gedichte und Lieder auf ihn geschrieben. »Draußen vom Walde komm ich her« – es klingt behaglich, wenn man so einen Satz im Wohnzimmer hört.

Es gibt den Weihnachtsmann auf Adventskalendern und Weihnachtspostkarten. Dort ist er zu sehen mit Sack und Pack und Schlitten und vorgespannten Hirschen und wie er durch den Schnee stapft, den es bei uns an Weihnachten meist noch gar nicht gibt. Aber es ist doch eine hübsche Vorstellung. Jedenfalls hübscher als die Vorstellung, wie sich Erwachsene abgehetzt durchs Kaufhaus drängeln, um schnell noch ein paar Geschenke zu kaufen.

Die Sache mit dem Weihnachtsmann ist so: Du weißt, es ist ein Schwindel, aber Du lässt Dich gern beschwindeln, weil es nämlich angenehm und vorteilhaft ist. Das ist auch in Ordnung. Du darfst nur nicht vergessen, dass es ein Schwindel ist.

Wenn Du älter wirst, wird man Dir noch eine Menge Märchen erzählen und alle möglichen Versprechungen machen. Da wirst Du oft nicht gleich wissen, ob es geschwindelt ist oder nicht. Da musst Du höllisch oder auch himmlisch aufpassen. Die Lehrer in der Schule, und später, wenn Du einen Beruf hast, Deine Chefs, und immer diese Leute, die sich Politiker nennen und die Du vom Fernsehen her kennst: Manches ist richtig, was die erzählen, aber – aufgepasst! – meistens erzählen sie Märchen. Und das merkt man gar nicht so leicht, weil die nämlich oft selbst dran glauben.

Du darfst nicht vergessen, dass viel geschwindelt wird. Sonst wirst Du verkohlt. Und dafür bist Du zu schade und zu schlau. Du kannst doch Weihnachtsmänner von Hampelmännern unterscheiden. Klar kannst Du das.

Die Seite fuhr mit einem Transportdienst durch die Stadt in die Redaktion. Anruf. Also: Wunderbar, dass ich mitgemacht habe, die Texte von Gabriele Wohmann und Wolf Wondratschek seien auch schon da oder so gut wie da, und Luise Rinser wolle auch mitmachen. O Gott, dachte ich, o mein Gott, was habe ich getan. Nein, man sei noch nicht dazugekommen, meinen Text zu lesen, hieß es, als handle es sich um ein 20-Seiten-Manuskript. Aber ein Farbfoto solle ich umgehend rüberschicken, klar, wieder mit dem Transportdienst. Was, ich wolle nicht, dass ein Foto von mir abgebildet werde!? Also bitte, ich solle mich nicht so haben! Was, ich habe nur ein Schwarzweißfoto!? Dann werde ich eben fotografiert. Passt es heute – nein? Also morgen früh um zehn.

Tatsächlich kam anderntags ein Fotograf, der zwei bunte Filme verknipste. Und dann hörte ich erst einmal eine Weile nichts. Plötzlich war es überhaupt nicht mehr eilig. Nach ein paar Tagen wieder ein Anruf: Mein Text sei spitze, ehrlich spitze, echt spitze, echt toll. – Aber?, fragte ich. Spitze sei der Text, toll sei er, genau den Punkt habe keiner der anderen Autoren gebracht mit dem Schwindel, dass ich das angesprochen hätte mit dem Schwindel, das sei wirklich ganz prima. – Aber, aber, aber das Wort »Schwindel« sei ein Problem. Man wisse ja auch nicht, warum, aber der verantwortliche Redakteur möge das Wort »Schwindel« nicht, der Text sei wirklich fabelhaft, es gehe allein um das Wort »Schwindel«, das Wort passe irgendwie nicht.

Es passte offenbar nicht zu Weihnachten. Es passte nicht zur »Bunten«. Jetzt war es wirklich genug. Ausfall!, rief ich. Man möge mir ein Ausfallhonorar zahlen, und fertig.

Ich sollte an dieser Stelle erwähnen, dass die Person, mit der ich es zu tun hatte, viele Jahre später als nicht gerade fortschrittliche Kultursenatorin in Hamburg in Erscheinung trat und in ihrer Amtszeit immer wieder mit Kübeln von Häme übergossen wurde. Ich allerdings kann ihr nach meiner Weihnachtsmanngeschichte ein taktisch nicht ungeschicktes, irgendwie kautschukartiges Durchsetzungsvermögen bescheinigen, das auch unwillige Gegner durch beharrliches Nerven bei gleichzeitigem Einstecken von Beleidigungen vorläufig erlahmen lässt – eine Fähigkeit, die Politiker vermutlich gut brauchen können.

Sie brachte es tatsächlich fertig, dass ich den Hörer nicht auf die Gabel warf (die Telefone hatten 1987 tatsächlich noch rudimentäre Gabeln). Sie beteuerte geradezu aufrichtig, es gehe nur um das Wort »Schwindel«, es sei zwar kindisch von der Redaktion, ja, das gebe sie zu, aber sie wolle meinen Text unbedingt bringen, es sei nämlich der beste Text, besser als der von der Rinser. Dazu gehört nicht viel, schrie ich. Nein, es sei wirklich ein aufklärerischer Text, hieß es.

Immer, wenn mich jemand als Aufklärer bezeichnet, und sei es jemand von der *Bunten,* wird mir so angenehm licht zumute. Ich möge mich bitte entschließen, das Wort »Schwindel« zu ersetzen, dann laufe die Sache, da habe ich doch mehr davon als von einem Ausfall, der übrigens nicht die Hälfte betrage wie üblich, so knauserig sei man nicht, 800 Mark erhielte ich für den Ausfall, also nur 200 weniger, aber darum ginge es vermutlich nicht, es gehe vielmehr darum, dass diese so ungeheuer vernünftige und den Kinderton treffende Antwort gedruckt werden müsse, nur eben ohne das Wort »schwindeln«. Das werde ich doch ersetzen können! Ich sei doch schließlich Schriftsteller. Dann nehmen wir »heucheln«, sagte ich. Um Gottes willen, »heucheln« doch nicht!, hieß es. Nehmt »lügen«, sagte ich.

Also Spaß beiseite, hieß es, ob ich nicht das Wort »flunkern« nehmen könne, der Text verliere nichts dadurch. Alle die Kinder in Klein-Sandras Alter hätten dann wirklich eine schöne Antwort.

»Schwindel« ist das äußerste an Zugeständnis, sagte ich. Was ich eigentlich gemeint hätte, sei ja »heucheln«, und das hätte ich mir selbstzensorisch untersagt. Mit »flunkern« verliere der Text jeglichen Sinn.

Irgendwie ging das Telefongespräch nicht zu Ende. Ich war nicht Manns genug, in die Leitung zu rufen, dass mir die Redaktion der Illustrierten komplett mitsamt dem Verleger den Rücken hinunterrutschen sollte, irgendwann verlor ich die Fassung und schrie: Dann druckt eben euer »Flunkern« und habt mich gern.

Ich wusste, dass wir uns einigen würden, hieß es. Anderntags wieder die nunmehr vertraute Stimme am Telefon. »Flunkern« gefalle dem verantwortlichen Redakteur noch immer nicht, ob mir nicht ein freundlicheres Wort einfalle.

Ich sagte nur noch: Zurück mit dem Text und her mit dem Honorar. Das Geld kam pünktlich.

Nachweis

Machado de Assis (21. Juni 1839, Rio de Janeiro – 29. September 1908, ebenda)
Die Weihnachtsmesse. Aus dem brasilianischen Portugiesisch von Curt Meyer-Clason. Aus: Machado de Assis, *Meistererzählungen.* Copyright © 1987 by Diogenes Verlag, Zürich

Sibylle Berg (* 2. Juni 1962, Weimar)
Schatz, wir machen ernst. Copyright © 2011 by Sibylle Berg. Abdruck mit freundlicher Genehmigung der Autorin

Truman Capote (30. September 1924, New Orleans – 25. August 1984, Los Angeles)
Weihnachten mit Miss Holiday Golightly. Aus dem Amerikanischen von Heidi Zerning. Auszug aus: Truman Capote, *Frühstück bei Tiffany.* Copyright © 2008 by Kein & Aber AG, Zürich – Berlin

Arthur Conan Doyle (22. Mai 1859, Edinburgh – 7. Juli 1930, Crowborough)
Der blaue Karfunkel. Aus dem Englischen von Margarethe Nedem. Aus: Arthur Conan Doyle, *Sherlock Holmes Geschichten.* Copyright © 1984 by Diogenes Verlag, Zürich

Hans Fallada (21. Juni 1893, Greifswald – 5. Februar 1947, Berlin)
Der gestohlene Weihnachtsbaum. Aus: Hans Fallada, *Ausgewählte Werke in Einzelausgaben. Märchen und Geschichten.* Copyright © 1985, 2009 by Aufbau Verlag GmbH & Co. KG, Berlin

Max Frisch (15. Mai 1911, Zürich – 4. April 1991, ebenda)
Weihnachtsbaum mit richtigen Kerzen. Aus: Max Frisch, *Entwürfe zu einem dritten Tagebuch.* Herausgegeben und mit einem Nachwort von Peter von Matt. Copyright © 2010 by Suhrkamp Verlag, Frankfurt am Main. Alle Rechte bei und vorbehalten durch Suhrkamp Verlag, Berlin

Daniel Glattauer (* 19. Mai 1960, Wien)
Typologie der Vanillekipferl-Esser. Aus: Daniel Glattauer, *Der Karpfenstreit. Die schönsten Weihnachtskrisen.* Copyright © 2010 by Carl Hanser Verlag, München

Axel Hacke (* 20. Januar 1956, Braunschweig)
Wenn es weihnachtet. Aus: Axel Hacke, *Alle Jahre schon wieder.* Copyright © 2009 by Verlag Antje Kunstmann GmbH, München

Nathaniel Hawthorne (4. Juli 1804, Salem – 19. Mai 1864, Plymouth)
Das Weihnachtsbankett. Aus dem Amerikanischen von Renate Orth-Guttmann. Aus: Nathaniel Hawthorne, *Selected Tales and Sketches.* Digireads. Com, Sitwell 2007. Copyright für die deutsche Übersetzung © 2010 by Diogenes Verlag, Zürich

Ernest Hemingway (21. Juli 1899, Oak Park – 2. Juli 1961, Ketchum)
Weihnachten in Paris. Aus dem Amerikanischen von Werner Schmitz. Aus: Ernest Hemingway, *Reportagen 1920–1924.* Copyright © 1990 by Rowohlt Taschenbuch Verlag GmbH, Reinbek bei Hamburg

O'Henry (11. September 1862, Greensboro – 5. Juni 1910, New York)
Die Weihnachtsansprache. Aus dem Amerikanischen von Karin Rupé. Aus: O'Henry, *Hinter der grünen Tür.* Copyright für die deutsche Übersetzung © 1955 by List Verlag in der Ullsteinbuchverlage Gruppe, München

Gerhard Henschel (* 28. April 1962, Hannover)
Alle Jahre wieder. Aus: *Lasst uns roh und garstig sein. Die schönsten Weihnachtskatastrophen.* Copyright © 2011 by Rowohlt Verlag GmbH, Reinbek bei Hamburg

Erich Kästner (23. Februar 1899, Dresden – 29. Juli 1974, München)
Die regelrechte Weihnachtsgeschichte. Aus: Erich Kästner, *Morgen, Kinder, wird's nichts geben!* Copyright © 2011 by Atrium Verlag AG, Zürich

Daphne du Maurier (13. Mai 1907, London – 19. April 1989, Paris)
»... denn sie hatten keinen Raum in der Herberge«. Aus: *Komm nun wieder, stille Zeit.* Herausgegeben von Edgar Groß, München 1955. Originalquelle unbekannt

Juan Moreno (* 1972, Huercal-Overa)

Feliz Navidad. Aus: Juan Moreno, *Von mir aus. Wahre Geschichten.* Copyright © 2004 by Deutsche Verlags-Anstalt in der Verlagsgruppe Random House GmbH

Ingrid Noll (* 29. September 1935, Schanghai)

Goldene Löffel. Aus: Ingrid Noll, *Falsche Zungen.* Copyright © 2004 by Diogenes Verlag, Zürich

Rafik Schami (* 23. Juni 1946, Damaskus)

König der Herrlichkeit. Aus: Rafik Schami, *Reise zwischen Nacht und Morgen.* Mit Illustrationen von Root Loeb. Copyright © 1995 by Carl Hanser Verlag, München

Wolfdietrich Schnurre (22. August 1920, Frankfurt – 9. Juni 1989, Kiel)

Die Weihnachtsmannaffäre. Aus: Wolfdietrich Schnurre, *Es ist wie mit dem Glück.* Copyright © 2010 by BV Berlin Verlag GmbH, Berlin

Martin Suter (* 29. Februar 1948, Zürich)

Ein kleiner Weihnachtstest. Copyright © 2014 by Diogenes Verlag, Zürich

Joseph von Westphalen (* 26. Juni 1945, Schwandorf)

Die große Glaubensfrage. Aus: Joseph von Westphalen, *Aus dem Leben eines Lohnschreibers. Geschichten.* Copyright © 2009 by Luchterhand Literaturverlag, München, in der Verlagsgruppe Random House GmbH

Carl Zuckmayer (27. Dezember 1896, Nackenheim – 18. Januar 1977, Visp)

Eine Weihnachtsgeschichte. Aus: Carl Zuckmayer, *Erzählungen. Gesammelte Werke 1.* Copyright © 1960 by S. Fischer Verlag GmbH, Frankfurt am Main

Bitte beachten Sie
auch die folgenden Seiten

Bücher zur Weihnacht
im Diogenes Verlag

»Dann und wann empfand er das Bedürfnis, tief aufzuatmen, denn jetzt, da der Gesang, dieser glockenreine A-cappella-Gesang die Luft erfüllte, zog sein Herz sich in einem fast schmerzhaften Glück zusammen. Weihnachten...«
Thomas Mann, Weihnacht bei den Buddenbrooks

Alle Jahre wieder
Romantische Weihnachtsgeschichten. Herausgegeben von Daniel Keel und Daniel Kampa

Früher war mehr Lametta
Hinterhältige Weihnachtsgeschichten sowie acht Gedichte. Herausgegeben von Daniel Keel und Daniel Kampa Auch als Diogenes Hörbuch erschienen, gelesen von Ingrid Noll, Martin Suter und Anna König

Früher war noch mehr Lametta
Hinterhältige Weihnachtsgeschichten sowie drei Gedichte. Herausgegeben von Daniel Kampa Auch als Diogenes Hörbuch erschienen, gelesen von Anna König, Hans Korte, Martin Suter und Cordula Trantow

Früher war noch viel mehr Lametta
Hinterhältige Weihnachtsgeschichten. Ausgewählt von Daniel Kampa Ausgewählte Geschichten auch als Diogenes Hörbuch erschienen, gelesen von Anna König und Jochen Striebeck

Früher war mehr Bescherung
Hinterhältige Weihnachtsgeschichten. Ausgewählt von Daniel Kampa

Früher war Weihnachten später
Hinterhältige Weihnachtsgeschichten. Ausgewählt von Daniel Kampa

Früher war Weihnachten viel später
Hinterhältige Weihnachtsgeschichten. Ausgewählt von Daniel Kampa

Lamettaleichen
Kriminelle Weihnachtsgeschichten. Ausgewählt von Daniel Kampa

Lamettaspuk
Gespenstische Weihnachtsgeschichten. Ausgewählt von Daniel Kampa

Schöne Bescherung
Hinterhältige Weihnachtsgeschichten. Ausgewählt von Daniel Kampa

Nicht schon wieder Weihnachten!
Hinterhältige Weihnachtsgeschichten sowie zwei Gedichte. Ausgewählt von Daniel Kampa

O du schreckliche...
Kriminelle Weihnachtsgeschichten. Ausgewählt von Daniel Kampa

Weißer Weihnachtszauber
Nostalgische Weihnachtsgeschichten. Ausgewählt von Daniel Kampa